OS QUATRO

SCOTT GALLOWAY
OS QUATRO

ALTA BOOKS
EDITORA
Rio de Janeiro, 2022

Os Quatro: Apple, Amazon, Facebook e Google — O Segredo das Gigantes da Tecnologia

Copyright © 2017 Casa Educação Solução Educacionais Ltda.
The Four Copyright © 2017 by Scott Galloway Published by arrangement with Portfolio / Penguin. All rights reserved.

Publisher: Lindsay Viola
Tradução: Cristina Yamagami
Preparação de texto: Crayon Editorial
Revisão: Lúcia Assumpção
Diagramação: Carlos Borges Jr.
Capa: Light Criação

Todos os direitos estão reservados e protegidos por Lei. Nenhuma parte deste livro, sem autorização prévia por escrito da editora, poderá ser reproduzida ou transmitida. A violação dos Direitos Autorais é crime estabelecido na Lei nº 9.610/98 e com punição de acordo com o artigo 184 do Código Penal.

1ª edição

Dados Internacionais de Catalogação na Publicação (CIP)
Andreia de Almeida CRB-8/7889

Galloway, Scott
    Os quatro: Apple, Amazon, Facebook e Google / Scott Galloway; tradução de Cristina Yamagami. — Rio de Janeiro : Alta Books, 2022.
       320 p.

    Bibliografia
    ISBN: 978-85-508-1458-2

    1. Indústria — Serviços de informação 2. Indústria da Internet 3. Amazon.com 4. Apple 5. Facebook 6. Google 7. Sucesso nos negócios I. Título II. Yamagami, Cristina

17-1773   CDD 338.76

Índice para catálogo sistemático:
1. Indústria da Internet

ALTA BOOKS EDITORA
Rua Viúva Cláudio, 291 — Bairro Industrial do Jacaré
CEP: 20970- 031 — Rio de Janeiro - RJ
Tels.: (21) 3278-8069 / 3278-8419
www.altabooks.com.br — altabooks@altabooks.com.br
www.facebook.com/alta books

Para Nolan e Alec
Olho para cima, vejo as estrelas e tenho dúvidas.
Olho para baixo, vejo meus meninos e tenho respostas.

PREFÁCIO ESPECIAL PARA A EDIÇÃO BRASILEIRA

Não existe nada mais clichê do que dizer que as coisas estão mudando rápido. Falar que o mundo mudou, que o universo digital está engolindo o mundo, mudando o nosso comportamento, nossa cultura, a maneira como conversamos, namoramos, pesquisamos, compramos etc.

E isso, é claro, tem impacto direto nos negócios. Há 10 anos, entre as maiores empresas do mundo se encontravam bancos, empresas de energia e combustível e da indústria de manufatura. Hoje, temos um universo inteiramente dominado pelas empresas de tecnologia. Contudo, algumas das consequências dessas mudanças não são tão claras. Uma delas é que não são apenas os jogadores que são novos, mas também as regras do jogo que estão mudando.

Em 2002, Jim Collins — um dos grandes gurus do gerenciamento empresarial — lançou seu livro *Vencedoras por opção*. Com uma extensa pesquisa, Collins mostrou que cada indústria tinha um patamar de inovação. Provou que as empresas não precisam ser superinovadoras, bastava estar acima do patamar de inovação de seu segmento. Uma empresa no ramo de biotecnologia, por exemplo, precisa inovar muito mais do que companhias aéreas para ter sucesso.

Mas em 1999, três anos antes da pesquisa de Collins, a Google tinha apenas oito funcionários. Somente em 2000 começou a vender propaganda baseada em palavras-chave e apenas em 2004 fez abertura de capital, com uma projeção de conseguir 4 bilhões de dólares. Hoje a Alphabet, a controladora da Google, tem uma capitalização de mercado de aproximadamente 700 bilhões.

O Facebook surgiu em 2004. A Amazon só passou a vender sapatos neste mesmo ano. Até então, era apenas um site de e-commerce de uma única categoria, não este império cheio de ramificações. Quem poderia imaginar que em pouco mais de 10 anos ela estaria investindo US$ 4,5 bilhões apenas na criação de séries e filmes. O iPhone, que alavancou a Apple para outro patamar, foi lançado apenas em 2007.

A pesquisa de Collins não poderia prever nada disso. O mais relevante, porém, é que não se trata apenas de dizer que agora as maiores empresas do mundo são empresas de tecnologia. Entender Amazon, Apple, Facebook e Google apenas como loja, celular, social e search não é apenas errado, mas estrategicamente perigoso.

Portanto, existem duas maneiras de ler este livro. A primeira é olhar os quatro gigantes como casos de sucesso, que geram um valor por funcionário que empresas tradicionais nunca sonhariam obter. Para esta leitura, Galloway aponta as similaridades desses quatro gigantes e o que, em sua visão, uma empresa deveria trabalhar para se tornar a quinta empresa desse grupo.

Mas a segunda, e talvez a mais importante, é compreender que não se trata apenas em se inspirar no sucesso, entendendo como elas se tornaram gigantes, mas como elas estão causando ruptura no presente e modelando o futuro dos negócios como nunca se viu antes.

Tecnologia deixou de ser uma vertical. Deixou de ser uma indústria, um segmento. Como sabemos hoje, a tecnologia está impactando todas as indústrias e todos os segmentos, direta e indiretamente. Nessa nova ordem, as barreiras entre os segmentos terminaram. A inovação pode vir de fora assim como seu novo, e talvez mortal, competidor.

Quando Facebook e Google acabam com a barreira do marketing e ao acesso a consumidores, isso abriu um universo de possibilidades para empresas de todos os portes e tamanhos. Essa é uma boa notícia, especialmente importante para um país como o Brasil, cuja economia é de cauda longa e mais da metade dos empregos formais vem de pequenas e médias empresas.

Mas a mudança traz um impacto muito maior do que criar novas oportunidades. Exemplos não faltam. Esquecendo a obviedade da indústria de celulares, a entrada da Apple nesse mercado trouxe consequências indiretas e drásticas para uma grande variedade de segmentos. Para dar alguns exemplos, mas não se limitando a eles: telecomunicação, jogos, jornais, computadores, música, táxis, fotografia e hotéis.

Uma lembrança interessante é sobre quando a Apple lançou o iPhone: Steve Jobs chamou ao palco duas pessoas, Eric Schmidt, CEO do Google, e Jerry Yang, cofundador do Yahoo! Durante dois minutos e meio de palco, Yang elogiou o aparelho e prometeu lançar ferramentas de busca e de notícias para ele. Hoje é engraçado lembrar que a Apple precisou da chancela do Yahoo! Quem poderia imaginar que o iPhone nos traria aplicações como Waze, Instagram, Uber e tantos outros? Talvez nem Jobs; afinal, se ele conhecesse o futuro não teria confiado tanto no CEO da Google.

O Apple Watch, que muitos especialistas acreditavam que seria um fracasso, gerou em seu primeiro ano de vendas uma receita estimada de U$ 6 bilhões. Para ter uma ideia, isso representa US$ 1,5 bilhão a mais que a Rolex, até então líder desse mercado. A dúvida não é se as quatro continuarão a mudar radicalmente outros segmentos, mas quais serão os próximos. Healthcare, pagamentos, transportes, educação? Qualquer um, por mais distante que pareça, pode ser a próxima vítima.

Em cada mercado que a Amazon entra, as ações das empresas do setor caem de maneira assustadora. Quando comprou a Whole Foods, ações de empresas como Walmart, Kroger, Target e Costco caíram de 5,8% a 15,7%. Quando saíram rumores que entraria no mercado de prescrição de medicamentos, as ações da CVS e Walgreens caíram 4% e 5% respectivamente. Em empresas desse porte, estamos falando de bilhões de desvalorização instantânea.

Entender esse novo mundo é fundamental, não importa se você é CEO de uma pequena startup ou de um grande conglomerado tradicional. E independentemente do sentimento que alguns tenham em relação a mudança das regras do jogo, com caixas monstruosos, pagando menos impostos e uma cobrança diferente do mercado financeiro, a verdade é que essa nova concorrência não será nada justa. Imagine o CEO de sua empresa tentando convencer seus stakeholders que, assim como faz a Amazon, não terão lucro nos próximos anos para implementar um plano de crescimento radical. Seria irônico, se não fosse trágico.

Mas não para por aí: acompanhe a jornada dos consumidores durante o dia. Com nossos celulares e aplicativos, passamos mais tempo com Amazon, Apple, Facebook e Google do que com nossas famílias. Essas empresas passaram a ser nossa interface com o mundo. E como se estar cada vez mais próximo do consumidor não fosse poder suficiente, essas empresas têm um índice de confiança e idolatria de dar inveja a astros da música pop. Ou, como diz Galloway, uma "hot girl on campus".

E por aqui, devemos nos preocupar? O Brasil é diferente? Pode ser, mas cansei de escutar essa frase como garantia de que por aqui as coisas não mudariam. Aqui a internet nunca iria pegar. Lembre-se que durante muitos anos, quem acessava a internet era chamado de internauta. Hoje tudo isso parece uma chamada de um filme antigo passando na sessão da tarde. Internautas, essa galera conectada aprontando altas confusões na rede mundial dos computadores.

Mas a verdade é que maioria dos gestores de grandes empresas acreditava que aqui as coisas eram diferentes. Motivos e explicações eram dos mais variados. Por exemplo, o brasileiro não tinha dinheiro para comprar computadores. Em 1995, quando a internet comercial começou no Brasil, existiam cerca de 2 milhões de computadores e a maioria nas empresas. Outra boa explicação repetida em demasia era o fato de o brasileiro não falar inglês e quase não existir conteúdo em português. Em 2001, segundo o Ibope, apenas 6 milhões de pessoas no Brasil acessavam a internet mensalmente. Foi nessa época que começaram a pipocar os blogs nacionais. Mas a explicação mais absurda era que o brasileiro era burro demais e esse troço, muito complicado.

Mobile também nunca iria crescer por aqui. Um país pobre cuja população não tinha nem mesmo telefone em casa compraria um celular? Nunca. Taxistas usando aplicativos? Quem seria idiota de acreditar nisso? Im-pos-sí-vel. Muito caro e muito difícil. Lembre-se que antes do iPhone, quanto mais os celulares evoluíam, mais difíceis ficavam de usar.

Rede sociais causando impacto? Isso já foi piada. Todo tipo de verdades absolutas que agora soam apenas como sempre deveriam ter sido compreendidas, como pré-conceitos e preconceitos estúpidos.

Aprendemos nas últimas duas décadas que por mais que a gente goste de brincar dizendo que o Brasil não é para amadores, não estamos isolados do resto do mundo. Enquanto muitos repetiam a exaustão sobre o poder da televisão no Brasil, a Google passou a ser o segundo maior veículo e a Netflix a ter mais receita que o SBT e mais assinantes que a Sky.

Ano a ano as verdades absolutas foram caindo por terra e sendo atropeladas pelo futuro. Não dá para vender comida pela internet (iFood). As pessoas querem experimentar um tênis antes de comprar (Netshoes). O brasileiro ama dirigir (Uber). Difícil alguém confiar seu dinheiro a uma instituição pouco conhecida (Banco Neon). A burocracia para entrar no segmento de cartão de crédito é monstruosa (Nubank). As pessoas querem alguém que troque seu lençol e limpem seu banheiro (Airbnb). A internet não tem velocidade para assistir filmes com qualidade (Netflix). No Brasil, produto chinês tem fama de vagabundo. Verdade, mas pergunte a qualquer fã de drones qual a melhor marca, a mais inovadora e a mais desejada. A resposta será unânime. A DJI, vejam só, é chinesa.

Qual é a sua zona de conforto? Qual a sua verdade absoluta que te protege da mudança? Acredite, se ela não caiu, vai cair muito em breve.

O impacto pode ser onde menos esperamos. Com seu bolso profundo, robôs, aviões, licença marítima, inteligência de dados e sua terrível mania de fazer as coisas direito, a Amazon é considerada uma das poucas empresas que podem fazer frente a FedEx e outras empresas de entrega.

Enquanto isso, por aqui os Correios cancelaram o e-Sedex, deixando a vida das operações de e-commerce muito mais difícil. Coincidência ou não, estão fazendo isso na mesma época que a Amazon, aquela empresa que faz entregas gratuitas em até dois dias, começa a vender outros produtos além de livros. Alguma dúvida que os Correios estão ajudando a empresa que um dia poderá ser sua algoz?

Não que seja lógico esperar alguma atitude inteligente ou estratégica por parte dos Correios, mas essa é apenas uma ilustração que o Brasil ainda ignora a força dessas quatro gigantes. Talvez um exemplo melhor seja o que aconteceu com a explosão das redes sociais. Uma boa parte das empresas que se julgam avançadas no universo digital caiu nessa cilada. Galloway lembra do quanto essas empresas investiram para criar comunidades e likes no Facebook para depois, em um movimento brusco da plataforma, descobrirem que não poderiam usar essa mídia sem pagar por ela.

Aqui no Brasil, empresas investiram fortunas para divulgar e validar a marca no Facebook. Os gerentes de marketing tinham meta de likes e as marcas mostravam com orgulho sua posição no ranking das maiores páginas do Brasil na plataforma.

O conceito amplamente divulgado de mídia paga, proprietária e ganha se mostrou mentiroso, para dizer o mínimo. Agora, no Facebook, ou a mídia é paga ou não é vista por ninguém.

Os mais "modernos" ainda criticaram ferozmente a Rede Globo quando, em 2011, incluiu menções a Facebook e Twitter no conceito de multiplicidade, ou seja, expor mais de uma marca no mesmo comercial. Por considerar ambas como marcas, comerciais com link para essas redes sociais poderiam custar até 30% mais caro para serem veiculados. As marcas não apenas investiram dezenas de milhões de reais para divulgar o Facebook, como ainda ficaram bravas quando a Globo se negou a fazer o mesmo.

Quando tudo muda tão rapidamente e as verdades caem nessa velocidade, é preciso ficar atento ao que está acontecendo. Galloway pode ajudar. Suas comparações e seus argumentos são criativos, diretos e bem didáticos. Em tempo de empreendedores de palco e autores de autoajuda, sua acidez acaba sendo refrescante por não ter papas na língua para apontar os riscos e as ameaças desse novo ambiente.

Um cenário com consequências muito além do universo de gestão empresarial, pois estamos falando das empresas que estão moldando nossa cultura, nosso comportamento e a economia como um todo.

E suas provocações, mesmo quando incômodas, são pertinentes. Empreendedores como eu, que admiram o sucesso de outros empreendedores e que trabalham no âmago da revolução digital, têm muito medo de discutir mudanças de regras que podem limitar a inovação e o desenvolvimento. Por exemplo, em relação a influência da inteligência Russa nas eleições e do estrago das fake news, Galloway acusou o Facebook de priorizar lucro em detrimento do país. Segundo ele, já que a média de idade dos funcionários do Facebook é de 28 anos, seria possível que eles não tenham o contexto histórico em relação ao importante papel do quarto poder em nossa sociedade?

Meu incômodo é resultado do paradoxo de um mundo que está cada vez mais digital, mas menos binário. O Facebook não deveria ser punido por notícias falsas, pois isso causaria um risco à democracia: a censura. Esse tópico foi discutido com profundidade no Brasil quando tratamos do Marco Civil. Se a plataforma ou o provedor de internet são responsáveis pelo conteúdo de usuários, qualquer pedido de censura realizado por alguém insatisfeito – com ou sem razão – causaria a exclusão do conteúdo por parte do provedor com medo de ser processado posteriormente. Quem participa ativamente das redes sociais sabe que qualquer assunto sempre incomoda alguém. Isso seria catastrófico para a sociedade. Imagine as redes apagando qualquer reclamação sobre empresas picaretas ou políticos corruptos.

Por sua vez, dizer "não nos chame de veículo, somos uma plataforma" e tentar se isentar da responsabilidade abriu o flanco para um ambiente nocivo repleto de desinformação e falsas notícias capazes de mudar o rumo da história da humanidade.

Se as regras do jogo mudaram, as leis também não precisariam ser revistas? As leis antitruste, por exemplo, foram criadas para proteger as pessoas de práticas de negócio predatórias. Mas como lidar com isso em um mundo onde a concorrência passou a ser um conceito mais nebuloso?

Em um mundo menos binário, práticas predatórias podem estar acontecendo mesmo sem que nenhuma lei esteja sendo quebrada. Assuntos antigos e polêmicos como privacidade passaram a ter novas camadas de complexidade.

Não é preciso concordar com Galloway, mas devemos aceitar que esses assuntos demandam reflexão e uma maior discussão por parte da sociedade.

A hora de pensar nisso é agora. Boa leitura.

Ricardo Cavallini
Fundador do Makers, autor de 6 livros e de projetos de inovação aberta para grandes empresas

SUMÁRIO

Capítulo 1: Os Quatro   03

Quem são essas empresas e por que escrever sobre elas?

Capítulo 2: Amazon   15

Como a Amazon tornou-se a empresa mais disruptiva da economia

Capítulo 3: Apple   65

Os eletrônicos entram no setor de luxo

Capítulo 4: Facebook   95

O amor é fundamental para a longevidade... e para a publicidade

Capítulo 5: Google   125

O nosso deus moderno

Capítulo 6: Me engana que eu gosto   153
Os Quatro e seus truques

Capítulo 7: A metáfora do corpo humano nos negócios   165
Todas as empresas se identificam com um de três órgãos

Capítulo 8: O Algoritmo T   179
O que é preciso para chegar a um trilhão de dólares

Capítulo 9: O Quinto Cavaleiro   199
Quem será o próximo?

Capítulo 10: Os Quatro e você   225
Siga seu talento, não sua paixão

Capítulo 11: O mundo depois dos Cavaleiros   257
Aonde os Quatro estão nos levando?

Agradecimentos   261
Notas   263
Índice remissivo   293

CAPÍTULO UM

OS QUATRO

Quem são essas empresas e por que escrever sobre elas?

Nos últimos 20 anos, quatro gigantes da tecnologia geraram mais alegria, conexões, prosperidade e descobertas do que qualquer outra entidade da história humana. Neste período, a Apple, a Amazon, o Facebook e o Google criaram milhares de empregos altamente remunerados. Os Quatro são responsáveis por uma série de produtos e serviços que hoje estão profundamente entranhados na vida cotidiana de bilhões de pessoas. Eles colocaram um supercomputador no nosso bolso, estão levando a internet a países em desenvolvimento e mapeando o planeta. Os Quatro geraram uma riqueza sem precedentes (US$ 2,3 trilhões), a qual tem ajudado milhões de famílias por todo o planeta que investiram em ações dessas empresas a garantir sua segurança econômica. Em suma, eles fazem do mundo um lugar melhor.

As afirmações do parágrafo acima são verdadeiras e a narrativa é defendida repetidamente em todos os meios de comunicação e encontros voltados à inovação (em universidades, conferências, audiências no Congresso norte-americano e salas de Conselhos de Administração). Mas vale a pena conhecer uma versão alternativa.

Os Quatro Cavaleiros

Imagine os seguintes cenários: um varejista que se recusa a pagar impostos sobre as vendas, destrata os funcionários, destrói milhares de empregos e mesmo assim é famoso por ser um modelo de inovação empresarial.

Uma empresa de dispositivos eletrônicos que se recusa a revelar, a investigadores do governo federal, informações que podem esclarecer um ataque terrorista e conta com o apoio de um grupo de seguidores fanáticos que vê a empresa como uma religião.

Uma empresa de mídias sociais que analisa milhares de imagens dos nossos filhos, ativa o nosso celular para funcionar como um dispositivo de vigilância e vende essas informações para empresas da Fortune 500.

Uma plataforma de anúncios que, em alguns mercados, domina nada menos que 90% do setor mais lucrativo da mídia e mesmo assim consegue evitar leis competitivas valendo-se de litígios agressivos e lobistas.

Essa narrativa também é ouvida ao redor do mundo, mas apenas aos sussurros. Sabemos que essas empresas não são entidades benevolentes e mesmo assim as convidamos a entrar nos círculos mais íntimos da nossa vida. Revelamos voluntariamente informações pessoais atualizadas sabendo que elas serão usadas para fins lucrativos. A mídia eleva os executivos que lideram essas empresas ao patamar de heróis, como se eles fossem gênios dignos de nossa confiança e que devem ser imitados. Nossos governos lhes concedem tratamento especial no que se refere a regulamentação antitruste, tributação e até leis trabalhistas. E os investidores aumentam as apostas nas ações dessas empresas, fornecendo-lhes um capital e um poder de fogo quase infinitos para atrair os maiores talentos do planeta ou para esmagar os adversários.

Daria para dizer que essas entidades são os Quatro Cavaleiros de deus, do amor, do sexo e do consumo? Ou seriam eles os Quatro Cavaleiros do Apocalipse? A resposta é sim para as duas perguntas. Vou chamá-los apenas de "os Quatro".

Como essas empresas conquistaram tanto poder? Como uma empresa inanimada e voltada a fins lucrativos pode se arraigar tanto na nossa psique a ponto de revolucionar os nossos conceitos do que uma empresa pode ser e fazer? Quais são as consequências de uma escala e de uma influência sem precedentes para o futuro empresarial e econômico? Será que essas empresas também estão

CAPÍTULO UM

destinadas, como outros titãs empresariais que vieram antes delas, a ser destronadas por rivais mais jovens e glamorosos? Ou será que elas ganharam tanta força que ninguém (uma pessoa, uma empresa ou um governo) teria qualquer chance contra elas?

EM QUE PÉ ESTAMOS

Vejamos a situação dos Quatro no momento que escrevo este livro:

Amazon: Todos curtem comprar um carro esporte modelo Panamera Turbo S da Porsche ou um par sapatos da Louboutin. Mas já não é tão divertido comprar creme dental e fraldas ecológicas. A Amazon, a varejista on-line preferida da maioria dos norte-americanos e, cada vez mais, do mundo, reduz a chateação de obter as coisas que precisamos para sobreviver.[1,2] Tudo é feito com o mínimo de esforço: não é preciso caçar nem coletar e com (apenas) um clique suprimos todas nossas necessidades. A fórmula da Amazon se baseia em um investimento sem precedentes na infraestrutura de "última milha"*, bancada por investidores tão generosos a ponto de ser irracionais. Esses investidores do setor varejista são seduzidos pela história mais simples e fascinante já contada no mundo dos negócios: *A maior loja do planeta*. Essa história vem acompanhada de uma execução que pode ser comparada às operações do Dia D na Segunda Guerra Mundial (tirando toda a coragem e o sacrifício que salvaram o mundo na época). O resultado é uma varejista que vale mais do que o Walmart, a Target, a Macy's, a Kroger, a Nordstrom, a Tiffany & Co., a Coach, a Williams-Sonoma, a Tesco, a Ikea, o Carrefour e a The Gap juntos.[3]

No momento em que escrevo estas palavras, Jeff Bezos é a terceira pessoa mais rica do mundo. E está avançando a passos largos para o primeiro lugar. Os atuais detentores das medalhas de ouro e prata, Bill Gates e Warren Buffet, atuam em excelentes

---

* N.T.: Também chamada de *last mile*, é ponto em que as mercadorias saem de um centro de distribuição para seguir a seu destino final ou, em outras palavras, o último trecho do canal de distribuição antes de o produto chegar à porta do cliente.

Figura 1.1:
CAPITALIZAÇÃO DE MERCADO
EM 25 DE ABRIL DE 2017

[Gráfico comparativo mostrando: Nordstrom 7,8B; Macy's 8,9B; Gap 10,5B; Coach 11,2B; Tiffany & Co. 11,5B; Kroger 27,3B; Target 30,4B; Walmart 227,6B; Amazon 432,9B]

Fonte: Yahoo! Finance. <https://finance.yahoo.com/>.

setores (software e seguros), mas nenhum deles tem uma empresa que cresce mais de 20% ao ano, indo direto à jugular de setores multibilionários como se fossem presas perplexas.[4,5]

Apple: O logo da Apple, que enfeita os laptops e dispositivos móveis mais cobiçados do mundo, é o emblema global da riqueza, da cultura e dos valores ocidentais. Em sua essência, a Apple satisfaz duas das nossas necessidades instintivas: achar que estamos mais perto de Deus e ser mais atraentes para o sexo oposto. A empresa imita a religião com seu próprio sistema de crenças, objetos de veneração, seguidores fanáticos e a figura de Cristo. A congregação da Apple inclui algumas das pessoas mais importantes do mundo: a classe da inovação. Ao atingir um objetivo paradoxal no mundo dos negócios (um produto de baixo custo vendido a um preço premium), a Apple tornou-se a empresa mais rentável da história.[6] O equivalente seria uma fabricante de automóveis com as margens de uma Ferrari e o volume de produção de uma Toyota. No quarto trimestre de 2016, a Apple registrou o dobro do lucro líquido que a Amazon gerou, no total, desde a sua fundação, 23 anos atrás.[7,8,9] O dinheiro em caixa da Apple se aproxima do PIB da Dinamarca.[10,11]

Facebook: Se considerarmos as métricas da adoção e da utilização, o Facebook é o maior sucesso da história da humanidade. O planeta tem 7,5 bilhões de pessoas e 1,2 bilhão delas usam o

CAPÍTULO UM

Facebook diariamente.[12,13] O Facebook (em 1º lugar), o Messenger do Facebook (em 2º lugar) e o Instagram (em 8º lugar) são os aplicativos móveis mais populares dos Estados Unidos.[14] Um usuário típico passa 50 minutos por dia na rede social da empresa.[15] As pessoas passam 1 minuto no Facebook a cada 6 minutos que passam na internet e a cada 5 minutos na internet móvel.[16]

Google: O Google é o deus do homem moderno. É a nossa fonte de conhecimento, sempre presente, conhecedor dos nossos segredos mais íntimos, sempre nos tranquilizando sobre onde estamos e para onde precisamos ir, respondendo a todas as nossas perguntas, desde as mais triviais até as mais profundas. Nenhuma instituição conta com a confiança e a credibilidade conquistadas pelo Google. Cerca de uma a cada seis perguntas feitas na ferramenta de busca é inédita (nunca ninguém fez a pergunta antes).[17] Qual rabino, padre, pastor, acadêmico ou psicólogo conta com tamanha autoridade a ponto de as pessoas os procurarem com perguntas inéditas? Quem mais recebe tantas perguntas de todos os cantos do mundo?

Uma subsidiária da Alphabet, em 2016 o Google teve um lucro de US$ 20 bilhões, aumentou 23% o faturamento e reduziu 11% o custo para os anunciantes (representando um golpe enorme para os concorrentes). O Google, ao contrário da maioria dos produtos, melhora com o tempo, tornando-se mais valioso com o uso.[18] O sistema mobiliza o poder de 2 bilhões de pessoas, 24 horas por dia, alimentado pelas intenções (o que querem) e decisões (o que escolhem) das pessoas, produzindo um todo infinitamente maior que a soma das partes.[19] O conhecimento do comportamento do consumidor que o Google acumula com base em 3,5 bilhões de consultas feitas por dia fazem desse cavaleiro um verdadeiro algoz das marcas e das mídias tradicionais. Nossa nova marca favorita é aquela que o Google nos apresenta em resposta a uma consulta em apenas 0,0000005 segundo.

ONDE ESTÃO OS TRILHÕES DE DÓLARES?

Enquanto bilhões de pessoas se beneficiam dessas empresas e de seus produtos, pouquíssimas pessoas se aproveitam dos benefícios econômicos. Para você ter uma ideia, a General Motors gerou um valor econômico de aproximadamente US$ 231 mil por funcionário (capitalização de mercado/força de trabalho).[20] Esse valor pode até parecer impressionante, até ficarmos sabendo que o Facebook criou uma empresa no valor de US$ 20,5 *milhões* por funcionário... ou quase cem vezes o valor por funcionário do maior ícone empresarial do século passado.[21,22] Imagine a produção econômica de um país do G10 gerada pela população de apenas um bairro, como o bairro de Lower East Side, em Manhattan (73 mil habitantes, pelo Censo de 2010).

O acúmulo de valor econômico parece contrariar a "lei dos grandes números" a uma velocidade cada vez maior. Nos últimos quatro anos, de 1º de abril de 2013 a 1º de abril de 2017, o valor dos Quatro aumentou aproximadamente US$ 1,3 trilhão (nada menos que o PIB da Rússia).[23,24]

As outras empresas de tecnologia – velhas, novas, grandes ou maiores ainda – estão perdendo a relevância. Os gigantes em

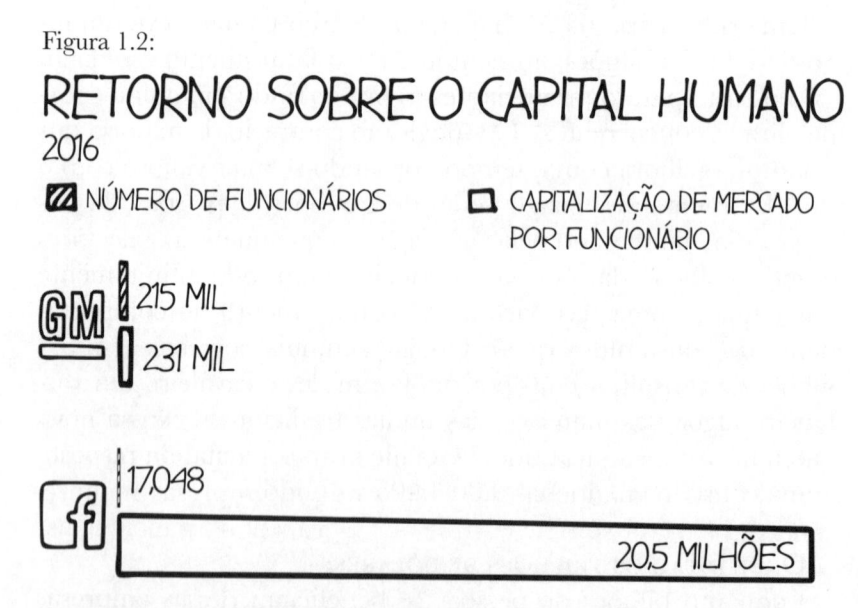

Figura 1.2:

RETORNO SOBRE O CAPITAL HUMANO
2016

▰ NÚMERO DE FUNCIONÁRIOS   ▢ CAPITALIZAÇÃO DE MERCADO POR FUNCIONÁRIO

GM: 215 MIL | 231 MIL

Facebook: 17.048 | 20,5 MILHÕES

Fontes: Forbes, maio 2016. <https://www.forbes.com/companies/general-motors/>.
Facebook, Inc. <https://newsroom.fb.com/company-info/>.
Yahoo! Finance. <https://finance.yahoo.com/>.

CAPÍTULO UM

Figura 1.3:

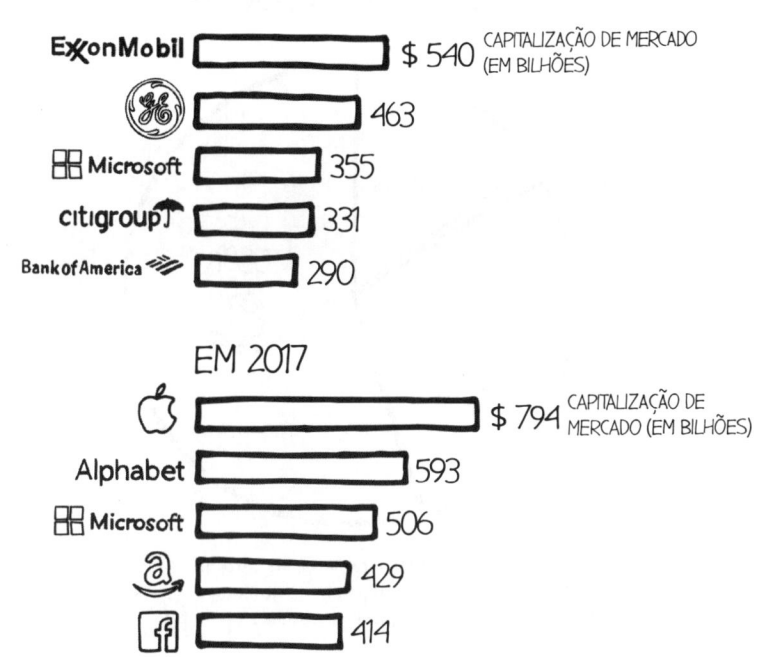

AS CINCO MAIORES EMPRESAS
EM 2006

- ExxonMobil — $ 540 — CAPITALIZAÇÃO DE MERCADO (EM BILHÕES)
- GE — 463
- Microsoft — 355
- citigroup — 331
- Bank of America — 290

EM 2017

- Apple — $ 794 — CAPITALIZAÇÃO DE MERCADO (EM BILHÕES)
- Alphabet — 593
- Microsoft — 506
- Amazon — 429
- Facebook — 414

Fonte: TAPLIN, Jonathan. Is it time to break up Google? The New York Times, 22 abr. 2017. <https://www.nytimes.com/2017/04/22/opinion/sunday/is-it-time-to-break-up-google.html>.

processo de envelhecimento, incluindo a HP e a IBM, mal são dignos da atenção dos Quatro. Milhares de startups voam por aí como moscas que nem valem o gesto de afastá-las com a mão. Qualquer empresa que começa a mostrar potencial de incomodar os Quatro é adquirida a preços que as empresas menores jamais poderiam sonhar em pagar. (O Facebook pagou quase US$ 20 *bilhões* pela empresa de mensagens instantâneas WhatsApp, que só tinha cinco anos e 50 funcionários na ocasião). No fim das contas, os únicos concorrentes que os Quatro enfrentam são… eles mesmos.

Os quatro

Figura 1.4:
ONDE AS PESSOAS COMEÇAM A PROCURAR O PRODUTO
2016

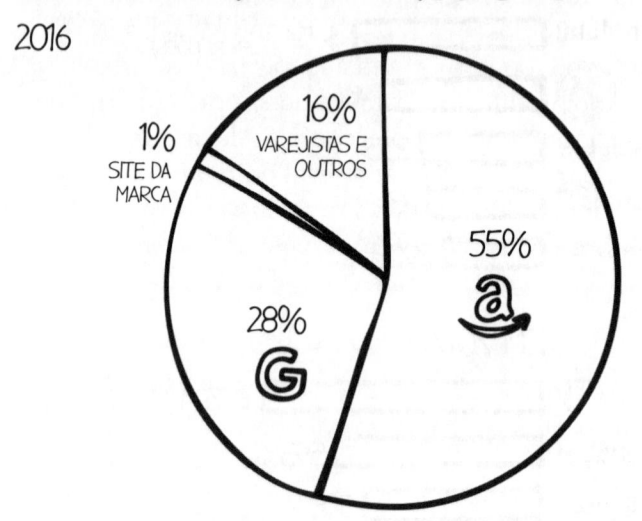

- 1% SITE DA MARCA
- 16% VAREJISTAS E OUTROS
- 55% (Amazon)
- 28% (Google)

Fonte: SOPER, Spencer. More than 50% of shoppers turn first to Amazon in product search. *Bloomberg*, 27 set. 2016. <https://www.bloomberg.com/news/articles/2016-09-27/more-than-50-of-shoppers-turn-first-to-amazon-in-product-search>.

Quando o ódio gera segurança

Governos, legisladores e empresas menores parecem indefesos e impossibilitados de impedir o avanço dos Quatro, independentemente de como esses gigantes afetam o mundo dos negócios, a sociedade ou o planeta. Mas o ódio pode levar à segurança. Podemos dizer que os Quatro se odeiam. Eles passaram a competir diretamente uns com os outros, à medida que as presas fáceis de seus respectivos setores estão esgotando.

O Google anunciou o fim da era das marcas, já que os consumidores, munidos de uma ferramenta de busca, não precisam mais se submeter a uma marca, o que prejudica a Apple. A Apple, por sua vez, também se vê concorrendo com a Amazon no mercado de músicas e filmes. A Amazon é o maior cliente do Google, mas

CAPÍTULO UM

também está ameaçando o Google no mercado de buscas; afinal, 55% das pessoas que procuram um produto começam a procurar na Amazon (contra 28% que começam a procurar em ferramentas de busca como o Google).[25] A Apple e a Amazon colidem a toda velocidade, bem diante dos nossos olhos, nas nossas telas de TV e celulares, enquanto o Google luta com a Apple pelo sistema operacional dominante do produto que define a nossa era, o smartphone.

Enquanto isso, tanto a Siri (Apple) como a Alexa (Amazon) entraram no ringue para um combate mortal do qual só uma delas vai sair viva. No mercado de anúncios na internet, o Facebook está conquistando a participação do Google ao concluir sua pivotagem do desktop ao celular. E a tecnologia que provavelmente criará mais riqueza na próxima década, a nuvem (uma série de serviços hospedados na internet que podem ser ativados ou desativados de acordo com as necessidades do usuário), está se transformando no palco de uma lendária batalha da era tecnológica com a Amazon e o Google se enfrentando diretamente com suas ofertas na nuvem.

Os Quatro estão em uma corrida épica para se tornar o sistema operacional da nossa vida. E o prêmio é nada menos que um valor trilionário e mais poder e influência do que qualquer outra entidade da história.

E AGORA?

Entender as decisões que levaram à criação dos Quatro implica entender o mundo dos negócios e a criação de valor na era digital. Na primeira metade deste livro, examinaremos cada cavaleiro, desconstruiremos suas estratégias e apresentaremos as lições que os líderes empresariais podem aprender com elas.

Na segunda parte do livro, identificaremos a mitologia promovida pelos Quatro para explicar as origens de sua vantagem competitiva. Também examinaremos um novo modelo para entender como essas empresas exploram nossos instintos mais básicos para seu próprio crescimento e rentabilidade e mostraremos como os Quatro defendem seus mercados usando *fossos analógicos* (uma infraestrutura no mundo real projetada para repelir ataques de concorrentes potenciais).

Quais são os pecados dos cavaleiros? Como eles manipulam governos e concorrentes para se beneficiar? Veremos as respostas a essas perguntas no Capítulo 8. Será possível surgir um Quinto Cavaleiro? No Capítulo 9, veremos os candidatos potenciais, como a Netflix e o gigante do varejo chinês Alibaba, que superam enormemente a Amazon em muitas métricas. Será que algum desses candidatos tem o necessário para criar uma plataforma mais dominante?

No Capítulo 10, analisaremos os atributos profissionais que ajudarão você a ter sucesso na era dos Quatro. E, no Capítulo 11, veremos para onde os Quatro estão nos levando.

ALEXA, QUEM É SCOTT GALLOWAY?

Segundo a Alexa, "Scott Robert Galloway é um jogador de futebol americano que joga na ofensiva no Central Coast Mariners, um time da primeira divisão".

Mas que mal informada...

De qualquer maneira, apesar de eu não ser um jogador de futebol americano, assisti aos jogos mortais da nossa era de um lugar privilegiado na primeira fila. Sou de uma família de classe média baixa e minha mãe foi uma super--heroína, uma mãe solteira que trabalhava como secretária. Depois que me formei, passei dois anos trabalhando no Morgan Stanley, numa tentativa equivocada de atingir o sucesso e impressionar a mulherada. É horrível trabalhar em um banco de investimentos, e ponto final. Além disso, eu não tenho os atributos necessários (maturidade, disciplina, humildade, respeito pelas instituições) para trabalhar em uma grande empresa (em outras palavras, trabalhar para um chefe) e decidi empreender.

Depois da Faculdade de Administração, criei a Prophet, uma empresa de estratégia de marca que cresceu para 400 pessoas dedicadas a ajudar marcas a imitar a Apple. Em 1997, fundei a Red Envelope, um varejista multicanal que abriu o capital em 2002 e que se esvaiu em sangue aos poucos até ser derrubada pela Amazon. Em 2010, fundei a L2, uma empresa dedicada a fazer análises comparativas do desempenho das maiores marcas de consumo e de varejo em redes sociais, mecanismos de busca, celulares e

CAPÍTULO UM

sites. Usávamos dados para ajudar empresas como Nike, Chanel, L'Oreal, P&G e uma em cada quatro das cem maiores empresas do mundo a atingir as alturas nesses quatro critérios. Em março de 2017, a L2 foi adquirida pela Gartner (NYSE, Bolsa de Valores de Nova Iorque: IT).

Também atuei no Conselho de Administração de empresas de mídia (The New York Times Company, Dex Media, Advanstar), sendo que todas foram esmagadas pelo Google e pelo Facebook. Também atuei no Conselho de Administração da Gateway, que vendia o triplo de computadores por ano em comparação com a Apple, só que a um quinto da margem... e cuja história não teve um final feliz. E também trabalhei no Conselho de Administração da Urban Outfitters e da Eddie Bauer, que fizeram de tudo para proteger seu território do grande tubarão branco do varejo, a Amazon.

No entanto, no meu cartão de visitas, que eu não tenho, meu título seria "Professor de Marketing". Em 2002, entrei no corpo docente da Stern School of Business da New York University (NYU), onde leciono Estratégia de Marca e Marketing Digital. Já lecionei a mais de seis mil alunos. É um grande privilégio para mim, considerando que sou a primeira pessoa, dos dois lados da minha família, a concluir o ensino médio. Posso dizer que sou um produto dos subsídios do governo, mais especificamente da University of California, que decidiu, apesar de eu ser um garoto extraordinariamente ordinário, me dar algo extraordinário: a possibilidade de subir na vida por meio de uma educação espetacular.

Os pilares de um curso de Administração, que inflaciona o salário médio dos alunos de US$ 70.000 por mês (candidatos) para mais de US$ 110.000 (recém-formados) em apenas 24 meses, são: finanças, marketing, operações e gestão. Esse currículo ocupa todo o primeiro ano dos alunos e os conhecimentos adquiridos são aplicados no decorrer de toda sua vida profissional. O segundo ano da Faculdade de Administração não passa, em grande parte, de um mero desperdício de tempo: cursos optativos (em outras palavras, irrelevantes) criados para que os professores titulares possam cumprir requisitos acadêmicos e que dão aos jovens a chance de encher a cara de cerveja e viajar pelo mundo para adquirir um conhecimento (inútil) do tipo "Como fazer negócios no Chile" (um curso real da Stern School of Business que rende créditos para os alunos se formarem).

Este segundo ano é mais para as faculdades poderem cobrar dos alunos US$ 110.000, e não US$ 50.000, dinheiro usado para sustentar um programa de assistência social para os mais instruídos (em outras palavras, estabilidade no emprego para os professores titulares). Se nós (as universidades) continuarmos aumentando as mensalidades mais do que a inflação (e é o que vai acontecer), precisaremos criar cursos melhores para o segundo ano. Acredito que os princípios da administração ensinados no primeiro ano precisam ser complementados com insights de como o conhecimento adquirido pode ser aplicado em uma economia moderna. Os pilares do segundo ano deveriam incluir o estudo dos Quatro e seus setores de atuação (busca, social, marca e varejo). Conhecer melhor essas empresas, os instintos humanos que elas mobilizam e o cruzamento que elas promovem entre a tecnologia e o valor aos stakeholders implica entender melhor o cenário empresarial de hoje, nosso mundo em geral e nós mesmos.

No início e no fim de todos os cursos que leciono na Stern School of Business da New York University (NYU), digo a meus alunos que o objetivo do curso é lhes dar uma vantagem para que eles também possam conquistar a segurança financeira para si e sua família. Escrevi este livro pelo mesmo motivo. Espero que o leitor saia com insights e uma vantagem competitiva numa economia na qual nunca foi tão fácil ser um bilionário, mas nunca foi tão difícil ser um milionário.

CAPÍTULO DOIS

AMAZON

Como a Amazon tornou-se a empresa mais disruptiva da economia

Quarenta e quatro por cento das famílias norte-americanas têm uma arma de fogo em casa e 52% são assinantes do serviço Amazon Prime*.[1] Mais famílias abastadas têm o Amazon Prime do que um telefone fixo.[2] Metade de todo o crescimento on-line e 21% do crescimento do varejo nos Estados Unidos em 2016 podem ser atribuídos à Amazon.[3,4,5] Mesmo para comprar em uma loja física, um em cada quatro consumidores dá uma olhada nas análises que os usuários postam na Amazon antes de fechar a compra.[6]

Muitos bons livros foram escritos, inclusive o impressionante *A loja de tudo*, de Brad Stone, para contar a história de como um analista de fundos hedge chamado Jeff Bezos e sua esposa cruzaram o país de carro, de Nova York a Seattle, e bolaram o plano de negócios da Amazon na estrada. Muitos autores argumentam que os ativos essenciais da Amazon são sua enorme capacidade operacional, seus programadores ou sua marca. Eu, por minha vez, diria que as verdadeiras razões pelas quais a Amazon está conseguindo acabar com a concorrência (ao mesmo tempo em que se aproxima de uma valorização trilionária) são outras.[7] Como os

---

* N.T.: Um serviço da Amazon que dá acesso a streaming de filmes, música e e-books, armazenamento ilimitado de fotos na Amazon Cloud Drive, entrega rápida e frete grátis nos Estados Unidos, bem como acesso a ofertas exclusivas.

Figura 2.1:
PORCENTAGEM DE FAMÍLIAS NORTE-AMERICANAS
2016

ASSINAM A AMAZON PRIME

78%	55%	55%	52%	51%	49%	44%
DECORAM A ÁRVORE DE NATAL	VOTARAM EM 2016	> US$ 50 MIL		VÃO À IGREJA	TÊM TELEFONE FIXO	TÊM UMA ARMA DE FOGO

Fontes:
SIZEABLE gender differences in support of bans on assault weapons, large clips. *Pew Research Center*, 26 ago. 2016. <http://www.people-press.org/2016/08/26/opinions-on-gun-policy-and-the-2016-campaign/augustguns_6/>.
THE VOTE is in – 78% of U.S. households will display Christmas trees this season: no recount necessary says American Christmas Tree Association. ACTA, 6 dez. 2016. <https://www.christmastreeassociation.org/vote-78-percent-u-s-households-will-display-christmas-trees-season-no-recount-necessary--says-american-christmas-tree-association/>.
2016 NOVEMBER general election turnout rates. United States Elections Project. <http://www.electproject.org/2016g>.
STOFFEL, Brian. The average American household's income: where do you stand? *The Motley Fool*, 21 set. 2015.
<https://www.fool.com/investing/general/2015/09/21/the-average-american-households-income--where-do-yo.aspx>.
GREEN, Emma. It's hard to go to church. The Atlantic, 23 ago. 2016.
<https://www.theatlantic.com/politics/archive/2016/08/religious-participation-survey/496940/>.
BOND, Craig A. Twenty percent of U.S. households view landline telephones as an important communication choice. *The Rand Corporation*, 17 nov. 2016. <https://www.rand.org/news/press/2016/11/17.html>.
TUTTLE, Brad. Amazon has upper-income Americans wrapped around its finger. *Time*, 14 abr. 2016. <http://time.com/money/4294131/amazon-prime-rich-american-members/>.

outros Quatro, a ascensão da Amazon se baseia no apelo que a empresa faz a nossos instintos. O outro fator impulsionador do sucesso da empresa é uma história simples e clara que lhe possibilitou levantar, e gastar, um capital assombroso.

CAPÍTULO DOIS

Caçadores e coletores

A caça e a coleta, a primeira e a mais bem-sucedida adaptação da humanidade, ocupam mais de 90% da história humana.[8] Em comparação, a civilização é pouco mais que um piscar de olhos recente. E a atividade é menos penosa do que parece: as pessoas da era paleolítica e neolítica passavam apenas dez a 20 horas por semana caçando e coletando os alimentos necessários para sobreviver. Os coletores, em geral mulheres, respondiam por 80% a 90% do esforço e da produção.[9] Os caçadores forneciam principalmente uma proteína extra.

Amazon

Não deve ser surpresa para ninguém que os homens tendem a ser melhores em avaliar distâncias (devido à necessidade de saber a distância a ser percorrida até a presa). Em comparação, as mulheres costumam ser melhores em fazer um balanço de seus arredores imediatos. Os coletores também precisavam escolher melhor o que coletavam. Um tomate não podia sair correndo, mas a coletora ainda precisava desenvolver as habilidades necessárias para avaliar nuances como grau de amadurecimento, cor e formato para saber se o item era comestível, estragado ou venenoso. O caçador, em comparação, precisava agir rapidamente diante de uma oportunidade de caça. Ele não tinha tempo para avaliar nuances, só para a velocidade e a violência. Uma vez abatida a presa, os caçadores precisavam pegar a mercadoria e chegar logo em casa, já que a presa fresca e eles mesmos eram alvos atraentes para outros predadores.[10]

Observe como as mulheres e os homens fazem compras: pouca coisa mudou. As mulheres tocam o tecido para sentir sua textura, experimentam os sapatos para ver se combinam com o vestido e pedem para ver os itens em cores diferentes. Os homens veem algo capaz de matar sua fome, o abatem (compram) e voltam para a caverna o mais rápido possível.[11] Para nossos antepassados distantes, quando a caça estava segura na caverna, o monte de comida nunca parecia grande o suficiente. A ameaça de fome vinha com secas, tempestades de neve ou pragas. Pensando assim, era uma estratégia inteligente acumular mais que o necessário e uma desvantagem desperdiçar energia. Por outro lado, a desvantagem de guardar menos que o necessário era morrer de fome.

A humanidade não é a única movida pela compulsão de acumular. Para os machos de muitas espécies animais, o acúmulo se traduz em sexo. Vejamos o exemplo dos chascos-do-monte, uma espécie de passarinho das regiões secas e rochosas da Eurásia e da África. Eles acumulam pedras. Quanto maior for o monte de pedra (ou, em termos humanos, quanto mais caro for aquele apartamento em Manhattan), mais fêmeas se interessarão em se acasalar com aquele macho.[12] Como a maioria das neuroses, essa começa com as melhores intenções e sai totalmente dos trilhos. Todos os anos ficamos sabendo de vários acumuladores que morreram soterrados debaixo de uma montanha de objetos acumulados no (des)conforto de seu lar. Aquele sujeito que os bombeiros encontraram debaixo de 45 anos de jornais não é louco. Ele só estava ostentando sua aptidão darwiniana aos visitantes.

Nosso lado capitalista e consumidor

O instinto é um companheiro bastante convincente, sempre observando e sussurrando no nosso ouvido, dizendo o que devemos fazer para sobreviver.

O instinto tem uma câmera, mas de baixa resolução. Ele precisa de centenas, senão milhares, de anos para se adaptar. Vejamos, por exemplo, nossa preferência por alimentos salgados, doces e gordurosos. A estratégia fazia sentido no despertar da humanidade, já que alimentos com essas características eram os mais difíceis de encontrar. Mas a situação mudou. Nós institucionalizamos a produção desses grupos alimentares com o hambúrguer e o milk-shake, que podem ser encontrados em qualquer esquina para satisfazer nossas necessidades com facilidade e baixo custo. Só que os nossos instintos não acompanharam essa mudança. Em 2050, um de cada três norte-americanos provavelmente terá diabetes.[13]

Nosso apetite insaciável também ainda não se ajustou ao espaço limitado dos nossos guarda-roupas e carteiras. Muitas pessoas têm dificuldade de colocar comida na mesa e pagar as contas básicas. Mas milhões de pessoas estão tomando remédios para redu-

CAPÍTULO DOIS

zir o colesterol e pagando os juros abusivos do cartão de crédito por incapacidade de controlar o instinto de acumular.

O instinto, aliado ao desejo de lucrar, leva ao excesso. E o pior sistema econômico (tirando todos os outros), o capitalismo, foi projetado especificamente para maximizar essa equação. Nossa economia e nossa prosperidade dependem em grande parte do consumo alheio.

O mundo dos negócios se baseia na ideia de que, em uma sociedade capitalista, o consumidor é o rei e o consumo é a mais nobre atividade. Desse modo, a posição de um país no mundo está correlacionada com seu nível de demanda e produção. Depois dos ataques de 11 de setembro, o conselho do presidente George W. Bush a uma nação em luto foi: "Visitem a Disney World, na Flórida, levem a família e aproveitem a vida do modo como queremos viver".[14] O consumo substituiu o sacrifício coletivo em épocas de guerra e crises econômicas. A nação precisa que continuemos comprando mais coisas.

Poucos setores criaram mais riqueza canalizando nosso lado consumista do que o varejo. A lista das 400 pessoas mais ricas do mundo (tirando as que herdaram a riqueza ou trabalham em finanças) inclui mais nomes do varejo do que da tecnologia. Armancio Ortega, o fundador da Zara, é o homem mais rico da Europa.[15] O terceiro mais rico, Bernard Arnault da LVMH, que pode ser considerado o pai do luxo moderno, é dono de mais de 3.300 lojas, mais do que a Home Depot.[16,17] No entanto, os sucessos mais divulgados do varejo, aliados às baixas barreiras de entrada e ao sonho de abrir a própria "lojinha", criaram um setor repleto de ofertas e, como a maioria dos setores, num estado de constante fluxo. Vejamos como o ambiente do varejo norte-americano é "dinâmico":

- As dez empresas com ações de melhor desempenho no mercado em 1982 foram: a fabricante de automóveis Chrysler, a rede de farmácias Fay's Drug, a fabricante de brinquedos e videogames Coleco, a fabricante de trailers Winnebago, a fabricante de aparelhos auditivos e equipamentos de áudio Telex, o centro de diagnósticos Mountain Medical, a empresa de construção civil Pulte Home, a varejista Home Depot,

a empresa de serviços especializados e tecnologia da informação CACI e a fabricante de equipamentos de telefonia e PABX Digital Switch.[18] Quais delas estão na ativa até hoje?
- A Circuit City foi a empresa com ações de melhor desempenho dos anos 1980 (alta de 8,250%).[19] Para quem não sabe, a Circuit City era uma megaloja, hoje falida, que vendia TVs e outros produtos eletrônicos, com o slogan "Aqui o atendimento foi elevado ao status de arte". Descanse em paz.
- Dos dez maiores varejistas de 1990, só *dois* continuaram na lista em 2016.[20,21] A Amazon, nascida em 1994, registrou um faturamento maior depois de 22 anos, em 2016 (US$ 120 bilhões), do que o Walmart, fundado em 1962, depois de 35 anos em 1997 (US$ 112 bilhões).[22,23]

Em 2016, o varejo podia ser descrito como o sucesso insano da Amazon e o desastre do resto do setor, com algumas poucas exceções, como a cadeia francesa de lojas de cosméticos Sephora, o mundo do *fast fashion* e a marca de óculos Warby Parker. As empresas de e-commerce morrem sem alardes porque, enquanto as lojas físicas têm um rosto, as mortes no comércio eletrônico passam quase despercebidas. Um belo dia, aquele site que você costumava visitar simplesmente não existe mais... e você encontra algum outro e nunca olha para trás.

O homem que se aproxima da morte (o varejista) começa com a erosão das margens (o colesterol do varejo) e termina com incontáveis promoções e liquidações. Até dá para ganhar algum dinheiro com promoções, mas a história quase sempre termina mal. Por exemplo, com uma média de 12% mais estoque na temporada de fim de ano em dezembro de 2016, os varejistas aumentaram as vendas promocionais de 34% para 52%.[24]

Como isso foi acontecer? Vamos dar uma rápida olhada na história do varejo. Nos Estados Unidos e na Europa, o varejo passou por seis etapas de evolução.[25]

A LOJINHA DE ESQUINA
Na primeira metade do século 20, o varejo era basicamente a lojinha de esquina. O fator mais importante era a proximidade.

CAPÍTULO DOIS

Você ia andando até a loja e levava o que conseguia carregar para casa e não raro fazia isso todos os dias. Os estabelecimentos de varejo em geral eram familiares e tinham uma importante função social na comunidade, disseminando as notícias locais antes da prevalência do rádio e da TV. A competência essencial desses estabelecimentos era a gestão de relacionamentos com os clientes, antes mesmo de o termo ter sido inventado. Os lojistas conheciam sua clientela e vendiam fiado com base na reputação dos clientes. Nosso caso de amor com o varejo e a nostalgia que sentimos quando um varejista abre falência (note que, quando uma venerável empresa de locação de equipamentos de perfuração de petróleo fecha as portas, a notícia não costuma ser divulgada nos jornais) se devem a nosso carinho histórico pelo varejo, que tem profundas raízes em nossa cultura.

Lojas de departamento

As primeiras lojas de departamento, a Harrods de Londres e a Bainbridge de Newcastle, voltaram-se para um novo segmento de mercado: mulheres ricas que passaram a fazer compras sozinhas, sem a necessidade de um acompanhante. Em Londres, a icônica Selfridges oferecia cem departamentos, restaurantes, um jardim na cobertura do prédio, salas de leitura e escrita, áreas de recepção para clientes estrangeiros, uma sala de primeiros socorros e vendedores experientes. Os vendedores eram treinados e pagos usando um novo conceito: a comissão de vendas. A noção de se diferenciar pelo atendimento e de se tornar amigo temporário e guia de compras do cliente descortinou novos horizontes. O novo conceito humanizou o varejo de grande porte e redirecionou o investimento para o capital humano nas lojas. Depois da Selfridges, essas verdadeiras celebrações da arquitetura, iluminação, moda, consumismo e da comunidade se espalharam pela Europa e pelos Estados Unidos.

As lojas de departamento também reinventaram a relação entre empresas e consumidores. Tradicionalmente, as empresas voltadas aos consumidores assumiam um papel paternalista, recomendando aos clientes o que era melhor. A igreja, o banco ou a loja controlavam as rédeas da relação. O cliente deveria agradecer por ser abençoado com o fruto da sabedoria coletiva dessas instituições. Harry

Selfridge cunhou o lema "o cliente tem sempre a razão", uma frase que na época pode ter soado fraca e subserviente. Na verdade, a ideia era profunda e abrangente. Afinal, quatro dos cinco varejistas sobreviventes mais antigos são lojas de departamento: Bloomingdale's, Macy's, Lord & Taylor e Brooks Brothers.[26]

O SHOPPING CENTER

Quando os Estados Unidos se aproximavam da metade do século, o automóvel e a geladeira nos deram a possibilidade de percorrer maiores distâncias para obter mais coisas que poderiam ser armazenar por mais tempo. Os avanços na distribuição levaram a redução de visitas a lojas, lojas maiores, uma seleção mais variada e preços mais baixos. As lojas de departamento evoluíram e se transformaram em shopping centers. Também graças ao automóvel, houve uma explosão de empreendimentos residenciais nos subúrbios. As empresas de construção passaram a oferecer aos consumidores várias lojas diferentes reunidas em um único local pontilhado com praças de alimentação e salas de cinema. Os shopping centers assumiram o papel do calçadão comercial dos subúrbios, que não tinham um epicentro claro. (Nunca entendi por que a população da pequena Short Hills, no estado norte-americano de Nova Jersey, se orgulha tanto do shopping da cidade. É como ser dono de uma franquia da rede de restaurantes Quiznos, especializada em sanduíches frios: é melhor que ninguém saiba.) Em 1987, metade das vendas do varejo nos Estados Unidos era feita em shopping centers.[27]

Mas, em 2016, a imprensa empresarial lamentou a morte dessa instituição norte-americana. Quarenta e quatro por cento da receita dos shopping centers norte-americanos se concentraram em apenas uma centena de locais e as vendas por metro quadrado despencaram 24% na última década.[28] A saúde de um shopping center é mais um reflexo da economia local do que do formato de varejo. A decadência suburbana levou à queda de muitos shoppings. Mesmo assim, muitos continuaram a prosperar, especialmente os que apresentam boas ofertas, uma boa seleção de lojas, estacionamento e proximidade do quartil superior de famílias de alta renda.

CAPÍTULO DOIS

A MEGALOJA

O ano de 1962 nos trouxe o primeiro norte-americano a orbitar o planeta, a crise dos mísseis de Cuba, *A família Buscapé*... e o Walmart, a Target e o Kmart.

O varejo de megalojas proporcionou uma grande mudança nas normas sociais e revolucionou o formato do varejo. A ideia de comprar no atacado e repassar a economia aos consumidores não é, por si só, revolucionária. A mudança mais importante foi o fato de os Estados Unidos, como nação, terem decidido levar o consumidor para a linha de frente em todos os sentidos. Na Home Depot, o cliente pode escolher a lenha para sua lareira. Na Best Buy, ele pode escolher entre todos os televisores possíveis e levar o escolhido para casa de carro.

Fazer compras pelo menor preço possível passou a ser mais importante do que qualquer empresa ou setor específico, talvez mais importante que a saúde da comunidade em geral. A mão invisível se pôs a estapear pequenas e ineficientes varejistas por todo o território dos Estados Unidos e da Europa. As lojinhas familiares, outrora uma parte importante da vida comunitária, viram-se diante de uma imponente concorrência. A era das megalojas também testemunhou o nascimento de uma nova geração de tecnologia de infraestrutura de varejo, inclusive o primeiro scanner de código de barras, instalado em uma loja da Kroger em 1967.[29]

Até os anos 1960, a legislação se opunha a varejistas que oferecessem descontos para compras em grandes quantidades. Os legisladores temiam (com razão) que milhares de lojinhas locais seriam obrigadas a fechar as portas. Além disso, os fabricantes normalmente definiam os preços que os varejistas podiam cobrar pelos produtos. O que acabava acontecendo é que os descontos não passavam de uma arma limitada e ineficaz.

Por várias razões, incluindo margens em queda e concorrência crescente, as lojinhas de bairro perderam a proteção nos anos 1960 e a grande "corrida para o zero" teve início. Hoje, na página inicial da H&M, é possível encontrar um vestido de mangas compridas e gola alta por apenas US$ 9,99. Pelo mesmo preço, você também pode comprar um suéter masculino de tricô. Esse preço é baixo não só na moeda atual, mas também na moeda de 1962, representando uma conquista impressionante e um testamento à corrida altamente competitiva para derrubar os preços.

À medida que os grilhões caíam por terra, os monstros varejistas mais ou menos gigantescos geraram uma riqueza de centenas de bilhões de dólares. Os próximos 30 anos viram surgir desse formato a empresa mais valiosa e o homem mais rico do mundo na época, Sam Walton, sem falar da ideia de que o consumidor passou a reinar supremo. As pessoas lamentam a máquina destruidora de empregos que é a Amazon. Mas o gângster original foi o Walmart. A proposição de valor era clara e irrefutável: quando você compra no Walmart, é como se tivesse alcançado uma promoção no trabalho. Sua vida melhora e você passa a ter condições de comprar tudo do melhor, de cerveja a sabão em pó.

Varejo especializado

O Walmart foi o grande nivelador. Mas a maioria dos consumidores não quer ser igual a todo mundo. Nós queremos ser especiais. E uma boa parcela da população consumidora está disposta a pagar a mais por essa atenção especial. Essa parcela também tende a ser composta pelos consumidores que detêm a maior renda.

A marcha em direção ao "mais por menos" criou um vácuo para os consumidores em busca de expertise e de produtos cobiçados. E assim surgiu o varejo especializado, que possibilitou aos consumidores mais ricos adquirir uma marca ou produto exclusivo, independentemente do preço. Entre as empresas que se dedicaram a esse consumidor estão a Pottery Barn, a Whole Foods e a Restoration Hardware.

A economia forte também ajudou. Estamos falando dos prósperos anos 1980 e os jovens profissionais urbanos encontraram nessas lojas especializadas sua casa fora de casa, palácios do prazer onde eles podiam comprar itens para sua casa e seu guarda-roupa que expressavam seu refinamento e sofisticação. Era possível encontrar a peça certa de presunto em uma loja que não vendia nada além de presuntos cozidos em mel ou comprar a vela perfeita numa loja que só vendia velas (a Illuminations). Muitos desses varejistas especializados fizeram uma transição quase perfeita para a era do e-commerce, já

CAPÍTULO DOIS

que muitas já vinham conduzindo experimentos no mercado de catálogos de mala direta.

O varejista que realmente definiu a era do varejo especializado foi a The Gap. Em vez de gastar em publicidade, a The Gap investiu na experiência dos clientes em suas lojas, tornando-se a primeira marca de estilo de vida. Você se sentia especial fazendo compras na The Gap, e comprar um sofá na Pottery Barn deu a toda uma geração de norte-americanos a sensação de que eles finalmente tinham "chegado lá". Os varejistas especializados sacaram que até as sacolas da loja ofereciam um benefício de autoexpressão aos clientes. Com uma sacola da Williams-Sonoma, uma loja de alimentos gourmet e utensílios de cozinha de qualidade profissional, você mostra ao mundo que é sofisticado, que aprecia o melhor que a vida tem a oferecer e que adora cozinhar.

A OPORTUNIDADE DO E-COMMERCE

O varejo foi mais um produto de Jeff Bezos do que Jeff Bezos foi um produto do varejo. Em cada uma das eras precedentes do varejo, pessoas brilhantes se beneficiaram de uma mudança nos fatores demográficos ou nas preferências dos consumidores e criaram bilhões de dólares em valor. Mas Bezos viu uma mudança tecnológica e usou-a para reconstruir o mundo do varejo de cabo a rabo. O e-commerce jamais seria o que é hoje se Bezos não tivesse contribuído com sua visão e seu foco.

Na década de 1990, o e-commerce era um mercado insignificante, sem grandes recompensas para praticamente todas as empresas que só operavam na internet (e ainda é). O segredo do sucesso no e-commerce não era a execução, mas a capacidade de criar uma badalação em torno do potencial de uma empresa e em seguida vendê-la a algum ricaço otário antes de o castelo de areia desabar. O exemplo mais recente são os sites de promoções flash – sites que prometiam promoções incríveis, mas apenas em horários não especificados. A imprensa pirou. Consegue perceber o padrão? Badalação e vendas são duas coisas diferentes.

O varejo pode nunca ter sido, pensando nos riscos envolvidos, um bom negócio. Mas era um mercado muito menos terrível antes de o grande tubarão branco varejista de Seattle chegar e se pôr

Figura 2.2:
RECEITA DO SETOR DE SITES DE PROMOÇÕES FLASH

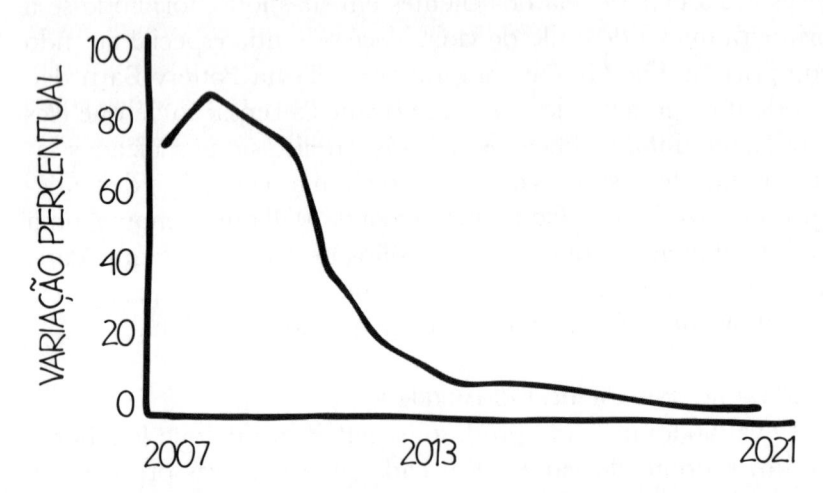

Fonte: LINDSEY, Kelsey. Why the flash sale boom may be over – and what's next. RetailDIVE, 18 maio 2015. <http://www.retaildive.com/news/why-the-flash-sale-boom-may-be-overand-whats--next/396546/>.

a devorar tudo o que via pela frente. Na última década, a capitalização de mercado dos ícones do varejo do século 20, da Macy's à JCPenney, variou de terrível a desastrosa. O capital investido em cada setor é limitado, e a visão e a execução da Amazon absorveram grande parte do investimento do varejo. O resultado é um setor, antes densamente povoado, sendo devastado, com sua população sendo extinguida por um único player.

Como vivemos em uma cultura de consumo, a trajetória natural do varejo é ascendente. Assim, quando os planetas se alinham e um novo conceito se revela eficaz, ele pode subir rapidamente e criar um enorme valor tanto para os consumidores como para os acionistas. O Walmart de fato deu às pessoas acesso a uma vida melhor, ou pelo menos uma vida mais materialista. E você de fato

CAPÍTULO DOIS

pode se sentir melhor consigo mesmo usando sapatos de couro de corte exclusivo da Zara e fazendo suco com uma sofisticada centrífuga da Williams-Sonoma.

A diferença é que esse valor foi criado a uma velocidade sem precedentes por uma única empresa, porque, por ser virtual, a Amazon pode crescer em milhões de clientes e em praticamente todo o setor de varejo, sem o estorvo tradicional de ter de abrir lojas físicas e contratar milhares de funcionários. Bezos se deu conta de que no site da Amazon todas as páginas podem ser lojas e todos os clientes podem ser vendedores. E que a empresa poderia crescer tão rapidamente a ponto de não sobrar um canto sequer no mercado para os concorrentes cavarem um nicho.

O HOMEM QUE ESTÁ A CAMINHO DE SER O MAIS RICO DO PLANETA

Na primeira explosão de crescimento das ponto.com, Jeff Bezos não passava de mais um fugitivo do mercado financeiro formado em ciência da computação e fascinado pela promessa do e-commerce. Mas sua visão e seu foco maníaco o posicionaram acima da multidão. Para sua loja on-line, lançada em Seattle em 1994, Bezos escolheu o nome "Amazon" para sugerir a escala do fluxo de mercadorias que ele vislumbrava. Mas outro nome que ele levou em consideração (ele ainda é o proprietário do URL) teria mais a ver: *relentless.com* ("implacável").[30]

Quando Bezos abriu a Amazon, o varejo on-line não se voltava aos verdadeiros coletores porque a tecnologia limitada da internet (uma experiência sem grande apelo) tinha a sofisticação e o nível de detalhes de um Lada, a marca de automóveis russa, feia e simplória. As marcas se baseiam em dois fatores: promessa e desempenho. De acordo com esses critérios, a internet dos anos 1990 até os anos 2000 não era nada disso.

Em 1995, o e-commerce precisava oferecer uma presa facilmente reconhecível e que pudesse ser abatida e levada de volta à caverna com pouca perda de valor ou pouco risco de acidentalmente levarmos uma planta venenosa para casa. Bezos decidiu que esse animal seria... os livros.

Fáceis de reconhecer, matar e digerir. Os livros ficavam empilhados em um armazém, com a possibilidade de "dar uma olhada" dentro deles, como quem folheia um exemplar numa livraria. Alguém já tinha matado e armazenado a presa para você. Toda uma indústria (avaliações de livros) surgiu para identificar quais livros valiam a pena comer/ler, contornando a curadoria oferecida por uma loja física. Bezos percebeu que as avaliações dos clientes poderiam se encarregar do trabalho árduo de vender os produtos. Enquanto isso, a Amazon poderia alavancar a seleção e a distribuição. Bezos não oferecia nuances como vitrines bem iluminadas, um sininho que tocava quando o cliente abria a porta da livraria, nem vendedores sorridentes. Mas ele alugou um armazém perto do aeroporto de Seattle e o encheu de livros de um jeito que facilitasse as manobras das máquinas.

No começo, a Amazon focou em livros e em caçadores (pessoas em uma missão, em busca de um produto específico). Com o passar dos anos, a banda larga deu à empresa a possibilidade de oferecer mais nuances, atraindo os coletores dispostos a navegar pelo site, ponderar as opções e tomar a decisão com calma. Bezos sabia que poderia migrar para itens que as pessoas ainda não estavam acostumadas a comprar na internet, como CDs e DVDs. Em um prenúncio da ameaça da Amazon a tudo o que nossa sociedade tem de bom, o CD de Susan Boyle *I dreamed a dream* quebrou recordes de vendas na plataforma.

Para deixar os concorrentes para trás e reforçar o valor central da seleção, a Amazon lançou o Amazon Marketplace, deixando a terceiros a tarefa de preencher a cauda longa. Os vendedores ganharam acesso à maior plataforma e à base de clientes do e-commerce e a Amazon conseguiu expandir suas ofertas sem incorrer nas despesas de manter estoques adicionais.

Hoje a Amazon Marketplace responde por US$ 40 bilhões, ou 40%, das vendas da Amazon.[31] Os vendedores, satisfeitos com o gigantesco fluxo de clientes, não sentem necessidade alguma de investir nos próprios canais de varejo. Enquanto isso, a Amazon coleta os dados e pode entrar em qualquer negócio (começar a vender ela mesma os produtos) assim que uma categoria se mostrar atraente. Desse modo, a Amazon pode decidir oferecer diretamente "decalques de anciões orientais", "fronhas com estampas do Nicolas Cage" e "galões de 100 litros de vaselina".

CAPÍTULO DOIS

A Amazon oferece um grande apelo a nossos instintos de caçador-coletor de acumular coisas com o mínimo de esforço. Nós adoramos acumular coisas, já que a sobrevivência era garantida ao homem das cavernas que tivesse mais galhos, as rochas certas para abrir coisas e conseguisse a lama mais colorida para desenhar nas paredes para que seus descendentes soubessem o melhor momento de plantar ou os animais a evitar.

A necessidade de acumular coisas é concreta. As coisas nos mantêm aquecidos e seguros. Elas nos permitem armazenar e preparar comida. Ajudam-nos a atrair parceiros e a cuidar da nossa prole. E as coisas de fácil acesso são as melhores porque consomem menos energia e nos deixam tempo para fazer outras coisas importantes.

Livre da necessidade de manter lojas físicas dispendiosas, Bezos pôde investir em armazéns automatizados. Escala é poder, e a Amazon foi capaz de oferecer preços baixos que nenhuma loja física tinha como bancar. A empresa disponibilizou promoções atraentes para clientes fiéis, autores, empresas de entrega e revendedores que concordavam em divulgar anúncios da Amazon em seus sites. E, com isso, conseguiu atrair cada vez mais parceiros para a Amazon. Com o tempo, Bezos saiu do mundo dos livros e DVDs para vender… tudo. Esse tipo de experimentação e agressão é o que os militares chamam de ciclo do "observar, orientar, decidir e agir". Ao agir com rapidez e decisão, você força o inimigo (no caso, outros varejistas) a reagir à sua última manobra enquanto você já está entrando na próxima. No caso da Amazon, isso foi feito com um foco implacável no consumidor.

Outro fator que ajudou, pelo menos na maior parte dos primeiros 15 anos de existência da Amazon, foram os CEOs do varejo tradicional afirmando que o e-commerce representava apenas 1%, 2%, 3%, 4%, 5%, 6% … do varejo. Nunca houve uma reação coordenada à ameaça até que a Amazon tivesse caninos enormes e um capital ilimitado… só que aí já era tarde demais.

Em 2016, o varejo nos Estados Unidos cresceu 4% e o Amazon Prime cresceu mais de 40%.[32,33] A internet é o canal de mais rápido crescimento da maior economia do mundo e a Amazon domina a maior parte desse crescimento.[34] Na importantíssima temporada de fim de ano (novembro e dezembro de 2016), a Amazon conquistou

38% das vendas on-line. Os próximos nove maiores players on-line juntos ficaram com apenas 20%.[35] Em 2016, a Amazon foi considerada a empresa mais respeitável da América.[36]

SOMA ZERO

Com o crescimento do varejo basicamente paralisado em toda a economia norte-americana, o crescimento da Amazon deve estar vindo de algum lugar. Quem está perdendo? Todo mundo. O gráfico abaixo, que descreve o valor das ações dos principais varejistas norte-americanas (de 2006 a 2016), diz tudo:

Figura 2.3:
CRESCIMENTO DOS PREÇOS DAS AÇÕES DO VAREJO DE 2006 A 2016

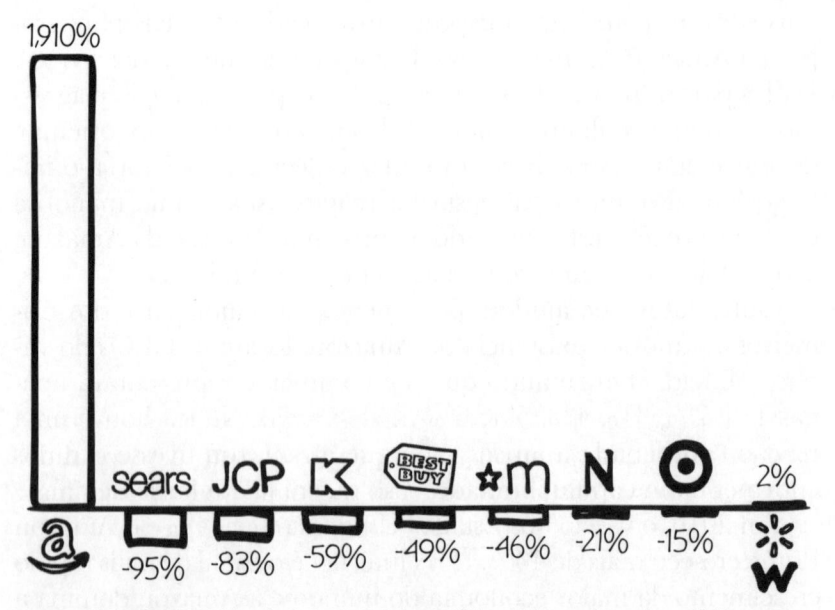

amazon	1.910%
sears	-95%
JCP	-83%
K (Kmart)	-59%
Best Buy	-49%
macy's	-46%
N (Nordstrom)	-21%
Target	-15%
Walmart	2%

Fonte: CHOUDHURY, Mawdud. Brick & Mortar U.S. retailer market value −2006 vs present day. ExecTech. <https://executivetechnology.wordpress.com/2016/12/28/brick-mortar-retailer-market-value-2006-vs-present-day/>.

CAPÍTULO DOIS

Figura 2.4:
VARIAÇÃO DO PREÇO DAS AÇÕES EM 5 DE JANEIRO DE 2017

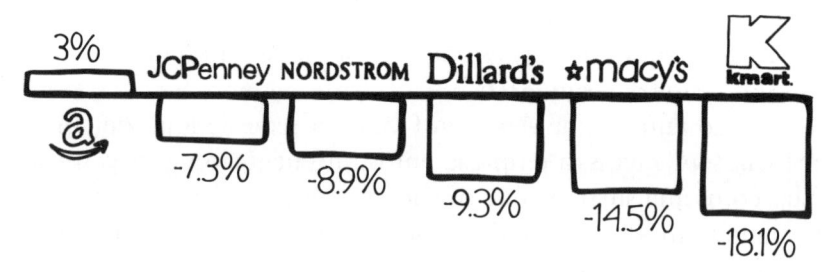

3% a — JCPenney -7.3% — NORDSTROM -8.9% — Dillard's -9.3% — macy's -14.5% — kmart -18.1%

Fonte: Yahoo! Finance. <https://finance.yahoo.com/>.

Lojas demais, salários congelados, mudanças nas preferências dos clientes e a Amazon criaram uma tempestade perfeita no varejo. Hoje, a maioria dos varejistas está sendo bombardeada. A maioria, mas não todos.

A Amazon tornou-se o Príncipe das Trevas do varejo, ocupando uma posição sem igual, inversamente correlacionada com o resto do setor.

Tradicionalmente, as ações de empresas do mesmo setor são negociadas em sincronia umas com as outras. Mas isso não acontece mais. Os mercados de ações passaram a acreditar que o que é bom para a Amazon é ruim para o varejo em geral e vice-versa. É uma situação quase inigualável na história empresarial. E acabou se transformando em uma profecia autorrealizável, já que o custo de capital da Amazon cai, enquanto o custo de capital de todos os outros varejistas aumenta. A realidade pode mudar, mas a Amazon sempre vai sair ganhando, por estar jogando pôquer com dez vezes mais fichas. A Amazon tem o poder de tirar todos os outros do jogo.

A gigante pode se preocupar quando as pessoas começarem a perguntar se o que é bom para a Amazon não seria ruim para a sociedade. É interessante notar que, mesmo enquanto alguns cientistas e magnatas do setor da tecnologia (Stephen Hawking e Elon Musk) expressam abertamente sua preocupação com os perigos da inteligência artificial e outros (Pierre Omidyar e Reid Hoffman) financiam pesquisas para investigar o assunto, Jeff Bezos está implementando a robótica na Amazon o mais rapidamente que pode. A empresa aumentou 50% o número de robôs em seus armazéns em 2016.[37]

Com o anúncio da Amazon Go, uma rede de lojas de conveniência sem caixas, a empresa entrou no negócio de lojas físicas. Mas com uma surpresinha: os clientes das primeiras lojas de conveniência Amazon Go podem comprar itens simplesmente saindo da loja. Sensores escaneiam as sacolas e o aplicativo de seu celular quando você sai da loja. Você não precisa mais passar pelo caixa.

Figura 2.5:

PARTICIPAÇÃO DE MERCADO NOS ESTADOS UNIDOS VESTUÁRIO E ACESSÓRIOS

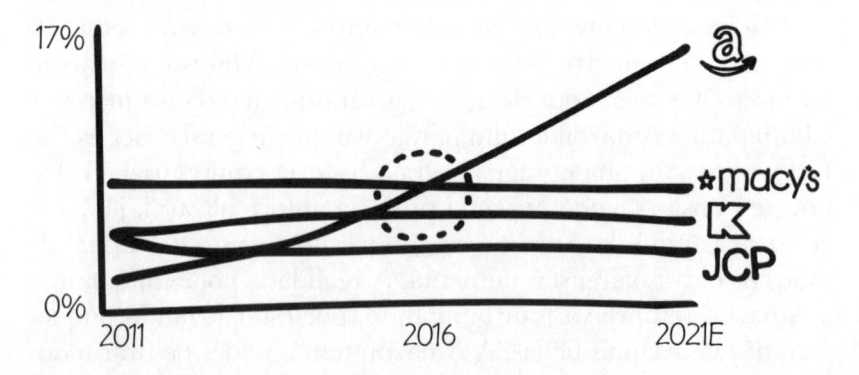

Fonte: PETERSON, Hayley. Amazon is about to become the biggest clothing retailer in the US. *Business Insider*, 20 jun. 2017. <http://www.businessinsider.com/amazon-becomes-the-biggest-clothing-retailer-in-the-us-2017-6>.

CAPÍTULO DOIS

Outros varejistas, novamente pegos de surpresa, estão correndo para eliminar os próprios processos de pagamento no caixa. E quem você acha que essa última manobra da Amazon coloca em risco? Os 3,4 milhões de norte-americanos (2,6% da força de trabalho dos Estados Unidos) que trabalham como caixas.[38] É uma multidão de trabalhadores, quase a mesma quantidade de professores do ensino fundamental e médio nos Estados Unidos.[39]

Enquanto os varejistas estão correndo para reagir ao "zigue" da Amazon Go, fabricantes de hardware e em breve também marcas vão correr para reagir ao "zague" da Amazon Echo.

A Echo é um alto-falante em forma de cilindro e a Alexa é sua inteligência artificial, batizada em homenagem à Biblioteca de Alexandria.[40] Alexa foi criada para funcionar como um comunicador pessoal, permitindo que o usuário toque músicas, pesquise na internet e obtenha respostas para suas perguntas. Ainda mais importante, o dispositivo eleva a acumulação a um novo patamar, possibilitando fazer compras usando um poderoso software de reconhecimento de voz. Diga: "Alexa, inclua Sensodyne no carrinho de compras" ou (o que dá uma trabalheira danada) aperte um *dash button** das camisinhas Trojan[41] e, em no máximo uma hora, você estará pronto para a ação. E a Alexa vai ficando cada vez mais inteligente com o uso.

O cliente ganha todas essas comodidades. E, para a Amazon, as recompensas são ainda maiores: os clientes da Amazon confiam tanto na empresa que permitem à empresa ouvir suas conversas e coletar seus dados de consumo. Com isso, a Amazon ganhará acesso a uma visão mais profunda e detalhada da vida privada e dos desejos dos consumidores do que qualquer outra empresa.

A Go e a Echo sugerem que a empresa está se aproximando das compras de zero clique em suas operações. Alavancando o big data

---

* N.T.: O Amazon Dash Button é um pequeno dispositivo conectado ao wi-fi que encomenda um produto bastando apertar um botão. Cada *dash button* é pareado com um produto da sua escolha, selecionado no aplicativo da Amazon no celular durante a configuração. No momento da tradução, a Amazon americana oferecia 348 *dash buttons* diferentes, para produtos tão variados quanto papel higiênico, sabão em pó, fraldas e donuts.

e um conhecimento sem igual dos padrões de compra dos consumidores, a Amazon logo será capaz de satisfazer suas necessidades sem você precisar se dar ao trabalho de decidir ou fazer os pedidos. Chamo esse conceito de *"prime* ao quadrado". Você pode precisar calibrar o sistema de vez em quando (menos coisas quando for sair de férias, mais coisas quando for receber visitas, menos chocolate da Lindt quando você enjoar), mas todo o resto vai funcionar como o equivalente varejista do piloto automático de um avião. Seu pedido vai chegar acompanhado de uma caixa vazia, você manda de volta tudo o que não quer na caixa e a Amazon registra suas preferências. A cada vez, você vai devolver menos itens. A Amazon se aproximou das compras de zero clique quando lançou seu serviço Wardrobe em junho de 2017, permitindo que os clientes escolham roupas e acessórios para experimentar em casa antes de decidir o que comprar. Os clientes têm sete dias para decidir e só precisam pagar depois de tomar a decisão.[42]

Compare isso a ir ao shopping center voltando do trabalho, procurar uma vaga no estacionamento e esperar na fila só para descobrir que eles não têm o tipo de lâmpada que você estava procurando, esperar em outra fila no caixa para comprar outros itens e enfrentar o trânsito a caminho de casa. Como o shopping center, a megaloja e a lojinha de esquina poderão competir com a Amazon? Estamos testemunhando uma grande revolução no varejo. Assim como vimos a porcentagem da população rural despencar de 50% a 4% em um século, veremos uma queda semelhante no varejo nos próximos 30 anos.[43]

O foco inabalável da empresa em reduzir ao máximo o atrito nas compras, alavancar ao máximo suas relações com os investidores e sua decisão de investir em B2B (serviços de plataforma para os concorrentes) colocam a Amazon na *pole position* no *grid* de largada na corrida para um trilhão. O que vai consolidar o domínio da Amazon no mundo do varejo é seu compromisso, a cada passo do caminho, pela coleta de montanhas de dados de todos os consumidores do mundo. A Amazon já sabe muito sobre nós. Logo ela saberá mais sobre nossas preferências de compra do que nós mesmos sabemos. E não vemos problema algum nisso e optamos voluntariamente por dar à empresa acesso a todos esses dados.

CAPÍTULO DOIS

Storytelling ⟶ capital barato

A Amazon teve mais acesso a um capital mais barato e por mais tempo do que qualquer outra empresa nos tempos modernos.

A maioria das empresas de tecnologia bancadas com capital de risco nos anos 1990 levantou menos de US$ 50 milhões antes de dar um retorno aos investidores. Em comparação, a Amazon levantou US$ 2,1 *bilhões* em dinheiro dos investidores antes de a empresa (meio que) sair do vermelho.[44] Como a empresa tem demonstrado, a Amazon é capaz de lançar um celular, investir dezenas, talvez centenas, de milhões de dólares em desenvolvimento e marketing, ver o produto fracassar nos primeiros 30 dias e tratar o desastre todo como se não passasse de mais um quebra-molas no caminho.

Se isso não for um "capital paciente", eu não sei o que é. Se qualquer outra empresa da Fortune 500 (seja ela a HP, a Unilever ou a Microsoft) lançasse um celular que acabasse morrendo na praia, as ações da empresa teriam despencado mais de 20%, como aconteceu com as ações da Amazon em 2014.[45] Com os acionistas esperneando, os CEOs dessas outras empresas teriam cedido e se retirado do mercado para que todos da empresa aprendessem uma lição de humildade. Mas a Amazon se recusa a fazer esse tipo de coisa. Simplesmente porque, se você tiver fichas suficientes e puder jogar pôquer até o nascer do sol, mais cedo ou mais tarde vai embolsar a bolada toda.

Isso nos leva à competência essencial da Amazon: o storytelling.

Ao controlar a narrativa descrevendo uma visão grandiosa, a Amazon revolucionou a relação entre empresa e acionista. A história é contada nos meios de comunicação, especialmente aqueles voltados a cobrir o mundo dos negócios e da tecnologia. Muitos desses meios de comunicação decidiram que os CEOs do setor da tecnologia são as novas celebridades da nossa era e dão à Amazon o centro do palco sempre que a empresa quiser. Em geral, o acordo que as empresas firmam com os acionistas é o seguinte: nos deem alguns anos, dezenas de milhões de dólares e retornaremos seu capital na forma de lucros. A Amazon implodiu essa tradição, substituindo, com sua narrativa, os lucros por *visão e crescimento*. A história é convincente e simples, a verdadeira "dupla dinâmica" de uma mensagem eficaz.

História: A maior loja do planeta.
Estratégia: Enormes investimentos em benefícios para o consumidor que resistem ao teste de tempo: menor custo, maior seleção e entrega mais rápida.

Graças a uma taxa de crescimento que reflete um avanço constante na direção dessa visão, o mercado inflaciona as ações da Amazon e proporciona capital à empresa a preço de banana. As ações da maioria dos varejistas são negociadas a múltiplos de lucros em um fator de oito.[46] Em comparação, a Amazon é negociada a múltiplos de 40.[47]

Além disso, a Amazon treinou o mercado financeiro para aplicar um padrão especial a suas ações, esperando um crescimento maior, mas com lucros menores. Isso permite à empresa pegar os (consideráveis) dólares de margem bruta incremental que ganha todos os anos e reinvestir mais capital no negócio, evitando toda a chateação dos impostos. E isso, por sua vez, possibilita à Amazon cavar fossos cada vez mais profundos para proteger seu negócio.

Os lucros são para os investidores o que a heroína é para um viciado. Os investidores adoram os lucros (quero dizer, eles os idolatram). Sim, não deixe de investir, crescer e inovar, mas não se atreva a impedir o meu barato (os lucros).

As faculdades de Administração passaram gerações e gerações pregando a cronologia revolucionária da alocação de capital da Amazon: o mais completo desrespeito pelas necessidades de curto prazo dos investidores para atingir metas de longo prazo. Uma empresa que faz isso é tão rara quanto um jovem que deixa de ir ao baile de formatura para estudar.

A lógica normal de negócios: se pudermos pegar dinheiro emprestado a taxas historicamente baixas, recomprar as ações e ver o valor das opções sobre as ações da gestão subir, para que investir no crescimento e nos empregos que o acompanham? É uma manobra arriscada.

A lógica da Amazon de negócios: se pudermos pegar dinheiro emprestado a taxas historicamente baixas, por que não investir esse dinheiro em caríssimos sistemas de entrega? Dessa forma, garantimos uma posição invencível no varejo e asfixiamos nossos concorrentes. E podemos *crescer muito e rápido.*

CAPÍTULO DOIS

O Walmart quer impressionar os "pais" e investe diligentemente tendo em vista o longo prazo. Mas os mercados não engolem essa maturidade da empresa de Bentonville. Na teleconferência para discutir os resultados do Walmart no primeiro trimestre de 2016, a administração informou o mercado financeiro que a empresa aumentaria consideravelmente as despesas de capital em tecnologia para "conquistar o futuro do varejo".[48]

Era a decisão certa, e a única decisão, para o Walmart. No entanto, a estratégia implicava uma redução dos ganhos projetados. Pausa para crises de abstinência e vômitos. No dia seguinte, depois de apenas 20 minutos do início do pregão, o valor do Walmart no mercado financeiro perdeu o equivalente a 2,5 Macy's: nada menos que US$ 20 bilhões.[49]

Ser um investidor da Amazon é como ser um viciado sem qualquer possibilidade de botar as mãos na heroína (lucros). Em todas as teleconferências para discutir os resultados com os investidores, a Amazon reforça sua visão de crescimento, minimiza a importância dos lucros e lembra seus acionistas que a empresa nunca paga dividendos. O apelo é uma visão de domínio do mundo, incluindo novas tecnologias (drones), conteúdo (filmes) e *tricorders* como os da *Jornada nas Estrelas* (Amazon Echo), os quais contam com mais adoção e badalação que qualquer eletrônico de consumo desde o iPad. É um excelente uso da técnica do storytelling, mas ao estilo de *Harry Potter*, quando a próxima história é ainda melhor que a original.

CAPITAL BARATO ⟶ CEM VEZES MAIS RISCOS

Bezos, com astúcia e abertamente, divide os riscos da Amazon em dois tipos: 1) os riscos inevitáveis ("Este é o futuro da empresa") e 2) os riscos evitáveis ("Não está rolando, vamos tentar outra coisa").[50]

Segundo a visão de Bezos, é fundamental para a estratégia de investimento da Amazon realizar muitos experimentos do Tipo 2, incluindo um armazém voador ou sistemas para proteger os drones de ataques com arco e flecha. A empresa chegou a patentear as duas ideias. Os investimentos do Tipo 2 são baratos porque provavelmente serão abortados antes de queimar muito dinheiro e pagam grandes dividendos ao reforçar a imagem de uma empresa de ponta. Os acionistas adoram essas histórias e gostam de achar que fazem parte de uma aventura empolgante. Além disso, de vez em quando, essas ideias acabam vingando e, quando vingam, a Amazon tem o combustível (capital) para verter na faísca e dar início a um incêndio que passa varrendo a concorrência. A lição que pouca gente vê é que, além de ter acesso a uma montanha de capital, a empresa se dispõe a abortar, sem dó nem piedade, iniciativas ou produtos que não estão vingando, liberando o capital (no caso da Amazon, capital humano) para outras novas iniciativas malucas.

Minha experiência em empresas tradicionais é que qualquer ideia nova é vista como inovadora e as pessoas alocadas para trabalhar nela, como qualquer pai ou mãe, ficam apaixonadas, sem qualquer lógica, pelo projeto e se recusam a reconhecer que seu rebento é feio ou burro. O que acaba acontecendo é que as empresas tradicionais não só têm menos capital para investir, como também acabam com menos chances de ter sucesso. A Amazon demonstra uma verdadeira disciplina ao se recusar a aumentar os investimentos enquanto os projetos não se provarem promissores. Apesar de toda a badalação dos três últimos anos em torno da entrada da Amazon no varejo de lojas físicas, a iniciativa toda não passa de duas dúzias de lojas. Eles ainda não encontraram um formato que acham que poderão escalar.

Bezos, como qualquer grande líder, tem a capacidade de explicar uma ideia maluca de um jeito que faz com que ela pareça menos insana e até viável. Espere aí, mas é claro! Como é que não pensamos nisso antes? A maluquice não é uma idiotice, mas sim uma "ousadia". É verdade que um armazém flutuante pode parecer uma loucura na primeira vez que você ouve a ideia. Mas pare um pouco para pensar no custo de locação e operação de um armazém terrestre tradicional. Quais são as maiores despesas? Localização e aluguel, respectivamente. Agora, volte a ponderar a ideia do armazém flutuante. Pensando bem, a ideia não é tão maluca assim, não é mesmo?

A eterna mensagem de Bezos é que faz parte da natureza da Amazon fazer gols de placa de tempos em tempos. Mas a analogia está errada, já que no futebol um gol de placa só aumenta

Figura 2.6:
ARMAZÉM FLUTUANTE AGUARDANDO A LIBERAÇÃO DA PATENTE

um ponto no placar. Em comparação, os gols de placa do Amazon Prime e dos serviços de computação na nuvem Amazon Web Services (AWS) aumentaram vários milhares de pontos no placar quando a empresa de Seattle fez a rede balançar. Como Bezos escreveu na primeira carta anual aos acionistas da Amazon, em 1997, "Caso estiverem diante de 10% de chances de receber um retorno cem vezes maior que seu investimento, vocês jamais deveriam hesitar em fazer a aposta".[51]

Desnecessário dizer, a maioria dos CEOs não pensa assim. A maioria nem chegaria a assumir riscos com menos de 50% de chance de sucesso, não importa o tamanho do retorno potencial. Em grande parte, é por isso que as empresas da velha economia estão perdendo valor para as empresas da nova economia. As empresas de sucesso de hoje podem ter os ativos, o fluxo de caixa e o brand equity, mas encaram o risco de um jeito diferente de muitas empresas do setor de tecnologia que acabaram morrendo na praia. Elas vivem no presente e sabem que os grandes sucessos só acontecem com um risco considerável, chegando a ameaçar a existência da empresa.

Uma mentalidade voltada à sobrevivência domina a visão dos CEOs da velha economia e seus acionistas. Na minha cabeça, o pior emprego possível são os cargos "invisíveis até você pisar na bola". Esses empregos estão por toda parte: especialista de TI, tesoureiro corporativo, auditor, controlador de tráfego aéreo, operador de usina nuclear, inspetor de elevadores, funcionário da administração de segurança dos transportes. Você nunca vai ser famoso, mas tem uma pequena e aterrorizante chance de se tornar infame. Os CEOs de empresas de sucesso da velha economia têm uma mentalidade similar: eles são "ricos até pisarem na bola".

Hoje em dia os CEOs ganham fortunas tão consideráveis que, ajustando para o risco, é muito mais interessante não chamar a atenção, completar seus seis a oito anos no cargo e aposentar-se sentado na bufunfa. Mas, se você procurar no Google "os maiores erros da história empresarial", a maioria dos resultados envolverá riscos que as empresas deixaram de correr, como a Excite e a Blockbuster deixando passar a oportunidade de adquirir o Google e a Netflix, respectivamente.

A história favorece os ousados. A remuneração favorece os mansos. Se você for CEO de uma empresa Fortune 500, irá se beneficiar mais de seguir o caminho mais batido e jamais fazer incursões por territórios desconhecidos. As grandes empresas podem até ter mais recursos para inovar, mas raramente assumem grandes riscos ou inovam, pois correm o risco de canibalizar parte de seus negócios. E nem arriscariam se indispor com fornecedores ou investidores. Tudo o que elas fazem é visando não perder o que já têm e os acionistas as recompensam por essa atitude... até decidirem se livrar do investimento e comprar ações da Amazon.

A maioria dos Conselhos pergunta à administração: "Como podemos criar a maior vantagem possível pelo menor capital/investimento?". A Amazon vira a pergunta de cabeça para baixo: "O que podemos fazer para conquistarmos uma vantagem tão cara que mais ninguém vai ter condições de pagar?".

CAPÍTULO DOIS

A Amazon pode se dar a esse luxo por ter acesso a um capital com menores expectativas de retorno que os concorrentes. Reduzir os prazos de entrega de dois dias para um? Isso exigirá um investimento de bilhões de dólares. A Amazon terá de construir armazéns inteligentes perto de centros urbanos, onde o terreno e a mão de obra são caros. De acordo com qualquer medida convencional, seria um enorme investimento por um retorno apenas marginal.

Mas, para a Amazon, esse cenário todo é mais do que perfeito. Afinal, a Macy's, a Sears e o Walmart não têm como se dar ao luxo de gastar bilhões de dólares para reduzir o prazo de entrega de seu negócio on-line relativamente pequeno de dois dias para um. Os consumidores adoram e os concorrentes ficam chupando o dedo, paralisados.

Em 2015, a Amazon gastou US$ 7 bilhões em taxas de frete, representando uma perda líquida de transporte de US$ 5 bilhões com lucro total de US$ 2,4 bilhões.[52] Uma loucura, não é? Não. A Amazon está mergulhando com o maior tanque de oxigênio do mundo, forçando os outros varejistas a segui-la, praticar preços equivalentes e enfrentar as novas expectativas de tempo de entrega dos clientes. A diferença é que os outros varejistas só podem contar com os próprios pulmões e acabam se afogando. Quando a Amazon voltar à superfície, ela dominará praticamente todo o oceano do varejo.

Fazer investimentos do Tipo 2 também dessensibiliza os acionistas da Amazon ao fracasso. Todos os Quatro têm isso em comum. Basta dar uma olhada na Apple e no Google, com seus projetos de veículos autônomos não tão secretos, e o Facebook, lançando regularmente novas funcionalidades para monetizar mais seus usuários e descontinuando sem piscar as funcionalidades quando os experimentos não vingam. Como Bezos também escreveu naquela primeira carta anual aos acionistas: "O fracasso e a invenção são gêmeos inseparáveis. Para inventar, é preciso experimentar; se você soubesse de antemão que algo vai dar certo, não seria um experimento".[53]

Vermelho, branco e azul

Os Quatro têm uma enorme disciplina para sair sempre na frente, fazer apostas grandes, ousadas e inteligentes e tolerar o fracasso.

Esse gene da tolerância ao fracasso ocupa o centro do sucesso da Amazon e da economia norte-americana em geral. Eu mesmo fundei ou cofundei nove empresas e meu placar, se eu for generoso comigo mesmo, seria três jogos vencidos, quatro jogos perdidos e dois empates. Nenhuma outra sociedade toleraria, muito menos recompensaria, uma pessoa como eu. A América é a terra das segundas chances e, apesar da visão "globalizadora" de Jeff Bezos, a cultura da Amazon é distintamente vermelha, branca e azul.

A maioria das pessoas podres de ricas tem uma coisa em comum: o fracasso. Elas vivenciaram o fracasso, geralmente em profusão, já que o caminho para a riqueza está repleto de riscos e muitas vezes esses riscos acabam sendo bem... arriscados. Uma sociedade que encoraja as pessoas a levantar depois de um baque, sacudir a poeira, voltar à sala de treinamento e fazer melhor da próxima vez é a fórmula secreta para fabricar bilionários. A correlação é clara. A América tem as leis de falência mais indulgentes e acaba atraindo mais pessoas dispostas a correr riscos. Vinte e nove das 50 pessoas mais ricas do planeta moram nos Estados Unidos e dois terços dos unicórnios (empresas de capital fechado com avaliações de mais de US$ 1 bilhão) estão sediados em território norte-americano.[54,55]

Vender picaretas aos mineradores

Assim como é melhor ser o dono do terreno de uma mina de ouro, também é um bom negócio vender picaretas para os mineradores. A Corrida do Ouro na Califórnia já provou essa verdade 170 anos atrás. E a Amazon está provando que essa verdade se mantém até hoje. A Amazon é proprietária de uma lucrativa mina: a empresa divide sua receita entre as vendas de produtos de consumo no varejo (a própria Amazon e a Amazon Marketplace) e a categoria "outros", vendendo anúncios por meio do Amazon Media Group e seus serviços de nuvem (a AWS).[56]

A maioria das empresas de e-commerce jamais atinge a rentabilidade e, mais cedo ou mais tarde, os investidores se cansam de uma visão que não passa de um "Bezos requentado". A empresa acaba sendo vendida (Gilt, Hautelook, Red Envelope) ou forçada a fechar as portas (Boo.com, Fab, Style.com). Uma combinação

CAPÍTULO DOIS

de um ecossistema do tipo "o vencedor leva tudo", com a necessidade de captar clientes cada vez mais rapidamente, com os custos da infraestrutura de "última milha" e com uma experiência (on-line) em geral inferior faz com que empresas que operam exclusivamente na internet sejam insustentáveis.

E essa realidade também se aplica à Amazon. Mas, apesar das dificuldades de gerar lucros com o negócio central da Amazon (e-commerce puro), o imenso valor que a Amazon entrega aos consumidores criou a marca de consumo mais bem-conceituada e respeitada do planeta.[57,58]

A Amazon domina o volume de vendas no e-commerce, mas seu modelo de negócio é muito difícil de ser replicado ou sustentado. Hoje em dia, é fácil esquecer que a Amazon só gerou os primeiros lucros no quarto trimestre de 2001, *sete anos* depois de sua fundação,[59] e nunca teve uma lucratividade estável. Nos últimos anos, as ações da Amazon têm sido negociadas com base em seu brand equity, que é alavancado para possibilitar a expansão da empresa a outros negócios melhores (mais lucrativos). Olhando para trás, a plataforma de varejo da Amazon pode ter sido o Cavalo de Troia que firmou os relacionamentos e a marca, e estes posteriormente foram monetizados por meio de outros negócios.

Embora o crescimento ano a ano do negócio de varejo da Amazon tenha variado de 13% a 20% do primeiro trimestre ao terceiro trimestre de 2015, a Amazon Web Services (a rede de servidores e a tecnologia de armazenamento de dados da varejista) cresceu de 49% a 81% no mesmo período. A AWS também cresceu para responder por uma parcela considerável do lucro operacional total da Amazon, passando de 38% no primeiro trimestre de 2015 para 52% no terceiro trimestre de 2015.[60] Os analistas preveem que a AWS tem o potencial de atingir US$ 16,2 bilhões em vendas até o fim de 2017, levando o negócio a valer US$ 160 bilhões (mais do que a divisão de varejo da empresa).[61]

Em outras palavras, enquanto o mundo ainda vê a Amazon como uma varejista, a empresa está se transformando, sem alardes, em uma empresa de serviços na nuvem – a maior do mundo.

E a Amazon não pretende se limitar à hospedagem na web. O Amazon Media Group, sozinho, deve ultrapassar em breve a receita de 2016 do Twitter (US$ 2,5 bilhões),[62] tornando-se um dos maiores negócios de mídia on-line.[63] O Amazon Prime, o clube mais inclusivo da América (44% das famílias norte-americanas[64]), oferece, por US$ 99 ao ano, frete grátis para entrega em dois dias, entrega em duas horas para produtos selecionados (Amazon Now) e streaming de música e vídeo, incluindo conteúdos originais.[65] As ideias de conteúdo para séries recebem uma verba para produzir o piloto e os espectadores são convidados a votar nas que eles querem ver.

A Amazon, como qualquer outra superpotência soberana, segue uma estratégia em três frentes: ar, terra e mar. Senhor Varejista, seria possível entregar os produtos ao consumidor em uma hora? Sem problemas. A Amazon pode fazer isso para você (por uma taxa), porque banca os investimentos que você não tem condições de bancar, como armazéns operados por robôs nas proximidades de centros urbanos e a própria frota de aviões e caminhões. Todos os dias, quatro aviões cargueiros Boeing 767 transportam mercadorias da cidade de Tracy, na Califórnia, passando por um aeroporto na cidade de Stockton, nas proximidades, que tinha apenas a metade do tamanho três anos atrás, até um armazém de quase cem mil metros quadrados que nem existia há um ano.[66]

No início de 2016, a Amazon obteve uma licença junto à Comissão Marítima Federal dos Estados Unidos para implementar serviços de frete marítimo na qualidade de um agente de cargas. Agora a Amazon pode transportar outras mercadorias também. Esse novo serviço, apelidado de Fulfillment by Amazon (transporte de cargas pela Amazon, em português), não fará muita diferença direta para os consumidores individuais. Mas permitirá aos parceiros chineses da Amazon transportarem seus produtos em contêineres pelo Pacífico com mais facilidade e a custos mais baixos. Quanto tempo você acha que a Amazon vai levar para dominar o negócio de transporte marítimo?[67]

O mercado de transporte de coisas (principalmente) pelo Pacífico é um negócio de nada menos que US$ 350 bilhões, apesar das margens baixas. As transportadoras cobram US$ 1.300 para enviar um contêiner de pouco mais que 12 metros levando até 10.000 unidades de mercadorias (US$ 0,13 por unidade ou pouco menos

CAPÍTULO DOIS

de US$ 10 para transportar uma TV de tela plana). É um negócio cruel e implacável, mas não para a Amazon. A mão de obra responde pela maior parte desse custo (para cuidar da carga e descarga dos navios e da documentação necessária). A Amazon pode usar hardware (robôs) e software para reduzir esses custos. Combinado com a nova frota de aviões da empresa, o transporte de produtos pode se tornar outro grande negócio para a Amazon.[68]

Com drones, aviões 757 e 767, caminhões articulados, transporte marítimo pelo Pacífico e generais aposentados (sem brincadeira) supervisionando as operações logísticas mais complexas do mundo (tente abastecer submarinos que nunca sobem à superfície e porta-aviões que nunca atracam em um porto mais que duas vezes por ano), a Amazon está construindo a infraestrutura logística mais robusta da história. Se você for como eu, não tem como deixar de se maravilhar com tudo isso. Afinal, sou incapaz de manter um estoque de Gatorade na minha casa.

Lojas

O último componente da estratégia da Amazon para dominar o mundo é sua utilização de uma montanha de ativos on-line para conquistar o varejo off-line. É isso mesmo, você leu certo. Refiro-me às lojas, aquelas entidades que deveriam entrar em extinção devido à concorrência do e-commerce.

A verdade é que a morte das lojas físicas não é tão iminente quanto pode parecer. Na verdade, não são as lojas que estão morrendo, mas a classe média e, por sua vez, as empresas voltadas a atender esse grupo, que antes reinava soberano. O maior proprietário de shopping centers dos Estados Unidos é o Simon Property Group. Seus acionistas receberam um duro golpe em 2017, depois de o preço das ações atingir um pico histórico em 2016.[69] Mas o Simon Group deve sair ileso, já que vendeu suas propriedades em bairros de média e baixa rendas para se concentrar só nos bairros mais abastados. Hoje, de mais ou menos mil shopping centers, as cem propriedades dos bairros mais ricos respondem por 44% do valor total dos shoppings norte-americanos, com base em vendas, porte e qualidade, entre outras métricas. A Taubman Properties, outra proprietária de shoppings de alto poder aquisitivo, informou que seus inquilinos fecharam US$ 8.608 em vendas por metro quadrado em 2015, representando um aumento de 57% desde 2005. Compare isso com a CBL & Associates Properties, que opera shopping centers voltados às classes B e C. Suas vendas por metro quadrado subiram apenas 13%, para US$ 4.024, no mesmo período.[70]

Tudo isso para dizer que as lojas físicas não vão sumir tão cedo... dependendo da loja. E o e-commerce também. No fim das contas, os verdadeiros vencedores serão os varejistas que souberem como integrar os dois. E a Amazon quer ser essa empresa.

A próxima era do varejo será a "era multicanal", na qual a integração do ciberespaço, mídias sociais e mundo físico será crucial para o sucesso. Tudo aponta para o domínio da Amazon também nessa arena. Como já vimos, a Amazon passará um tempo abrindo lojas físicas... muitas delas. Faz sentido para a empresa adquirir varejistas em dificuldades, como a Macy's, ou empresas que contam com um amplo e robusto sistema vascular, como uma rede de lojas de conveniência. A maior despesa da Amazon é o transporte e seu principal objetivo é atingir cada vez mais domicílios em cada vez menos tempo. É por isso que fez sentido para a empresa adquirir a Whole Foods, uma franquia composta de 460 lojas,[71] que proporcionará à Amazon uma presença física em centros urbanos e acesso a consumidores abastados. A Amazon passou uma década vendendo gêneros alimentícios na internet sem muito sucesso,[72] já que os clientes preferem comprar carnes e hortifrúti pessoalmente. Um importante fator para o sucesso na era multicanal é saber qual canal otimizar e como mobilizar nossos instintos de caçadores-coletores.

No momento da escrita destas linhas, além da aquisição da Whole Foods, a Amazon está fazendo experimentos com os próprios supermercados em Seattle e na região da Baía de San Francisco. A empresa hoje tem livrarias em Seattle, Chicago e Nova York (e lojas planejadas para San Diego, Portland e Nova Jersey). Por que a Amazon, uma destruidora de livrarias, precisaria de livrarias físicas? Para vender o Echo, o Kindle e suas outras mercadorias. Até Brian Olsavsky, o diretor financeiro da Amazon, admitiu: os clientes querem ver, tocar e sentir os produtos.[73] A empresa também está testando uma dúzia de lojas de varejo pop-up (e tem mais

CAPÍTULO DOIS

ou menos outras cem planejadas até o fim de 2017) em shoppings dos Estados Umidos.[74] Tudo isso depois que varejistas veneráveis como a Macy's e a Sears, incluindo sua cadeia Kmart, e gigantes de shopping centers, como a JCPenney e a Kohl's, anunciaram planos de fechar centenas de lojas em 2017.[75,76]

Enquanto isso, para obter uma vantagem na era multicanal, o Walmart, um gigante das lojas físicas, desembolsou US$ 3,3 bilhões para comprar a Jet.com, concorrente da Amazon, em uma manobra que mais se parece com uma crise corporativa de meia-idade envolvendo implantes capilares de US$ 3,3 bilhões. O Walmart saiu frustrado com o pouco progresso que conseguiu fazer nas vendas on-line, e com razão. Enquanto a Amazon avançava inabalável, o crescimento das vendas do Walmart no e-commerce desacelerou e estagnou.

A Jet.com mostra que a diferença entre uma "pontobomba" e um unicórnio é um marqueteiro e um visionário, respectivamente.[77] Como saber a diferença? Um deles teve um evento de saída/liquidez. Marc Lore, o fundador da Jet, é um desses visionários/marqueteiros. Marc Lore é muito parecido com Jeff Bezos e eles podem ser considerados praticamente irmãos. Algo como o cruzamento de Ayn Rand com Darwin, só que criado por Darth Maul. Lore também é um banqueiro que passou a trabalhar com e-commerce e escolheu uma categoria de "baixa consideração" que, ainda mais que os livros, demandava uma reposição contínua: fraldas descartáveis.

Em 2005, Lore fundou a diapers.com e lançou várias outras categorias voltadas aos pais sob o guarda-chuva corporativo Quidsi.[78] Quando Bezos fez uma visita à empresa, ele deve ter se sentido em casa, reconhecendo os armazéns próximos a centros urbanos com robôs da Kiva executando os comandos de um site operado por algoritmos. Bezos caiu de amores e, em 2011, pagou US$ 545 milhões pela Quidsi.[79] Pelo meio bilhão de dólares, a Amazon comprou um catalizador para entrar em categorias importantes, conquistou um excelente capital humano e tirou um concorrente do mercado. Mas Lore não queria trabalhar para Jeff Bezos. Ele queria *ser* o Jeff Bezos. Vinte e quatro meses depois, ele caiu fora e, com sua nova fortuna, abriu a Jet.com. Foi mais ou menos como fazer um acordo de meio bilhão de dólares para se divorciar do marido, mudar-se para a casa ao lado e dormir com os amigos dele.

O ex não teve como deixar de se enfurecer. Em abril de 2017, Bezos fechou a Quidsi e demitiu muitos de seus funcionários. É claro: se você me abandonar, o seu irmão não vai mais poder ficar morando no meu porão. Pode ser que a Quidsi de fato precisasse ser fechada. Mas minha aposta é que essa atitude foi só para Jeff mandar a seguinte mensagem a Marc: "Vá se ferrar você também". Às vezes esquecemos que a maioria das maiores organizações do mundo é comandada por seres humanos, seres humanos de meia-idade com um ego enorme que os leva a tomar, de tempos em tempos, decisões irracionais motivadas pela emoção.

A Jet usa algoritmos para incentivar o cliente a aumentar o pedido reduzindo o preço com base no custo do frete e na lucratividade do pacote. A empresa cobra uma taxa anual de US$ 50, mais ou menos como o clube de compras por atacado Costco. A Jet foi a primeira empresa que teve coragem de enfrentar a Amazon e, no primeiro ano, arrecadou cerca de um quarto de bilhão de dólares. Mas nem tudo era perfeito: a empresa e a oferta não faziam sentido algum. A Jet.com anunciou, logo depois do lançamento, que se livraria do modelo de assinaturas, porque o negócio seria capaz de se manter sem isso. Foi um pesadelo de relações públicas. Na época da aquisição da Walmart, a Jet.com desembolsava US$ 4 milhões *por semana* em publicidade e precisava atingir US$ 20 bilhões em vendas anuais (mais receita do que a Whole Foods ou a Nordstrom) só para não ficar no vermelho.[80] Com o mercado de consumo tradicional perdendo a importância diante do mercado digital e novos e melhores produtos sendo criados e apresentados aos consumidores por meio de novas ferramentas analíticas, a capacidade dos empreendedores de transformar limões em limonada para levantar montanhas de capital, posicionar seus empreendimentos como "disruptivos" e vender para alguma empresa da velha economia histérica ao ver suas rugas aumentando rapidamente no espelho transformou-se no novo "marketing".

Enquanto o Walmart tenta desesperadamente emendar uma operação de e-commerce em sua infraestrutura física de varejo

CAPÍTULO DOIS

existente, a Amazon está construindo e adquirindo lojas para complementar seu robusto varejo on-line – e provavelmente sairá vencedora. Os consumidores cada vez mais preferem uma experiência agnóstica em termos de canais, no qual o digital (mais especificamente, nosso smartphone) serve como uma ponte entre eles, a loja e o site. O consumidor sempre sai ganhando e ainda pode escolher entre: 1) uma excelente experiência de e-commerce; 2) uma excelente experiência na loja; ou 3) uma excelente experiência no site e na loja pelo celular. A possibilidade de encomendar um produto pelo celular e retirá-lo na loja ou comprar pela internet e trocar o produto na loja e nunca ter de esperar na fila do caixa é praticamente imbatível. A Sephora, a Home Depot e lojas de departamentos já oferecem esse tipo de integração multicanal.

O futuro do varejo pode ser mais parecido com a Sephora de hoje em dia do que com a Amazon em sua forma atual. No entanto, a Amazon possui os ativos (capital, tecnologia, confiança e investimento sem igual na infraestrutura de "última milha") para realizar todos os sonhos multicanal dos consumidores e ajudar outros varejistas a chegar lá também (e isso tem um custo, é claro).

Afinal, por que a Amazon, o rei do varejo on-line, deveria entrar no varejo multicanal?[81] Porque o e-commerce não funciona, não é economicamente viável e nenhuma empresa dedicada somente ao comércio eletrônico vai conseguir sobreviver por muito tempo.

Na linha de frente do canal de e-commerce, o custo da captação de clientes não para de subir à medida que a fidelidade dos consumidores às marcas se deteriora. É preciso manter-se "recaptando" os clientes. Em 2004, 47% dos consumidores abastados sabiam nomear uma marca de varejo preferida e, seis anos depois, essa proporção despencou para 28%.[82] Isso prova que o e-commerce puro é cada vez mais perigoso. Ninguém quer ficar à mercê do Google e de consumidores desleais.

A Amazon decidiu que quer sair do carrossel da captação de alto custo aliada à fidelidade zero. É por isso que a empresa, usando sua estrutura de preços, bem como seu conteúdo e produtos exclusivos, está sugerindo que os clientes assinem o Amazon Prime ou procurem outro lugar para comprar. Os associados do Prime representam uma receita recorrente, fidelidade e compras anuais

Figura 2.7:
GASTO MÉDIO MENSAL NA AMAZON
MÉDIA NOS ESTADOS UNIDOS EM 2016

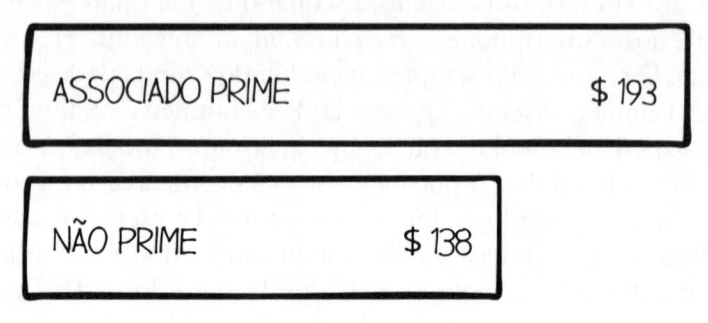

ASSOCIADO PRIME	$ 193
NÃO PRIME	$ 138

Fonte: SHI, Audrey. Amazon Prime members now outnumber non-prime customers. Fortune, 11 jul. 2016. <http://fortune.com/2016/07/11/amazon-prime-customers/>.

140% maiores que as dos não associados.[83] Se o Prime continuar a crescer na velocidade atual e as pessoas continuarem cortando o cordão umbilical, nos próximos oito anos mais famílias serão assinantes do Amazon Prime do que de um pacote de TV a cabo.[84]

Além disso, o custo de criar uma robusta oferta multicanal (que está se transformando rapidamente na aposta mínima para sobreviver no varejo) é muito alto. Entra a Amazon, cuja infraestrutura na prática está criando um sistema de tubulação para enviar mercadorias diretamente às famílias mais ricas do mundo. Setenta por cento das famílias norte-americanas de alta renda têm o Prime.[85] Em um futuro próximo, as vitrines da Amazon serão seus armazéns, projetados para resolver o problema da "última milha" enfrentado tanto pela Amazon como por outros varejistas.

O custo para transportar um par de sapatos pretos de um armazém até um caminhão até um avião até uma van até sua casa, não encontrar você em casa, voltar no dia seguinte, entregar, então você prova os sapatos, não gosta e pede para o entregador levá-los de volta em sua van até um avião até um caminhão até o armazém... é (*muito*) caro. Os custos de entrega da Amazon subiram 50% desde o primeiro trimestre de 2012.[86] Essa conta não

CAPÍTULO DOIS

tem como fechar, a menos que a Amazon possa cobrar taxas de assinatura e cobrar outros varejistas para usar sua infraestrutura – exatamente o que a empresa pretende fazer.

Nem no auge de seu poder o Walmart teve a própria frota de aviões ou drones. Empresas de entrega no dia seguinte, como a FedEx, a DHL e a UPS, aumentaram seus preços em média 83% na última década. E, desde o advento do rastreamento 30 anos atrás, esse mercado não conseguiu inovar muito. Em suma, esses sujeitos estão se arriscando na floresta e o tigre está avançando em sua direção. Juntas, a DHL, a UPS e a FedEx valem US$ 120 bilhões.[87] Grande parte desse valor fluirá para a Amazon na próxima década, à medida que a empresa de Seattle conquista cada vez mais a confiança dos consumidores e pode se vangloriar de ter a maior transportadora dos Estados Unidos e da Europa (ela mesma) como seu primeiro cliente.

"ALEXA, COMO PODEMOS ANIQUILAR AS MARCAS CONCORRENTES?"

A tecnologia de voz da Amazon, Alexa, tem o potencial de agitar tanto o varejo como as marcas. Muitos colegas meus do mundo acadêmico e empresarial acreditam que a construção de marcas sempre será uma estratégia de sucesso. Eles estão enganados. Das 13 empresas que superaram o desempenho do índice S&P cinco anos seguidos (é isso mesmo, só 13 empresas), só uma é uma marca para o consumidor: a Under Armour. Com uma observação: ela cairá da lista no próximo ano. Executivos de criação trabalhando em agências de publicidade e os gestores de marca trabalhando em empresas voltadas ao consumidor em breve vão poder "decidir passar mais tempo com a família". O sol já passou do meio-dia na era das marcas.

O termo "marca" é uma forma abreviada para nos referir a um conjunto de associações que os consumidores usam para encontrar o produto certo. As marcas de bens de consumo embalados, como o sabão em pó Tide e a Coca-Cola, investiram bilhões de dólares e décadas inteiras construindo a marca por meio de mensagens, embalagens, posicionamento do produto em lojas, estrutura de preços e promoções. Mas, quando os hábitos de compra migram para a internet, o design e a experiência de ver e tocar o produto perdem a relevância. O merchandising visual deixa de existir, bem como mostruários em lojas com produtos meticulosamente dispostos.

A tecnologia de voz distancia ainda mais os atributos que as marcas passaram gerações e gastaram bilhões de dólares para construir. Com ela, os consumidores desconhecem o preço e não veem a embalagem e têm menos chances de incluir a marca em seu pedido. Cada vez menos buscas contêm um nome de marca.[88] Os consumidores estão dispostos a comparar os preços de várias marcas diferentes e a Amazon lhes dá essa oportunidade. A morte da marca, nas mãos da Amazon e, mais especificamente, da Alexa, pode ser pressagiada nas coisas que as pessoas buscam na internet.

Figura 2.8:

PORCENTAGEM DE PESSOAS ABASTADAS CAPAZES DE IDENTIFICAR UMA "MARCA PREFERIDA"

☐ 2007/8   ▨ 2014/15

	2007/8	2014/15
MARCA DE MODA	80%	61%
MARCA DE JOIAS	58%	40%
HOTÉIS DE LUXO	67%	37%
VAREJISTA	47%	28%

Fonte: Conclusões do 10º Levantamento Anual de Afluência e Riqueza da Time Inc./YouGov, abr. 2015.

CAPÍTULO DOIS

Na L2, conduzimos testes (em outras palavras, gritamos comandos para a Alexa) na tentativa de conhecer melhor a estratégia da Amazon. Com isso, ficou claro que a Amazon quer canalizar o comércio pela Alexa, pois eles estão oferecendo preços mais baixos para muitos produtos se forem encomendados por voz (e não por clique). Em categorias importantes, como pilhas, a Alexa vai sugerir o produto da Amazon Basics, a marca própria da Amazon, e se fazer de cega para outras opções ("Sinto muito, só encontrei isso!"), mesmo com a presença de várias outras marcas no site. Apesar de a Amazon vender várias marcas de pilhas, sua marca própria, a Amazon Basics, responde por um terço de todas as vendas on-line de pilhas.

Os varejistas costumam usar seu poder e dominação sobre os consumidores para dar destaque às marcas próprias. Isso não é novidade. Só que nunca tínhamos visto um varejista fazer isso tão bem. A Amazon, munida do capital infinito proporcionado por investidores ávidos, está espremendo as margens das marcas e devolvendo-as ao consumidor.

A morte, para as marcas, tem um nome: Alexa.

AMAZON, A DESTRUIDORA

Pouco tempo atrás, em uma conferência, dei uma palestra um dia depois da palestra de Jeff Bezos. Como o garoto que vê gente morta no filme *O sexto sentido*, Jeff Bezos vê o futuro dos negócios com mais clareza do que a maioria dos CEOs. Quando lhe perguntaram sobre a destruição dos empregos e suas implicações para nossa sociedade, ele sugeriu mais uma vez que deveríamos considerar a adoção de um salário mínimo universal. Ou um sistema de imposto de renda negativo no qual todos os cidadãos vão receber um pagamento em dinheiro para ficar acima da linha de pobreza. As pessoas se derreteram diante da proposta: "Que grande homem, tão preocupado com os peixes pequenos".

Mas espere aí. Você já reparou que são raríssimas as fotos do interior de um armazém da Amazon?

Por que será? Porque o interior de um armazém da Amazon é inquietante, até desconcertante. Condições de trabalho com pouca segurança? Não. Abuso de funcionários, como revelou um artigo do *New York Times*?[89] Não. O mais inquietante é a ausência de abuso ou, mais especificamente, a ausência de *pessoas*. Jeff Bezos defende uma renda garantida para os norte-americanos porque ele viu o futuro do trabalho e, pelo menos em sua visão, esse futuro não envolve empregos. Pelo menos não em quantidade suficiente para sustentar a força de trabalho atual. A cada dia os robôs desempenharão muitas das funções dos funcionários humanos, quase tão bem (e, às vezes, muito melhor), sem pedidos irritantes para sair mais cedo do trabalho e ir pegar o filho no caratê.

A Amazon não fala em público sobre robótica, uma de suas competências essenciais, para evitar ser alvo de apresentadores sarcásticos de programas de entrevistas tarde da noite e de candidatos políticos enfurecidos. Em 2012, a Amazon adquiriu sem alardes a Kiva Systems, uma sofisticada empresa de robótica de armazéns, por US$ 775 milhões.[90] Em *Star Wars*, Obi-Wan Kenobi sente um grande distúrbio na Força quando o Exército Imperial direciona a Estrela da Morte a Alderaan e destrói o planeta. Quando o acordo de aquisição da Kiva foi fechado, todos os funcionários do sindicato devem ter sentido um distúrbio parecido. Os empresários criam empregos, certo? Não, não é verdade. A maioria dos empresários, pelo menos no setor da tecnologia, aumenta o poder de processamento e a largura de banda para *destruir* empregos, oferecendo mais por menos.

Em 2016, a Amazon aumentou seu faturamento em US$ 29 bilhões em um ambiente varejista em que o crescimento se manteve basicamente estagnado.[91] Se compararmos a quantidade de pessoas necessárias para a Amazon gerar um milhão de dólares em receita com o número de pessoas que a Macy's precisaria, considerando ser ela um exemplo decente de produtividade no varejo (na verdade, a Macy's é mais produtiva que a maioria dos varejistas), seria razoável dizer que o crescimento da Amazon resultará na destruição de 76.000 empregos no varejo em 2017. Imagine encher o maior estádio da NFL (a Liga Nacional de Futebol Americano) com negociantes, caixas de supermercado, vendedores, gerentes de e-commerce, guardas de segurança e informar que, como uma cortesia da Amazon, seus serviços não são mais necessários. E depois não deixe de reservar esse estádio e

CAPÍTULO DOIS

outro maior ainda para o ano que vem, porque a situação só vai piorar (ou melhorar, se você for um acionista da Amazon).

A Amazon não está sozinha nesse sentido: todos os Quatro fazem mais com menos e todos tiram o emprego das pessoas.

A primeira coisa que me passou pela cabeça ao ouvir a palestra de Bezos foi: "que bom ouvir um CEO que não cita a Ayn Rand". Mas, depois de refletir um pouco, me dei conta de que as palavras de Bezos eram aterrorizantes. Ou simplesmente resignadas. O sujeito que tem o maior insight e a maior influência sobre o futuro do maior negócio do mundo (o varejo voltado ao consumidor) chegou à conclusão de que a economia não terá como criar, como fez no passado, empregos suficientes para substituir os que estão sendo destruídos. Talvez nossa sociedade tenha simplesmente desistido e não quer o fardo de tentar descobrir como sustentar a classe média.

Faça uma pausa para pensar a respeito e pergunte-se: "Será que meus filhos terão uma vida melhor que a minha?".

Domínio do mundo

O caminho da Amazon em direção a um trilhão de dólares provavelmente envolve estender-se a outras partes da cadeia de valor do varejo e fazer mais aquisições. A Amazon anunciou recentemente que faria o leasing de 20 Boeings 757, compraria caminhões articulados e entraria no negócio de transporte de cargas.[92] Considerando que o valor das ações da empresa dobrou nos últimos 18 meses e o valor das ações de muitos concorrentes do varejo (incluindo a Macy's e o Carrefour) caiu para a metade, a aquisição passa a ser uma maneira interessante de aumentar a escala e forçar relacionamentos com marcas que até então se recusavam a trabalhar com a Amazon (qualquer marca de luxo). A aquisição da Whole Foods permite à Amazon se consolidar no setor de supermercados e adquirir algumas centenas de armazéns inteligentes que atualmente se fazem passar por lojas.

A capitalização de mercado de US$ 434 bilhões da Amazon dá à empresa de Seattle a capacidade de pagar (em abril de 2016) um premium de 50% para adquirir as ações em circulação da Macy's (capitalização de mercado de US$ 8 bilhões) e do Carrefour (US$ 16 bilhões) e mesmo assim só incorrer em uma diluição de 8% para os próprios acionistas.⁹³ Ninguém sabe ao certo o que o Departamento de Justiça dos Estados Unidos diria, mas meu palpite é que o governo ficaria satisfeito em criar uma economia ainda mais competitiva. E os acionistas da Macy's e do Carrefour provavelmente dariam um suspiro de alívio.

Ou, melhor ainda, a Amazon poderia aperfeiçoar a tecnologia de pagamento sem dinheiro da Amazon Go, criar um buzz em torno disso e dar uma injeção de US$ 10 bilhões no valor da empresa. O buzz bastaria para concretizar essa ideia, ou qualquer outra ideia maluca, alimentando-a com o dinheiro dos mercados que recompensam a Amazon e punem o restante do varejo, enquanto se curvam em adoração diante do melhor contador de histórias da nossa era (exceto, talvez, Steven Spielberg), Jeff Bezos.

Justiça seja feita, Bezos de fato está cumprindo sua promessa de dominar o mundo do varejo e de então possuir a infraestrutura que a maioria das empresas voltadas ao consumidor pagará para acessar. O crescimento do varejo na Europa em 2017 será de 1,6%. Em 2018, será de 1,2%.⁹⁴ A Amazon é o maior varejista on-line da Europa, com vendas de €21 bilhões em 2015, superando os próximos maiores varejistas da lista, o Otto Group e a Tesco, em nada menos que três e cinco vezes, respectivamente.⁹⁵

Mas a maior desestabilização ocorrerá quando a Amazon abrir lojas em todo o resto do mundo, como planeja fazer na Índia. As pessoas podem adorar as seleções, os preços e a praticidade de comprar on-line na Amazon, mas o maior influenciador das decisões dos consumidores ainda é a loja física. Nós adoramos entrar nas lojas e tocar os itens, como coletores tradicionais que somos. E isso acontece principalmente na seção de artigos de mercearia, onde esse instinto se desenvolveu pela primeira vez. O setor de supermercados já está pronto para ser desestabilizado e verá a Amazon aplicar sua expertise tecnológica à logística de armazenamento, check-out e entrega, criando novos padrões para o setor. A Whole Foods foi muito criticada e o preço de suas ações tinha caído antes da aquisição devido aos altos preços. A Amazon tem a cura. Enquanto isso, as 460 lojas da Whole Foods são transformadas em uma cadeia de fornecimento para a Amazon, um centro de entregas para a Amazon Fresh e um hub de distribuição para suas outras operações. As lojas da Whole Foods também podem se tornar pontos de devolução para todo tipo de pedidos on-line, reduzindo consideravelmente os custos. A Amazon quer estar próxima ao maior número de pessoas possível e a Whole Foods pode ajudar a empresa a atingir esse objetivo.

Imagine se, nos Estados Unidos, a Amazon comprasse os Correios ou uma rede de postos de gasolina. As pessoas já estão acostumadas a dar uma passada nesses locais para pegar coisas. E a empresa está construindo lojas do tipo "clique e pegue" nas cidades de Sunnyvale e San Carlos, ambas no Vale do Silício.[96] E ninguém mais vai duvidar.

A Amazon oferece tudo o que você precisa, antes mesmo de você precisar, e pode entregar os produtos em uma hora a 500 milhões das famílias mais ricas do planeta. Todas as empresas voltadas ao consumidor vão pagar uma taxa para ter acesso à infraestrutura da Amazon, porque sai mais barato alugar do que construir. E ninguém tem a escala, a confiança, o capital barato ou os robôs necessários para competir. E tudo com o apoio de assinaturas anuais que as pessoas pagam para obter todo tipo de diversão, incluindo filmes, músicas e transmissões ao vivo de jogos de futebol americano. Minha aposta é que a Amazon compra os direitos de transmitir os principais campeonatos de basquete e futebol americano para poder atrair mais assinantes ao pacote Prime... e eles têm como bancar essa brincadeira.

A CORRIDA PARA UM TRILHÃO DE DÓLARES

O círculo está completo. A Amazon agora tem todas as peças para possibilitar pedidos de zero clique: inteligência artificial, histórico de compras, armazéns a um raio de 30 quilômetros de 45% da população dos Estados Unidos, milhões de SKUs, receptores de voz (a Alexa) instalados nos lares mais abastados do país, o maior serviço de nuvem/big data, 460 lojas físicas (em breve milhares) e a marca de consumo mais confiável do mundo.

É por isso que a Amazon será a primeira empresa a atingir uma capitalização de mercado de US$ 1 trilhão.

Você pode estar se perguntando: mas e a Apple e o Uber? Desde 2008, essas duas empresas criaram mais valor para os acionistas do que qualquer outra empresa de capital aberto ou fechado. O segredo do sucesso deles foi o iPhone e a tecnologia de GPS no celular, que permite fazer um pedido e rastrear o motorista, o que é muito diferente da estratégia da Amazon, certo?

Errado. A fórmula secreta desses dois foi algo muito mais mundano: lojas revolucionárias para a Apple e atrito reduzido para o Uber. Não é o rastreamento por GPS mostrando na tela do celular onde o motorista está, mas a possibilidade de sairmos do carro ou da loja livres do atrito do pagamento. Isso coloca as duas empresas no mesmo patamar da Amazon, e a Amazon conhece muito mais as regras do jogo do que as duas.

Como Bezos disse em uma recente carta aos acionistas: "Na Amazon, já faz anos que estamos investigando a aplicação prática do aprendizado de máquina".[97] Quantos anos? Imagine se a Amazon testar uma oferta semelhante à inteligência artificial, adiantando-se a todas as nossas necessidades de compra, enviando-nos os itens automaticamente e calibrando os envios com base no que mandamos de volta ou ajustamos por comandos de voz ("Alexa, mande mais fraldas descartáveis e menos protetor solar"). Um teste como esse deve registrar um enorme aumento dos gastos por família na Amazon. As ações da empresa se transformarão em uma espécie de matéria antigravidade e seu valor triplicará para um trilhão de dólares. O Facebook e o Google têm a mídia; a Apple tem o celular; e a Amazon está prestes a sacudir todo o ecossistema do varejo.

QUEM SAI PERDENDO COM ISSO?

O varejo é um setor muito, mas *muito*, maior que a mídia ou as telecomunicações, e a vitória da Amazon levará a muitos perdedores, não apenas empresas individuais, mas também setores inteiros.[98,99,100]

SUPERMERCADOS

Está mais que claro que os supermercados são um dos setores condenados. Já era de se esperar. Já faz um tempo que o setor de supermercados, o maior setor voltado ao consumidor dos Estados Unidos (US$ 800 bilhões[101]), é o lugar aonde a inovação vai para morrer.[102] A mesma iluminação ruim, o mesmo pessoal deprimido, a mesma experiência incrivelmente frustrante para

CAPÍTULO DOIS

Figura 2.9:
VALOR DO SETOR NOS ESTADOS UNIDOS

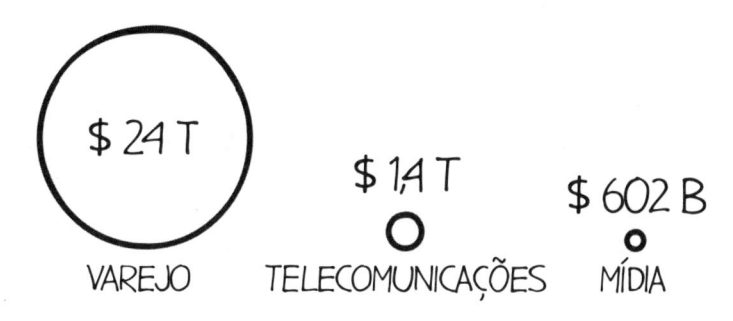

$ 24 T — VAREJO

$ 1,4 T — TELECOMUNICAÇÕES

$ 602 B — MÍDIA

Fonte: FARFAN, Barbara. 2016 US Retail Industry Overview. The Balance, 16 jul. 2017. <https://www.thebalance.com/us-retail-industry-overview-2892699>.
VALUE of the entertainment and media market in the United States from 2011 to 2020 (in billion U.S. dollars). Statista. <https://www.statista.com/statistics/237769/value-of-the-us-entertainment-and-media-market/>.
TELECOMMUNICATIONS business statistics analysis, business and industry statistics. Plunkett Research. <https://www.plunkettresearch.com/statistics/telecommunications-market-research/>.

encontrar aquele iogurte que eu gosto procurando entre um corredor e outro. A Amazon, por sua vez, oferece uma solução para fazer compras de supermercado na internet com a Amazon Fresh e em supermercados físicos sem precisar passar no caixa com a Amazon Go, inaugurada em dezembro de 2016.[103] Em junho de 2017, a Amazon comprou 460 lojas em bairros abastados por meio da aquisição da Whole Foods. Enquanto a Amazon e a Whole Foods respondem por apenas 3,5% dos gastos dos norte-americanos com artigos de mercearia, a combinação de supermercados de alto poder aquisitivo e soluções tecnológicas de entrega prenuncia uma grande desestabilização do setor. No dia em que a aquisição foi anunciada, as ações da Kroger caíram 9,24%; da United Natural Foods, uma distribuidora de produtos orgânicos, caíram 11%; e da Target, 8%.[104] A Amazon vai ser dar muito bem com a compra.

Os restaurantes também vão sair perdendo, já que ficará mais fácil comer em casa quando pudermos contar com a entrega ultrarrápida da Amazon. E, sim, os serviços de delivery também levarão um golpe, como a Instacart, cujo porta-voz disse que, com a aquisição da Whole Foods, a Amazon "declarou guerra a todos os supermercados e mercadinhos de bairro da América".[105]

Walmart

Quem você acha que mais vai sair perdendo nessa história? É fácil: o Walmart. O obstáculo ao crescimento do Walmart no e-commerce não se restringe ao gigante de Seattle e inclui uma força de trabalho mal remunerada e não qualificada para fechar o círculo multicanal. Muitos dos clientes do Walmart pertencem ao grupo que não tem banda larga, nem um smartphone. O homem mais rico do século 20 dominou a arte de pagar apenas o salário mínimo aos funcionários para nos vender coisas. O homem mais rico do século 21 está dominando a ciência de pagar um salário zero a robôs para nos vender coisas.

No mesmo dia em que a Amazon comprou a Whole Foods, o Walmart comprou a Bonobos,[106] um varejista on-line de roupas masculinas que tinha adquirido lojas físicas. A Bonobos tem um robusto modelo multicanal, no qual os clientes vão à loja para tirar suas medidas e as roupas são enviadas à casa deles posteriormente. De maneira similar à aquisição da Jet, o Walmart espera ganhar com o efeito auréola de uma varejista menor e entrar no e-commerce para poder competir com a Amazon. É pouco provável que a pequena Bonobos faça uma grande diferença, dado o tamanho do gigante.

O Walmart é o maior supermercadista dos Estados Unidos e a aquisição da Whole Foods promete intensificar muito a guerra com a Amazon pelo domínio do setor.[107] O Walmart tem dez vezes mais lojas que a Whole Foods, mas a logística da Amazon é muito melhor.

Até o Google está sucumbindo à Amazon

O Google, em termos relativos, está perdendo para a Amazon. A Amazon é o maior cliente do Google e é melhor na otimização das buscas do que o que o Google é na otimização da Amazon.

CAPÍTULO DOIS

Não estou dizendo que o Google não seja uma empresa incrível, mas acho mais seguro apostar que a Amazon vai chegar antes do Google na corrida pelo trilhão. Buscas de produtos são lucrativas, rendendo bons lances, já vêm com a possibilidade de uma compra na outra ponta (em comparação com ver o que aquela sua paixonite da escola anda fazendo). A franquia de buscas da Amazon um dia pode até se comparar com o Google em termos de valor, à medida que mais pessoas com dinheiro para gastar começam a busca na Amazon. Mas a maior vítima é o varejo tradicional, cujo único canal de crescimento, o canal on-line, está definhando nas mãos da Amazon. Todos os anos, o Google e as marcas .com perdem volume de busca de produtos para a Amazon (entre 6% e 12% para os varejistas de 2015 a 2016). Todo mundo acha que os consumidores pesquisam nos sites das marcas e depois vão comprar na Amazon. Na realidade, 55% das buscas de produtos já começam na Amazon (em comparação com 28% que começam em motores de busca como o Google).[108] O que acaba acontecendo é que o poder e as margens passam das mãos do Google e dos varejistas para a Amazon.

Quem também sai perdendo: os comuns

Fui um menino extraordinariamente comum. Eu sempre tirei notas medíocres, nunca altas. No ensino médio, trabalhei de empacotador no The Westward Ho, um supermercado de elite no abastado distrito de Westwood, na Califórnia, ganhando uns US$ 4 por hora.

No primeiro ano da faculdade na University of California, em Los Angeles, fiz outro bico de empacotador, só que dessa vez na Vicente Foods, outro supermercado para pessoas abastadas, em Brentwood. Só que dessa vez, por eu ser um membro do Sindicato de Trabalhadores do Comércio e Restaurantes, meu salário de US$ 13 por hora bancou o custo da faculdade de US$ 1.350 ao ano e ainda me sobrava um pouco para gastar. A Vicente Foods sobrevive até hoje e aquele salário 200% mais alto que bancou meus estudos não obrigou o supermercado a fechar as portas.

Em 1984, ainda era possível ser um garoto extraordinariamente comum bancando uma faculdade de primeira linha e fazendo um bico não qualificado. A situação mudou muito e, para rapazes como fui um dia, não mudou para melhor. A Amazon, para o bem ou para o mal, e os outros inovadores que adoramos tanto estão transformando nossa realidade na melhor realidade possível para os extraordinários e na pior realidade possível para os comuns.

Os supermercados e os empacotadores não desaparecerão do planeta. Como o restante do mundo do varejo, os supermercados vão se transformar em lojas "escaladas" nos dando 90% de uma excelente loja por 60% do preço aplicando a robótica, capital barato, software e tecnologia de voz. Nessas lojas, os funcionários serão especialistas e atenderão os ricos.

Esse é o nosso ecossistema de varejo atual. Quantos desses empregos serão substituídos por robôs mais eficientes e econômicos? Pergunte à Amazon.

QUER DIZER QUE TODOS OS VAREJISTAS (E SEUS FUNCIONÁRIOS) CHEGARAM AO FIM DA LINHA?
Não necessariamente. Uma força rebelde composta de varejistas inovadores está dedicada a lutar contra o império, como a Sephora, a Home Depot e a Best Buy, para citar apenas alguns.

Figura 2.10:
EMPREGOS NO VAREJO DOS ESTADOS UNIDOS

3,4 M CAIXAS — 2,8 M VENDEDORES — 1,2 M ARMAZÉNS

RETAIL Trade. DATAUSA. <https://datausa.io/profile/soc/412010/>.

CAPÍTULO DOIS

Essas empresas estão seguindo o caminho oposto da Amazon e investindo em *pessoas*, como consultores de beleza, operários, esquadrões de geeks e chefs gourmet. Estão aliando esse investimento em capital humano com investimentos inteligentes na tecnologia. Os consumidores não vão mais às lojas para comprar os produtos que têm como comprar com mais facilidade na Amazon. Eles vão às lojas pelas pessoas/especialistas.

Será que essa estratégia (ou a estratégia da Amazon) será vitoriosa? Ou será que essas empresas vão acabar aprendendo a conviver umas com as outras e firmar um acordo de paz? A resposta decidirá não apenas o destino das empresas, mas também de milhões de trabalhadores e famílias. O que podemos dizer com certeza é que precisamos de líderes empresariais capazes de vislumbrar e concretizar um futuro com mais empregos (e não bilionários que desejam deixar de pagar impostos e ao mesmo tempo querem que o governo banque programas sociais para as pessoas passarem o dia inteiro sentadas no sofá vendo Netflix). Jeff, estamos esperando que você nos mostre uma boa visão.

CAPÍTULO TRÊS

APPLE

Os eletrônicos entram no setor de luxo

Em dezembro de 2015, em San Bernardino, na Califórnia, um inspetor de saúde de 28 anos e sua esposa saíram para uma festa do trabalho e deixaram a filha de 6 meses com a avó. Na festa, eles colocaram máscaras de esqui e deram 75 disparos com rifles automáticos. Quatorze colegas de trabalho morreram e 21 ficaram gravemente feridos. O casal morreu em um tiroteio com a polícia quatro horas depois.[1] O FBI apreendeu o iPhone 5c do atirador, Syed Rizwan Farook, e um tribunal federal emitiu um mandato exigindo que a Apple fornecesse um software para desbloquear o aparelho. E a Apple desacatou o mandato.[2]

Na semana seguinte, fui duas vezes à Bloomberg TV para falar sobre o assunto e uma coisa esquisita aconteceu. Comecei a receber mensagens raivosas opondo-se à minha opinião de que a Apple deveria acatar o mandato judicial. *Muitas* mensagens raivosas.

Não importa qual seja sua posição nesse debate sobre a Apple e a privacidade, a questão mais interessante é: será que nós teríamos tolerado a resistência a cumprir a lei se o celular do atirador fosse um BlackBerry? Provavelmente não. E por quê? O mandato judicial emitido a pedido do FBI para desbloquear o celular teria um efeito diferente na sede da BlackBerry no Canadá. Imagino que, se a empresa canadense não desbloqueasse o celular em 48 horas, dezenas de congressistas norte-americanos ameaçariam um embargo comercial.

A Pew fez um levantamento nos Estados Unidos para investigar a questão e constatou que a população estava dividida. Mas a pesquisa revelou grandes tendências em diferentes grupos. Em suma, os jovens democratas se posicionavam ao lado da Apple e os velhos republicanos se colocavam ao lado do governo.[3] Não foi bem o que você poderia esperar dos dois lados e seria de se imaginar que os primeiros tenderiam a defender a expansão do poder do governo previdenciário e os últimos, a proteger os interesses das grandes corporações. Mas a Apple e os outros cavaleiros não seguem as mesmas regras.

Em outras palavras, qualquer um que faça alguma diferença no mercado de consumo é a favor da Apple. Os jovens democratas (representantes da geração Y munidos de diplomas universitários) não só herdaram a Terra, como a conquistaram, liderados por engenheiros formados pelo MIT e pessoas que largaram os estudos na Harvard. A renda desse grupo está crescendo, eles esbanjam sem pensar duas vezes, como qualquer jovem, e têm a facilidade com a tecnologia que lhes atribui grande influência e relevância no mundo dos negócios.[4] Eles se posicionaram ao lado da Apple porque a empresa personifica seus próprios ideais rebeldes, progressistas e contra as instituições... e escolheram ignorar o fato de Steve Jobs nunca ter feito qualquer doação à caridade, ter contratado quase exclusivamente homens brancos de meia-idade e ter sido uma pessoa terrível.

Mas nada disso importava, porque poucas empresas são tão descoladas quanto a Apple. E, ainda por cima, a Apple é uma *inovadora*. Assim, quando o governo federal decide forçar a Apple a mudar seu comportamento, os seguidores fanáticos da Apple saltam em sua defesa. Eu não sou um deles.

DOIS PESOS E DUAS MEDIDAS

Sempre tentei dar a impressão de que não dou a mínima para o que as pessoas pensam. Mas, quando colegas do trabalho, muitos deles da geração Y com diplomas das melhores universidades do país, me enviaram mensagens raivosas, apesar de educadas (que doem mais na alma do que mensagens puramente raivosas, do tipo "Tomara que você morra"), devo admitir que fiquei abalado.

CAPÍTULO TRÊS

Eles se disseram decepcionados com a minha opinião sobre o problema que a Apple tinha com a privacidade. Mais especificamente, segundo eles, eu não estava do lado certo da questão. Eles achavam que eu não estava protegendo a privacidade das pessoas. Acredito que o que eles não estavam enxergando é que eles estavam mais do lado da Apple do que do lado da privacidade. Os argumentos deles, e da Apple, eram os seguintes:

- A Apple, ao criar um novo sistema operacional que permitisse ao FBI abrir o celular usando a força bruta, teria de incluir uma porta de acesso (*backdoor*) no sistema incapaz de ser contida e que poderia acabar nas mãos erradas (talvez nas mãos de um supervilão dos filmes do James Bond).
- O governo não tem o poder de forçar as empresas a vigiar os cidadãos.

Minha resposta ao primeiro argumento é que, se a Apple tivesse incluído uma porta de acesso para alguém usar, essa porta não teria nada de impressionante. Seria mais como uma daquelas portinholas para deixar o seu cachorro entrar. A Apple estimou que algo entre seis a dez programadores levariam apenas um mês para descobrir como abri-la.[5] E nem estamos falando do Projeto Manhattan. A Apple também afirmou que a chave poderia acabar nas mãos erradas e se provar extremamente perigosa.[6] Não estamos falando do microchip que deu origem ao Exterminador do Futuro, que consegue voltar no tempo para destruir toda a humanidade. E o FBI até concordou em deixar que o trabalho fosse realizado nas instalações da Apple, para que a chave não fosse transformada em um aplicativo que qualquer um pudesse baixar no site www.FBI.gov.[7] Também nesse caso, não estamos falando de agentes do FBI com os dedos no gatilho e doidos para atirar espreitando por trás de portas e em becos para capturar o famoso ladrão de bancos John Dillinger.

Devo admitir que o segundo argumento, de que uma empresa comercial não deve ser recrutada para lutar pelo governo contra sua vontade, é um tiquinho melhor. Mas será que isso significa que, se a Ford Motor puder fazer um porta-malas que o FBI não tem como abrir e o FBI acreditar que uma vítima de sequestro está sufocando dentro do porta-malas, o FBI não pode pedir para a Ford para ajudá-los a abrir o porta-malas?

Juízes emitem mandatos de busca todos os dias. Eles seguem leis de busca e apreensão que impedem buscas indiscriminadas e emitem mandatos para permitir que agentes da lei façam buscas em casas, carros e computadores procurando por evidências ou informações que possam impedir ou solucionar um crime. E mesmo assim, de alguma forma, decidimos que o iPhone é *sagrado* e que a Apple não é obrigada a seguir as mesmas regras que servem para todo o restante do mundo dos negócios.

O SAGRADO E O PROFANO

Os objetos em geral são considerados sagrados se forem usados para fins espirituais, como a adoração de deuses. Steve Jobs tornou-se o Jesus da economia da inovação e sua reluzente façanha, o iPhone, tornou-se um símbolo de seu culto, posicionado acima de outros objetos ou tecnologias materiais.

Nós basicamente transformamos o iPhone em um fetiche e, no processo, abrimos a porta para um novo tipo de extremismo corporativo. Apesar de esse extremismo não nos submeter a um risco físico concreto (não acredito que os funcionários da Apple sejam radicais violentos), esse tipo de culto secular é perigoso. Afinal, ao permitir que uma empresa opere sem qualquer restrição e sem precisar seguir as leis, perdemos o respeito pelos padrões que todas as empresas precisam cumprir, mas que aquela empresa pode ignorar e passar impune. O sistema resultante cria um ambiente do tipo "o vencedor leva tudo", que joga ainda mais lenha na fogueira da desigualdade. Em resumo, a Apple da era Jobs conseguiu passar impune com um comportamento (como as opções sobre ações retroativas que Jobs recebeu da empresa[8]) que não seria tolerado de nenhum CEO de qualquer outra empresa norte-americana. Em algum momento, o povo norte-americano e o governo dos Estados Unidos decidiram que Jobs e a Apple não precisavam mais se submeter à lei. A situação se manteve assim até a morte de Jobs.

Será que valeu a pena? Você decide. Na primeira década do século 21, depois de Jobs voltar à Apple, a empresa embarcou no maior

CAPÍTULO TRÊS

período de inovação de toda a história empresarial. Em dez anos a Apple lançou, um após o outro, um novo produto ou serviço revolucionário criador de categorias e de 100 bilhões de dólares: iPod, iTunes, Apple Store, iPhone e iPad... nunca houve nada parecido.

Durante esses anos, a indústria de eletrônicos de consumo foi uma fábrica de chocolates e Steve Jobs foi o Willie Wonka. Todos os anos, na conferência anual da Apple, a Worldwide Developers Conference, Jobs subia ao palco e anunciava um novo upgrade de produto depois do outro... começava a sair do palco, parava, dava a volta e dizia: "Ah, e mais uma coisa..." e mudava o mundo. De repente, o que até então tinha sido uma convenção comparativamente pouco importante de clientes se transformava em uma fervilhante assembleia pública na qual os principais eventos do mundo eram proclamados. Os mercados de ações do planeta prendiam a respiração juntos. Os repórteres se acotovelavam do lado de fora tentando adivinhar o que aconteceria nas próximas horas. E os concorrentes da Apple ficavam vendo as notícias na TV, com o coração na mão, esperando aterrorizados o próximo golpe.

É fácil esquecer como a década da Apple foi atordoante. O lançamento do iPod, no fim de 2001, após o duplo golpe do estouro da bolha das ponto.com e os ataques de 11 de setembro, foi similar à apresentação dos Beatles no *Ed Sullivan Show* apenas alguns meses após o assassinato de Kennedy: uma luz no fim do túnel acenando com esperança e otimismo. Em seguida, Jobs usou sua influência em Hollywood para forçar uma reação desproporcional (que, naturalmente, beneficiava a Apple) contra os downloads piratas de áudio, iniciados pela Napster, que ameaçavam destruir a indústria fonográfica. Aquilo preparou o terreno para a obra--prima de Jobs, o iPhone, que levou fanáticos da Apple a acampar diante de lojas de eletrônicos ao redor do mundo. E, por fim, veio o sublime iPad. O herói anônimo do sucesso da Apple é o fundador da Napster, Shawn Fanning, que aterrorizou a indústria fonográfica, forçada a procurar abrigo nos braços da Apple, e que começou a firmar parcerias com as gravadoras como um vampiro se associa com uma bolsa de sangue.

Será que a Apple teria conseguido manter esse mesmo ritmo na presente década se Steve Jobs ainda estivesse vivo? Provavelmente. Jobs pode não ter sido a pessoa mais agradável do mundo e, talvez até por isso, conseguiu uma importante realização: ele transformou a Apple, depois dos anos de aversão ao risco sob o comando de John Sculley, em uma empresa (indiscutivelmente a maior empresa de todos os tempos) cuja *primeira* opção era correr riscos. Ao contrário de qualquer outro CEO da Fortune 500, Steve Jobs punia a cautela, e a história está aí para mostrar os resultados. Foi Steve Jobs, e não Bob Noyce da Intel ou David Packard da HP, que se tornou a primeira pessoa a fundar uma empresa e a transformá-la na empresa mais valiosa do mundo. Lojas, telas sensíveis ao toque e um MP3 player "requentado", tudo ao mesmo tempo, não faziam sentido algum.

Apesar de tudo o que Jobs fez pela Apple, ele também foi uma força destrutiva na empresa. Ele intimidava funcionários, não demonstrava muito interesse na filantropia e na inclusão de minorias, e seus caprichos e sua megalomania mantinham a Apple eternamente à beira do caos. Sua morte pôs um fim ao período histórico de inovação da empresa, mas também permitiu que a Apple, sob o comando de Tim Cook, se voltasse à previsibilidade, rentabilidade e escala. Dá para ver os resultados no balanço patrimonial: se os lucros forem algum indicativo de sucesso, no ano fiscal de 2015, a Apple foi a empresa mais bem-sucedida da história, registrando um lucro líquido de US$ 53,4 bilhões.[9]

Se a Apple não fosse a queridinha do setor da tecnologia, o Congresso norte-americano teria implementado reformas tributárias.[10] Mas a maioria dos políticos, como outras classes privilegiadas ao redor do mundo, adora acariciar seu iPhone. É indiscutível: todo mundo simpatiza mais com a Apple do que uma empresa como, digamos, a Shell. Vamos lá, pense diferente.

Mais perto de Deus

A Apple sempre se inspirou nos outros (um jeito delicado de dizer "roubou ideias dos outros"). E o setor que inspirou a estratégia moderna da Apple foi a indústria de luxo. A Apple decidiu alavancar a escassez para obter lucros descomunais e irracionais praticamente impossíveis de imitar pelas marcas de hardware deselegantes e *nouveau riche*. A empresa de Cupertino controla apenas

CAPÍTULO TRÊS

14,5% do mercado de smartphones, mas embolsa nada menos que 79% dos lucros globais do mercado (2016).[11]

Steve Jobs teve essa sacada instintivamente. Os participantes da Western Computer Conference de 1977 em San Francisco viram a diferença assim que puseram os pés no galpão de exposições. Enquanto todas as outras novas empresas de computadores pessoais ofereciam placas-mãe expostas ou caixas de metal horrendas, Jobs e Woz ostentavam os computadores de plástico bege do modelo Apple II que viriam a definir o elegante estilo da Apple. Os computadores da Apple eram belos e elegantes. E, acima de tudo, no mundo de hackers e de técnicos bitolados, os produtos da Apple ostentavam *luxo*.

O luxo não é algo externo. Ele está nos nossos genes. O luxo combina nossa necessidade instintiva de transcender a condição humana e nos aproximar da perfeição divina com o nosso desejo de sermos mais atraentes aos parceiros potenciais. Passamos milênios nos ajoelhando em igrejas, mesquitas e templos, olhando ao redor e pensando: "Mãos meramente humanas não poderiam ter criado a Catedral de Reims/a Basílica de Santa Sofia/o Panteão/o Templo de Karnak. É impossível que meros mortais pudessem ter criado essa alquimia de sons, arte e arquitetura sem uma inspiração divina. Ouçam como a música é transcendente. Vejam a elegância dessa estátua, desses afrescos, dessas paredes de mármore. Eles não são deste mundo. Eles pertencem à morada de Deus".

No decorrer da história, as massas nunca tiveram acesso ao luxo, de modo que as pessoas faziam peregrinações a igrejas para ver cálices incrustados de joias, lustres reluzentes e os mais belos objetos de arte do mundo. Elas começaram a associar a estética criada por talentosos artesãos com a presença de Deus. Essa é a base do luxo. Graças à Revolução Industrial e à maior prosperidade da população em geral, esse luxo, no século 20, pôde ser acessado por milhões, e até bilhões, de pessoas.

No século 18, a aristocracia francesa gastava 3% do PIB da nação em belas perucas, pó de arroz e vestidos. Eles usavam a opulência de seus trajes para demonstrar seu status e inspirar o respeito e a submissão dos servos. (Não foi a Nike que inventou o ponto de venda teatral ou os endossos por celebridades.) A Igreja

Figura 3.1:
PARTICIPAÇÃO DO MERCADO GLOBAL DE SMARTPHONES *VERSUS* LUCROS

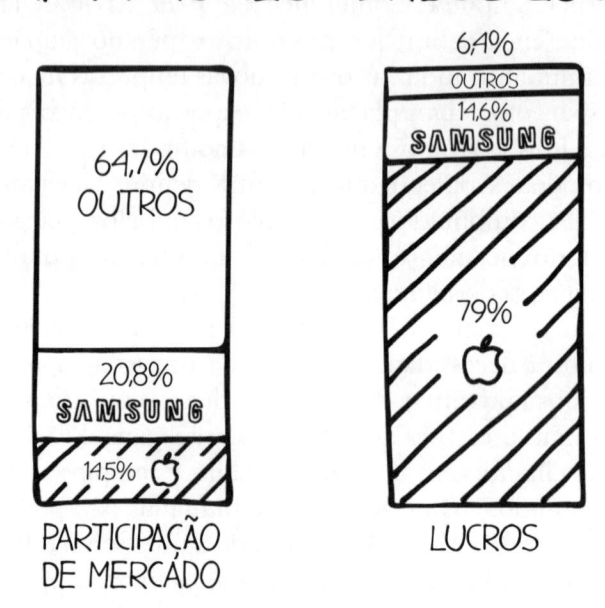

- 64,7% OUTROS
- 20,8% SAMSUNG
- 14,5%

PARTICIPAÇÃO DE MERCADO

- 6,4% OUTROS
- 14,6% SAMSUNG
- 79%

LUCROS

Fonte: SUMRA, Husain. Apple captured 79% of global smartphone profits in 2016. MacRumors, 7 mar. 2017. <https://www.macrumors.com/2017/03/07/apple-global-smartphone-profit-2016-79/>.

Católica dominou o poder das edificações (lojas) e construiu uma marca capaz de sobreviver a guerras e a grandes escândalos. Todo mundo queria a maquiagem, as perucas e os vestidos de Maria Antonieta. Hoje em dia, o célebre jogador de basquete LeBron James usa headphones da Beats. Nada mudou.

Afinal, ainda somos dominados pela seleção natural e pelo desejo e a inveja decorrentes. Os poderosos têm mais acesso a abrigo, aquecimento, comida e parceiros sexuais. Muitas pessoas que gostam de se cercar de coisas belas dizem que não estão atrás de um parceiro sexual, mas só de uma apreciação dos objetos. É… mais ou menos… O design em couro trançado de uma bolsa da Bottega Veneta ou a traseira inclinada de um Porsche modelo 911

CAPÍTULO TRÊS

nos coloca na crista da onda. É simplesmente lindo. Queremos possuir a coisa, ficar à luz de seu poder e ver como as pessoas nos veem sob essa luz mais lisonjeira.

Dirija um Porsche, mesmo se for a apenas 90 quilômetros por hora e você vai se sentir automaticamente mais atraente... e muito provavelmente suas chances de ter um encontro sexual casual aumentarão. Como os homens são geneticamente programados para procriar de forma agressiva, o homem das cavernas que vive em nós deseja avidamente aquele Rolex, aquele Lamborghini ou aquele dispositivo da Apple. E o homem das cavernas, dominado por seus órgãos genitais, estará disposto a sacrificar muito (pagando um preço irracional) pela chance de impressionar.

Os produtos de luxo não fazem qualquer sentido racional. Apenas simplesmente não conseguimos nos livrar do desejo de nos aproximar da perfeição divina ou de procriar. Quando o luxo é eficaz, o próprio ato de gastar passa a fazer parte da experiência. Comprar um colar de diamantes de um camelô na rua, mesmo se as pedras forem reais, não é tão gratificante quanto fazer a mesma compra na Tiffany, sendo atendido por uma consultora de vendas impecavelmente vestida que lhe apresenta o colar em um ambiente sofisticado com a iluminação perfeita. Os produtos de luxo são o equivalente do mercado às penas de um pássaro. O mercado de luxo é irracional e sexualmente orientado, e silencia com facilidade o estraga-prazeres racional do cérebro, que nos diz "Você não tem condições de pagar por isso" ou "Essa compra não faz sentido algum".

O mercado de luxo também gerou enormes riquezas. A colisão dos átomos de Deus e do sexo criou uma energia e um valor jamais vistos antes no mundo dos negócios. A lista das 400 pessoas mais ricas do planeta, tirando aquelas que herdaram a riqueza e as que atuam em finanças, inclui mais pessoas do setor do luxo e do varejo do que da tecnologia ou qualquer outro setor industrial. Veja uma lista das fontes de riqueza das dez pessoas mais ricas da Europa (ninguém quer saber o nome delas, já que suas respectivas empresas são infinitamente mais interessantes):

- Zara.
- L'Oréal.

- H&M.
- LVMH.
- Nutella.
- Aldi.
- Lidl.
- Trader Joe's.
- Luxottica.
- Crate & Barrel.[12]

O LUXO DO TEMPO

Nenhuma empresa de tecnologia conseguiu resolver o problema do envelhecimento (a perda de relevância com o tempo). Por ser uma marca de luxo, a Apple é a primeira empresa de tecnologia a ter uma chance de sucesso multigerações.

A Apple não começou como uma marca de luxo. Na verdade, a empresa era apenas a melhor casa de um bairro ruim, o setor de hardware tecnológico. Um mundo de cabos, equipamentos para geeks, acrônimos e margens baixas.

No início de sua história, a Apple apenas fabricava um computador mais intuitivo que os concorrentes. O design elegante de Steve Jobs só atraía uma minoria de clientes. Era a arquitetura de Steve Wozniak que atraía o resto. Na época, o apelo da empresa se direcionava principalmente ao cérebro dos consumidores. Muitos dos primeiros fãs da Apple eram geeks (o que não ajudou em nada a melhorar o *sex appeal* da marca). A Apple tem o mérito de ter dado uma olhada para o setor de luxo e pensado: por que não? Por que não podemos ter a melhor casa do melhor bairro?

Na década de 1980, a empresa entrou em declínio. Os computadores rodando o Windows da Microsoft com chips da Intel eram mais rápidos e mais baratos e começaram a conquistar o órgão racional dos consumidores (seu cérebro). O Word e o Excel tornaram-se os padrões globais. Dava para jogar a maioria dos games nos computadores com Intel, mas não nos computadores da Apple. Foi quando a Apple começou a redirecionar seu foco do cérebro para o coração e os órgãos genitais. E a empresa fez isso bem na hora, já que estava a caminho de perder a participação de mercado de 90% para menos de 10%.[13]

CAPÍTULO TRÊS

O Macintosh, lançado em 1984, apresentava ícones atraentes na área de trabalho e um visual personalizado voltado a agradar o coração. A Apple provou que um computador também podia ser amigável. O Macintosh falava (o computador ficou famoso por exibir a palavra "Olá" na tela ao ser ligado). E os artistas passam a achar que poderiam se expressar no Mac, criar beleza e mudar o mundo.[14] E então veio o grande avanço revolucionário: a editoração eletrônica. O software da Adobe era ideal para a tela de alta precisão do Mac.[15]

Possuir um Apple, como explica o famoso anúncio "1984" da empresa, reforçava nossa crença de que os usuários da Apple eram muito mais que meros tijolos em um muro.[16] O resultado foi que eu e os funcionários das minhas startups passamos duas décadas suando para pagar um preço altíssimo por produtos superfaturados e de baixa potência só para podermos dizer que estávamos pensando diferente.

Mas mesmo assim não era muito sexy. A maioria das pessoas na época não carregava o computador por toda parte. Elas os instalavam em *salas de informática*. E não era nada prático, nem romântico levar um potencial parceiro sexual para conhecer seu hardware.

Para se tornar um verdadeiro item de luxo, o computador precisaria encolher, aprender alguns truques novos, ser mais bonito e acompanhar a pessoa o tempo todo para ostentar o sucesso da pessoa, tanto em público como em privado. A transformação começou com o iPod, um bloco branco e reluzente do tamanho de um jogo de baralho que nos abriu a possibilidade de levar no bolso toda a nossa biblioteca de músicas. Ao lado dos outros MP3 players, todos terrivelmente cinzas, azuis ou pretos, o iPod também foi um milagre tecnológico (5 GB de memória contra o segundo maior concorrente, da Toshiba, com apenas 128 MB). A Apple saiu pela indústria eletrônica à caça de uma empresa disposta a fabricar uma unidade de disco minúscula, quase como uma joia.

Com o tempo, a Apple pôde remover a palavra "Computer" de seu nome corporativo, reconhecendo que o conceito de computador era coisa do passado.[17] O futuro seria feito de "coisas", de música a celulares, *capacitadas* por computadores. Os clientes poderiam levar esses produtos de marca consigo e até vesti-los. E assim a Apple deu início à sua marcha em direção ao luxo.

O lançamento do Apple Watch em 2015 fechou o ciclo. O evento contou com a presença da supermodelo Christy Turlington Burns no palco. As câmeras percorreram a plateia, pululante de celebridades. E em qual publicação você acha que a empresa comprou um anúncio de 17 páginas para celebrar o lançamento? Não na *Computer World*, nem mesmo na revista *Time* (como fizeram com o Macintosh). Foi na *Vogue*.

E o artigo publicitário mostrou em destaque fotos tiradas por Peter Belanger da versão rosa e dourada que não sai por menos de US$ 12.000. A transformação estava completa. A Apple tinha se tornado a melhor casa do melhor bairro.

Escassez

Manter uma espécie de metaescassez é fundamental para o sucesso da Apple. A empresa pode vender milhões de iPods, iPhones, iWatches e Apple Watches, mas provavelmente só 1% do mundo tem condições (racionalmente falando) de pagar por eles… e é assim que a Apple quer que seja.[18] No primeiro trimestre de 2015, o iPhone respondeu por apenas 18,3% dos smartphones comprados no mundo todo, mas por nada menos que 92% dos lucros do setor.[19] Isso que eu chamo de marketing de luxo. Como mostrar a amigos e desconhecidos, de um jeito elegante, que sua capacidade, seu DNA e sua formação o posicionam na nata da sociedade, o 1% superior, não importa em que país do mundo você estiver? É fácil, basta usar um iPhone.

Faça um mapa dos sistemas operacionais de smartphones e fica fácil ver a geografia da riqueza. Dê uma olhada em Manhattan. Lá todos usam o sistema operacional da Apple. Agora passe os olhos por Nova Jersey, ou até pelo Bronx, onde a renda familiar média despenca: o Android domina. Em Los Angeles, quem mora nos abastados bairros de Malibu, Beverly Hills ou nos Palisades provavelmente tem um iPhone. E quem mora nos bairros mais modestos como South-Central, Oxnard e Inland Empire provavelmente usa um celular funcionando com o Android. O iPhone é o sinal mais claro de que você está mais perto da perfeição e tem mais oportunidades de se acasalar.

A Apple é a empresa com mais artigos escritos sobre ela do que qualquer outra empresa, mas a maioria dos jornalistas não a vê

CAPÍTULO TRÊS

como uma marca de luxo. Passei 25 anos prestando consultoria para marcas de luxo e acredito que essas empresas, da Porsche à Prada, têm cinco atributos em comum: um fundador icônico, elementos de arte, integração vertical, alcance global e um preço premium. Vamos dar uma olhada mais aprofundada em cada um desses fatores.

1. UM FUNDADOR ICÔNICO

Nada é mais eficaz para criar uma marca de autoexpressão do que a personificação constante da marca na forma de uma única pessoa, especialmente o fundador. Os CEOs vão e vêm, mas os fundadores são eternos. Louis Vuitton foi um adolescente pobre na década de 1830 e andou 480 quilômetros até Paris, descalço! Ele se especializou na construção de caixas e em pouco tempo estava criando baús requintados para a imperatriz da França e para a esposa de Napoleão III, Eugênia de Montijo.[20]

Vuitton foi o protótipo de um fundador icônico. Esses empreendedores passaram por altos e baixos notáveis na vida e tinham habilidades mais comumente encontradas em museus do que em lojas. A arte e a democratização da arte (o artesanato) alimentam e sustentam suas marcas. Esses fundadores em geral surgem da classe de artesãos. Eles são abençoados/amaldiçoados por conhecer desde cedo seu destino: fazer belos objetos. Eles não têm escolha.

É fácil criticar a ostentação e a frivolidade do setor. Mas dirija um Porsche modelo 911, veja as maçãs de seu rosto se destacarem com o blush Orgasm da NARS, ou seja mais decidido na vida só por usar um terno Brunello Cucinelli. É por isso que os artesãos criaram mais riqueza do que qualquer outro grupo da história moderna. "Algumas pessoas acham que o luxo é o oposto da pobreza. Não é. É o oposto da vulgaridade", disse Coco Chanel.

Para entender o poder de Steve Jobs como o ícone da inovação, pense no jovem Elvis. Se ele tivesse morrido na faixa dos 20 anos, depois das sessões de gravação no Sun Studio e antes de entrar no exército, não o teríamos visto dançar nos palcos de Las Vegas com suas roupas características. Elvis saiu de cena antes de chegar aos 40. Se ele tivesse permanecido mais algumas décadas no planeta, estaria se apresentando em cruzeiros de aposentados

Apple

e Graceland, a residência oficial de Presley, se transformaria em uma vila da terceira idade. A morte poupa os ícones da sentença inevitável da existência cotidiana, incluindo o envelhecimento, e eleva sua imagem ao patamar de lendas... o ideal para qualquer marca. Imagine quanto a marca Tiger Woods valeria para a Nike se, em vez de mergulhar na mediocridade, o astro do golfe, antes icônico, tivesse sido atropelado pela esposa na noite em que ela descobriu que ele era incapaz de manter o taco na bolsa. Essa é indiscutivelmente uma das poucas vantagens da morte de uma personalidade pública, já que bater as botas inocula as celebridades de ações que destruiriam sua reputação e as livra da tragédia do envelhecimento. Sabemos que os pais fundadores dos Estados Unidos no fundo ficaram aliviados quando George Washington vestiu o paletó de madeira, porque na ocasião ele já mais do que corria o risco de manchar sua reputação.

Tudo bem se o fundador icônico foi um ogro na vida real. Uma excelente prova disso é a Apple. O mundo passou a venerar Steve Jobs quase no mesmo patamar que Jesus Cristo, apesar de tudo indicar que Steve Jobs não foi uma boa pessoa, nem um bom pai. Ele rejeitou a própria filha no tribunal, mesmo sabendo que ela era sua filha biológica, recusando-se a pagar a pensão quando na época ele já tinha várias centenas de milhões dólares. E, como se sabe, ele também parece ter dado um falso testemunho a investigadores do governo sobre o programa de opções relativo a ações da Apple.

Mesmo assim, quando Jobs morreu, em 2011, o mundo ficou de luto, e ele recebeu milhares de homenagens na internet, na sede da Apple, nas lojas da empresa ao redor do mundo e até na frente de sua antiga escola do ensino médio. As homenagens marcaram a deificação do fundador icônico, que passou do estrelato à santidade, uma transição facilitada pela aparência cada vez mais ascética de Jobs em seus últimos anos.

Desde a morte de Jobs, a marca da Apple só tem ganhado força. Poucos exemplos de "idolatria do dinheiro" (para usar o termo do Papa Francisco) são melhores que nossa obsessão por Steve Jobs. Todo mundo acha que Jobs "deixou sua marca no universo". Mas não é o caso. Steve Jobs, na minha opinião, *cus-*

CAPÍTULO TRÊS

piu no universo. As pessoas que acordam toda manhã, vestem os filhos, os levam para a escola e têm uma paixão irracional pelo bem-estar de sua prole, essas pessoas, sim, deixam sua marca no universo. O mundo precisa de mais lares com pais presentes e não de um celular melhor.

2. ARTE

O sucesso no setor de luxo provém da atenção minuciosa aos detalhes e de uma habilidade artesanal e especializada quase sobre-humana. Quando esses elementos se combinam, é como se um alienígena tivesse chegado de um planeta distante para nos trazer óculos de sol ou lenços de seda melhores. Os compradores que adoram uma boa pechincha podem se perguntar por que alguém se daria ao trabalho de criar dobradiças que curvam para dentro ou fazer costuras invisíveis numa parte do chapéu que ninguém vê. Mas, para as pessoas que têm dinheiro sobrando e não se preocupam com a sobrevivência, a experiência de conviver com uma bela obra de arte é insubstituível.

A imagem do luxo adotada pela Apple é a simplicidade, a forma definitiva de sofisticação. Desde o estilo de design do tipo Branca de Neve, nos anos 1980 (superfícies brancas com linhas horizontais para os computadores parecerem menores) até o iPod ("1.000 músicas no seu bolso"), a simplicidade é uma obsessão da Apple. A simplicidade envolve uma aparência elegante e facilidade de uso (quando a interação com um objeto gera prazer, a fidelidade à marca aumenta). O *click wheel** do iPod era ao mesmo tempo elegante e lúdico. O iPhone lançou as telas sensíveis ao toque: "E nem precisava daquilo tudo", você diz. A Apple escolheu o alumínio para o PowerBook, por ser mais leve que a maioria dos materiais e possibilitar um corpo mais fino e uma melhor condutividade térmica. E o produto final parece especial e exclusivo. Nas palavras de um velho anúncio do iMac, a tecnologia da Apple é "simplesmente incrível e incrivelmente simples".[21]

---

* N.T.: O comando mecânico em forma de roda que o usuário deslizava para poder navegar pelo menu e pelas músicas.

É assim que a Apple faz continuamente produtos que se tornam ícones, "objetos que parecem naturais... tão simples, coerentes e inevitáveis que parece impossível existir uma alternativa racional".[22] A psicologia cognitiva mostra que objetos atraentes nos dão uma sensação de bem-estar, o que, por sua vez, faz com que sejamos mais resilientes para resolver problemas criativos.[23] "As coisas atraentes funcionam melhor", disse Don Norman, o vice-presidente de tecnologia avançada da Apple de 1993 a 1998. "Quando você lava e encera seu carro, ele roda melhor, não é? Ou pelo menos é o que parece."[24]

3. Integração vertical

No início da década de 1980, a The Gap era uma cadeia de lojas de roupas sem graça, de marca própria, que também vendia discos, roupas da Levi's e de outras marcas de roupas casuais. Em 1983, o novo CEO, Mickey Drexler, reinventou a empresa. Sob seu comando, o layout das lojas mudou: a iluminação foi suavizada, assim como a cor da madeira, as lojas passaram a ter música ambiente, o espaço dos provadores aumentou e as paredes foram decoradas com grandes fotos em preto e branco tiradas por fotógrafos famosos. Cada loja dava aos clientes um lugar para viver a experiência de marca que Drexler concebeu. Ele não estava vendendo luxo, mas criando um mundo ao redor da marca e engajando o consumidor diretamente. Ele estava se inspirando nas marcas de luxo e criando um *simulacro* desse luxo. A estratégia deu uma injeção de ânimo na receita e nos lucros, e a The Gap deu início a 20 anos de sucesso que foram motivo de inveja no setor varejista.[25]

Muitos consideram Drexler o "príncipe dos mercadores". Mas seu impacto no mundo dos negócios não se limitou a isso. Drexler sacou que, embora a televisão pudesse transmitir a mensagem de uma marca, as lojas físicas podiam ir muito mais longe. As lojas davam aos clientes um lugar para *entrar* na marca, para sentir seu cheiro e tocá-la. Drexler decidiu que o brand equity da The Gap seria criado nas lojas. Assim, enquanto a maior rival da The Gap, a Levi's, continuava criando os melhores comerciais de TV, Drexler se pôs a abrir as melhores lojas.

CAPÍTULO TRÊS

O que aconteceu foi que, de 1997 a 2005, a The Gap mais do que triplicou sua receita, de US$ 6,5 bilhões para US$ 16,0 bilhões, enquanto a Levi Strauss & Co. despencou de US$ 6,9 bilhões para US$ 4,1 bilhões.[26,27,28,29] A construção da marca passou das ondas de rádio e TV para o mundo físico, e a Levi's foi pega de surpresa. Acho que o mundo seria um lugar melhor se a LS&Co. tivesse tido o mesmo sucesso que a Apple, já que a família Haas (que detém a LS&Co.) é o que todo mundo gostaria que todos os empresários fossem: modestos, comprometidos com a comunidade e generosos.

Steve Jobs chamou Drexler para atuar no Conselho de Administração da Apple em 1999, logo após seu retorno à Apple. Dois anos depois, a Apple lançou sua primeira loja física na cidade de Tysons, na Virgínia.[30] As lojas da Apple conseguiam ser mais reluzentes do que as lojas da The Gap. A maioria dos especialistas bocejou. As lojas físicas, eles disseram, eram coisa do passado. O futuro era a internet. Como se Steve Jobs não soubesse disso.

É difícil lembrar agora, mas, quando a Apple tomou a decisão na época, a maioria das pessoas achou que a empresa estava errada; que a Apple era uma empresa se aproximando da irrelevância; e que, ao abrir lojas sofisticadas, ela estava se posicionando no mercado de luxo com um produto equivalente a um andador. Que ideia idiota, eles pensaram. A Apple não estava vendo que o mercado da tecnologia já girava em torno de caixas bege genéricas contendo produtos com software da Microsoft e chips da Intel? Que a ação estava no e-commerce?

O ex-diretor financeiro da empresa, Joseph Graziano, disse que a empresa estava avançando em direção ao desastre, declarando à *Business Week* que Jobs insistia em "servir caviar num mundo que parece se satisfazer com *cream crackers* e queijo".[31]

As lojas, como hoje sabemos, revolucionaram a indústria da tecnologia e consolidaram a Apple como uma empresa de luxo. O iPhone aumentou a participação de mercado da Apple, mas as lojas impulsionaram a marca e as margens. Basta fazer um passeio pela Quinta Avenida ou pela Champs-Élysées para ver lojas da Vuitton, Cartier, Hermès e Apple.

Apple

Figura 3.2:

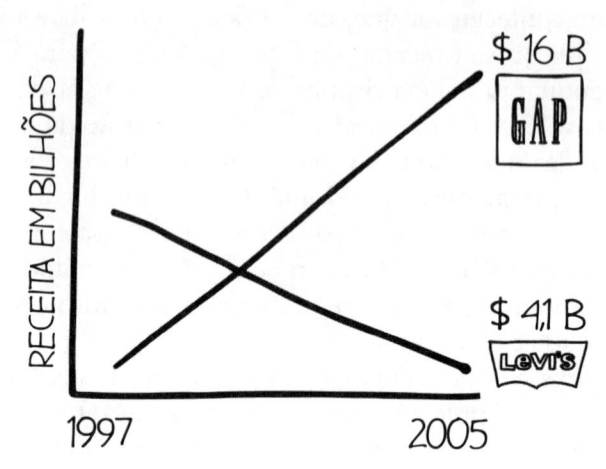

RECEITA EM BILHÕES

$ 16 B
GAP

$ 4,1 B
Levi's

1997   2005

Fontes: Gap Inc., Formulário 10-K do período fiscal concluído em 31 de janeiro de 1998 (submetido em 13 de março de 1998), publicado no site da Gap, Inc.
Gap Inc., Formulário 10-K do período fiscal concluído em 31 de janeiro de 1998 (submetido em 28 de março de 2006), publicado no site da Gap, Inc.
"Levi Strauss & Company Corporate Profile and Case Material." Campanha Clean Clothes.
Levi Strauss & Co., Formulário 10-K do período fiscal concluído em 27 de novembro de 2005 (submetido em 14 de fevereiro de 2006), p. 26, publicado no site da Levi Strauss & Co.

Essas lojas são canais cativos. Um relógio Ballon Bleu da Cartier de US$ 26.000 ou uma trench coat da Burberry de US$ 5.000 perderia todo o seu apelo na prateleira de uma loja de departamentos qualquer. Mas lojas operadas pelas marcas transformam-se em verdadeiros templos da marca. As lojas da Apple vendem quase US$ 53.000 por metro quadrado. O segundo lugar é uma loja de conveniência, que se arrasta atrás com uma diferença de 50%.[32] Não foi o iPhone, mas a Apple Store, que decidiu o sucesso da Apple.

4. Alcance global

Os ricos são o grupo mais homogêneo do planeta. Outro dia, dei uma palestra no Encontro de Investimento Alternativo da JP-Morgan. O CEO, Jamie Dimon, recebe os 300 clientes (pessoas físicas) mais importantes (podres de ricos) do banco e convida 50

CAPÍTULO TRÊS

CEOs e fundadores dos fundos nos quais o banco faz investimentos para esses clientes. Quatrocentos mestres do universo, mais pessoas a quem o universo decidiu ser generoso (o clube dos bem-nascidos). Pessoas de quase todos os países e culturas... e, mesmo assim, um extenso mar de mesmice. Todas as pessoas na sala falam a mesma língua (literal e figurativamente), usam relógios Hermès, Cartier ou Rolex, têm filhos nas universidades de maior prestígio do mundo e tiram férias em alguma cidade costeira da Itália ou da França ou na ilha caribenha de São Bartolomeu. Encha uma sala com pessoas de classe média do mundo todo e você terá uma enorme diversidade. Cada um vai ter uma dieta diferente, usará roupas diferentes e não vai conseguir entender o que os outros estão dizendo. Seria um verdadeiro desfile antropológico. A elite global, por outro lado, é um arco-íris de uma só cor.

É por isso que é mais fácil para as marcas de luxo cruzarem fronteiras geográficas do que seus colegas do mercado de massa. Os varejistas do mercado de massa, incluindo o Walmart e o Carrefour, precisam contratar etnógrafos para saber como agir nos mercados regionais. Mas as marcas de luxo, incluindo a Apple, definem o próprio universo. A coerência de uma marca icônica é atingida com o uso de alguns elementos de design: vidro (um painel de vidro, um cubo ou cilindro na entrada, muitas vezes uma escada de vidro transparente, patenteada por Jobs), espaços abertos, interior minimalista, nenhum estoque exposto na loja (os produtos são levados ao cliente após a compra). As 492 lojas, localizadas em distritos comerciais exclusivos em 18 países, atraem mais de 1 milhão de adoradores todos os dias.[33] O Magic Kingdom atraiu um total de 20,5 milhões de pessoas em 2015.[34]

A Apple também administra uma cadeia de fornecimento global. Os componentes procedentes de minas chinesas, estúdios japoneses e fábricas norte-americanas de chips chegam a imensas fábricas localizadas em várias nações (sendo que a mais famosa é a China) e os produtos são enviados às lojas da Apple (físicas e on-line). Enquanto isso, os bilhões em lucros resultantes da venda desses produtos seguem as próprias rotas tortuosas de volta a uma rede de paraísos fiscais, incluindo a Irlanda. O resultado é um lucro gigantesco e margens reservadas ao setor de luxo, mas com a escala de um produtor de baixo custo. A Apple é uma das empresas mais lucrativas da história, entretanto não precisa tolerar o inconveniente das alíquotas tributárias dos Estados Unidos.

5. Preço premium

Altos preços indicam qualidade e exclusividade. Preste atenção em como você navega pelos produtos. Você não acha que o item mais caro é sempre mais interessante? Até no Mercado Livre, você não dá uma espiada no "preço mais alto" só por curiosidade? A elasticidade econômica negativa se mantém: se a Hermès vendesse uma echarpe por US$ 19,95, a maioria de seus clientes perderia o interesse. A Apple, nesse sentido, não é a Hermès. A empresa não pode vender computadores ou celulares por 20 ou cem vezes o preço de uma marca de commodity. Mas pode cobrar um belo premium. Um iPhone 7 sem ser vinculado a um plano de telefonia celular custa US$ 749, um Blu R1 Plus sai por US$ 159 e o último lançamento da BlackBerry (o BlackBerry KeyOne) sai por US$ 549.[35,36,37]

Nesse sentido, e em praticamente todo o resto (tirando políticas decentes de RH), Steve Jobs aprendeu com a Hewlett-Packard, a pioneira em fixação de preços de produtos de tecnologia de alta qualidade. Desde o início da Apple Computer, Jobs anunciou abertamente sua admiração por essa empresa e seu desejo de criar a Apple à imagem e semelhança da HP. Um dos atributos da HP mais admirados por Jobs era seu compromisso em criar os melhores produtos (isto é, os mais inovadores e de mais alta qualidade), especialmente calculadoras, e cobrar os olhos da cara de engenheiros desesperados para comprá-los. A diferença foi que a HP era em grande parte uma fornecedora de equipamentos especializados (dificilmente um negócio de produtos de luxo), ao passo que a Apple vendia diretamente aos consumidores e, desse modo, poderia se beneficiar de todos os símbolos de elegância.

Alguns clientes da Apple não gostam de saber que suas compras são baseadas em decisões irracionais. Eles acham que são espertos e sofisticados. E, desse modo, eles racionalizam convencendo-se de que seu cérebro foi, no mínimo, o copiloto da decisão. É só um celular melhor, eles justificam. O software tem uma

CAPÍTULO TRÊS

interface de usuário intuitiva. E veja esses aplicativos bacanas de produtividade. Os laptops são melhores. O relógio me incentiva a andar 3 mil passos a mais por dia. O preço superior mais do que se justifica – dizem eles para se convencer.

Tudo isso pode até ser verdade. E as pessoas mencionam argumentos parecidos quando pagam preços muito mais altos por um Mercedes ou um Bentley. Os produtos de luxo precisam ser excelentes. Mas também indicam status. Eles melhoram a nossa marca "procriacional". Isso pode não ficar muito claro em bairros ricos, onde parece que praticamente todos têm todas as parafernálias da Apple. Como você pode se destacar sendo a décima quarta pessoa a abrir um MacBook no Café de Flore em Paris? Nesses casos, tente olhar para baixo. Se a Apple for o padrão, quanto você acha que a pessoa que abre um Dell ou saca um Moto X do bolso para tirar uma foto *perde* em atratividade para o sexo oposto?

Não estou dizendo, a propósito, que uma compra de luxo necessariamente leva a mais sexo. Milhões de proprietários de iPhone passam a noite sozinhos. Mas comprar o item de luxo provoca uma emoção, uma injeção de serotonina que leva a uma sensação de felicidade e sucesso. E, talvez, você até fique mais atraente aos olhos de desconhecidos... a Dell com certeza não tem esse efeito. A decisão de pagar mais resulta de um impulso antigo e primitivo vindo da metade inferior de nosso corpo, mesmo enquanto o cérebro insiste em querer usar argumentos racionais. (Falarei mais sobre esse fenômeno no Capítulo 7.)

Veremos muitos grandes perdedores do outro lado da moeda de luxo da Apple. Por exemplo, muitos dizem que 2015 foi o melhor ano da Nike. A empresa aumentou seu faturamento em US$ 2,8 bilhões.[38] No mesmo período, o faturamento da Apple aumentou US$ 51 bilhões.[39] Estamos falando de um verdadeiro oceano de dinheiro excedente que as pessoas escolherem gastar na Apple e que não vão gastar em outras coisas.

As empresas que têm mais chances de sucumbir ao ataque da Apple são as empresas de luxo de nível médio, que vendem mercadorias por menos de US$ 1.000 (J.Crew, Michael Kors, Swatch, entre outros). Seus clientes contam o dinheiro e os jovens consumidores têm mais interesse em celulares e café do que em roupas.

Então, para onde vai esse dinheiro excedente limitado? Um celular obsoleto com a tela quebrada reduz muito mais as opções de acasalamento dos consumidores do que uma jaqueta ou bolsa do ano passado. Eles podem economizar comprando um moletom com capuz estampado da Hedley por US$ 78 na Abercrombie & Fitch ou uma bolsa de couro de US$ 298.

Por outro lado, aqueles US$ 51 bilhões perdidos para a Apple não afetam as marcas de platina, como a Porsche ou a Brunello Cucinelli. Os clientes dessas marcas podem pagar pelo que quiserem e não precisam ficar escolhendo.

A decisão de Steve Jobs de transformar uma marca de tecnologia em marca de luxo foi uma das ideias mais importantes da história empresarial e uma das ideias que mais criaram valor. As empresas de tecnologia podem crescer, mas raramente são atemporais. Por outro lado, a Chanel vai sobreviver à Cisco e a Gucci verá o meteoro que colocará o Google no caminho da extinção. Dos Quatro Cavaleiros, a Apple tem, de longe, o melhor material genético e, acredito, as melhores chances de sobreviver até o século 22. Lembre-se que a Apple é a única empresa dos Quatro Cavaleiros, pelo menos por enquanto, que continuou tendo sucesso no período pós-fundador e depois de substituída a equipe de administração original.

OS BELOS CADÁVERES DAS EMPRESAS DE TECNOLOGIA

As pesquisas de Aswath Damodaran, professor de finanças da Stern School of Business da New York University, salientam que as empresas de tecnologia passam pelo ciclo de vida tradicional das empresas em uma velocidade acelerada. Elas envelhecem em "anos caninos", por assim dizer.[40]

O lado bom é que essas empresas de tecnologia podem lançar um produto, expandir a empresa e adquirir clientes com mais rapidez do que em outros setores, que são forçados a enfrentar dificuldades como instalações físicas, requisitos de capital ou montar canais de distribuição que podem demandar anos e criar uma enorme força de trabalho. O lado ruim é que o mesmo foguete que leva a empresa de tecnologia à Lua também está disponível para um bando de concorrentes mais jovens, mais inteligentes e mais rápidos que se aproximam rapidamente por trás.

CAPÍTULO TRÊS

Os leões têm uma expectativa de vida de 10 a 14 anos na natureza. Mas eles podem chegar aos 20 anos ou mais em cativeiro.[41] Isso porque, em cativeiro, eles não são constantemente desafiados por outros machos. Os machos na natureza normalmente morrem em consequência de ferimentos resultantes de lutas para proteger ou tomar o trono. Pouquíssimos morrem de velhice.

As empresas de tecnologia são como machos alfa na natureza. É bom ser o rei, usufruindo de lucros maiores, criando riqueza rapidamente (quando a ideia dá certo) e cercado do amor e da admiração de uma sociedade que vê seus inovadores como se fossem estrelas do rock. Mas todo mundo quer ser o rei. Para destronar o rei, basta ter força, velocidade, uma agressividade violenta e ser idiota demais para saber que você tem poucas chances de conseguir.

A Apple não só passou de uma das maiores visionárias a uma das maiores operadoras, como também conseguiu prolongar sua vida ao se transformar em uma marca de luxo. Como ela conseguiu essa façanha? A Apple sacou que o CEO que viesse depois de Steve Jobs precisaria ser um operador que soubesse como expandir a empresa. Se o Conselho de Administração da Apple quisesse um visionário, teria dado o cargo de CEO a Jony Ive.

COM (OU SEM) VISÃO

Eu argumentaria que a Apple não tem visão. E mesmo assim a empresa continua tendo sucesso, pois aumentar o iPhone para em seguida reduzir seu tamanho foi simplesmente genial em sua simplicidade (vamos pegar o melhor pão do mundo e cortá-lo de várias maneiras). A empresa também ganhou mais tempo ao perceber que tem a marca e os ativos necessários para fazer investimentos dispendiosos (tanto em termos de capital quanto de tempo) para se tornar uma marca de luxo, estratégia que outras empresas de tecnologia não têm como fazer.

Já na era do Macintosh, a Apple percebeu que queria sair do trem tecnológico e se afastar do modelo de, a cada ano que passa, oferecer mais por menos (Lei de Moore). Hoje, o negócio da Apple é vender às pessoas bens, serviços e emoções, possibilitando que elas se aproximem de Deus e sejam mais atraentes. A Apple faz isso por meio de semicondutores e displays, abastecidos com eletricidade e envolvidos em luxo. É uma mistura poderosa e inebriante que criou a empresa mais rentável da história. No passado, você era o que você vestia e hoje em dia algumas pessoas acreditam que você é o que você come. Mas na verdade você é o dispositivo que você usa para mandar mensagens de texto.

O REI DOS CONSTRUTORES

Você ficaria surpreso com a quantidade de pessoas que ainda acreditam, apesar de todas as evidências ao contrário, que o próprio Steve Jobs inventou todos os magníficos produtos da Apple. Como se ele tivesse passado o tempo todo sentado a uma mesa de laboratório no departamento de pesquisa e desenvolvimento da sede da Apple em Cupertino soldando componentes numa minúscula placa-mãe até que uma lâmpada se acendeu e ele abençoou o mundo com o iPod. Na verdade, quem fez isso foi Steve Wozniak, com o Apple 1, um quarto de século atrás.

Steve Jobs foi um gênio, mas seu brilhantismo se concentrou em outras áreas. Essa genialidade ficou mais evidente quando os especialistas do mundo dos negócios ao redor do planeta proclamaram a "desintermediação" do setor da tecnologia ou, em outras palavras, o desaparecimento da distribuição física e dos canais de varejo e sua substituição pela virtualização do comércio eletrônico.

Jobs sacou, como nenhum outro conseguiu sacar, que, apesar de ser possível vender conteúdo, e até commodities, na internet, se ele quisesse vender eletroeletrônicos como itens de luxo a um preço premium, teria de vendê-los como qualquer outro item de luxo. Ou seja, em templos reluzentes, com "gênios" fervorosos à disposição dos clientes. E, acima de tudo, ele precisaria vender esses itens em caixas de vidro, onde os clientes podem ser vistos pelos outros. Não só os outros clientes, mas todos que passassem por lá poderiam dar uma olhada dentro do templo e ver os clientes entre os poucos seletos. E uma vez feita essa façanha, você poderia vender praticamente qualquer coisa nessa loja, desde que o produto fosse elegante, embalado com estilo e compartilhasse os atributos de design dos colegas mais caros.

É por isso que a Apple tem margens totalmente fora do padrão do setor da tecnologia, tendo chegado a alturas impossíveis com um produto de preço premium e de baixo custo. Ninguém

CAPÍTULO TRÊS

consegue se aproximar disso, nem em outras categorias de luxo. Na categoria de bolsas, a Bottega Veneta, uma marca premium, é um produtor de alto custo. Nos automóveis, a Ferrari está muito longe de ser um produtor de baixo custo. Na hotelaria, o Mandarin Oriental, que oferece um produto a preço premium, é um produtor de altíssimo custo.

E a Apple consegue ser os dois. A empresa consegue essa façanha porque enfatizou a fabricação e a robótica uma geração antes que a maioria das empresas de tecnologia (especialmente a tecnologia de consumo); criou uma cadeia de fornecimento de primeira linha e firmou sua presença no varejo, com o apoio de um pequeno exército de especialistas em atendimento e TI que se tornou o objeto de desejo de todas as marcas e varejistas do mundo.

Paraquedas, escadas e fossos

As empresas tentam construir muros cada vez mais altos para impedir a invasão dos inimigos (recém-chegados e concorrentes). Os teóricos de negócios chamam essas estruturas de "barreiras à entrada".

Elas até podem funcionar na teoria, mas os muros tradicionais cada vez mais revelam rachaduras e algumas chegam a cair aos pedaços, especialmente no setor da tecnologia. O preço em queda livre do poder de processamento (mais uma vez, a Lei de Moore), aliado a uma maior largura de banda e uma nova geração de lideranças que já vêm com o componente digital entranhado no DNA, tem levado a escadas mais altas do que o esperado. Você acha que a ESPN, a J.Crew e a Jeb Bush são intocáveis, não é mesmo? Nada disso. Escadas digitais (vídeo sob demanda, fast fashion e @realdonaldtrump) possibilitam pular praticamente qualquer muro.

Diante desse cenário, o que uma empresa ridiculamente bem-sucedida poderia fazer? Malcolm Gladwell, o Jesus dos livros de negócios, usa a parábola de Davi e Golias para exemplificar seu argumento: "não lute nos termos do adversário". Em outras palavras, uma vez que uma empresa de tecnologia saltou à velocidade da luz, ela precisa se vacinar contra as mesmas armas que seu exército usou para atacar as presas confusas. Temos vários exemplos claros disso: efeitos de rede (todo mundo está no Facebook porque... todo mundo está no Facebook), proteção IP (todas as empresas de tecnologia de mais de US$ 10 bilhões estão processando judicialmente e sendo processadas por todas as outras empresas de tecnologia de US$ 10 bilhões) e desenvolvimento de um ecossistema padrão do setor ou, em outras palavras, um monopólio (estou digitando estas palavras no Word porque não tenho escolha).

Eu diria que cavar fossas mais profundas seria mais interessante para garantir o sucesso.

O iPhone não vai passar muito tempo sendo o melhor celular. Muitas empresas estão correndo para recuperar o terreno perdido. A Apple, contudo, tem um ativo importantíssimo que conta com um robusto sistema imunológico: as 492 lojas de varejo espalhadas em 19 países.[42] Mas qualquer invasor poderia abrir uma loja na internet, certo? Sim, mas uma batalha da HP.com contra a Apple Store da Regent Street em Londres seria como levar uma faquinha (daquelas de plástico) a um tiroteio. E, mesmo se a Samsung decidir alocar o capital, não adianta juntar nove mulheres para tentar ter um bebê em um mês, e o gigante coreano precisaria de uma década (pelo menos) para disponibilizar uma oferta similar.

Com todos os problemas das lojas físicas, cabe à desestabilização digital garantir o sucesso das empresas. Há um quê de verdade nisso. No entanto, as vendas digitais ainda respondem por apenas 10% a 12% do varejo.[43] Não são as lojas que estão morrendo, mas a classe média e as lojas voltadas a esse grupo. A maioria das lojas localizadas em bairros de classe média ou voltadas a famílias de classe média está com dificuldades. Em comparação, as lojas de bairros abastados estão conseguindo manter seu território. A classe média costumava representar 61% dos norte-americanos. Hoje eles são a minoria, representando menos da metade da população e o restante tem uma renda mais baixa ou mais alta.[44]

A Apple, reconhecendo que as escadas ficarão cada vez mais altas, optou por cavar fossas mais analógicas (que demandam muito tempo e capital para ser construídas). Tanto o Google como a Samsung estão se preparando para atacar a Apple. Mas eles têm mais chances de produzir um celular melhor do que replicar o romantismo, o sentimento de conexão e a exuberância das lojas da Apple. Pensando assim, todas as empresas de sucesso na era digital precisam se

CAPÍTULO TRÊS

perguntar: além de muros robustos e altos, onde podemos construir fossos profundos? Ou seja, barreiras da velha economia, dispendiosas e que levam um bom tempo para cavar (e para os concorrentes atravessarem). A Apple fez isso à maestria, investindo continuamente na melhor marca do mundo e em suas lojas. A Amazon também está aplicando a estratégia dos fossos e está construindo mais de cem armazéns que demandam muito tempo e dinheiro para erigir. Que coisa da velha economia! Eu apostaria que a Amazon vai abrir milhares de armazéns antes de se dar por satisfeita.

Recentemente, a Amazon anunciou o leasing de 20 aviões 767s e a compra de milhares de caminhões articulados.[45,46] O Google é proprietário de enormes fazendas de servidores e está usando uma tecnologia da aviação do início do século 20 (chamada "blimps") na atmosfera para distribuir banda larga por todo o planeta.[47] O Facebook, outro dos Quatro Cavaleiros, tem o menor número de fossos da velha economia, o que o deixa mais vulnerável a um exército invasor munido de escadas gigantes. Pode ser que isso mude, já que o Facebook anunciou que, em uma iniciativa conjunta com a Microsoft, vai instalar cabos no fundo do Oceano Atlântico.[48]

O sucesso de empresas como a Apple pode destruir o valor de mercados inteiros, até regiões. O iPhone foi lançado em 2007 e arrasou a Motorola e a Nokia. Juntas, essas duas empresas demitiram 100 mil funcionários. A Nokia, em seu auge, representava 30% do PIB da Finlândia e era responsável por quase um quarto dos pagamentos de imposto de renda de pessoa jurídica do país. A Rússia pode até ter invadido a Finlândia com tanques em 1939, mas a invasão comercial da Apple em 2007 também gerou enormes prejuízos econômicos. A queda da Nokia afundou toda a economia da Finlândia.[49] A participação da empresa no mercado de ações despencou de 70% para 13%.[50]

O QUE O FUTURO PODE ESTAR RESERVANDO

Se você der uma olhada na história da Apple e dos outros cavaleiros, verá que cada um começou em um setor distinto. A Apple era uma máquina, a Amazon, uma loja, o Google, um motor de busca e o Facebook, uma rede social. No começo, eles não pareciam competir uns com os outros. Na verdade, foi só em 2009 que o CEO do Google na época, Eric Schmidt, viu os conflitos de interesse adiante e renunciou (ou foi convidado a sair) do Conselho de Administração da Apple.

A partir daí, os quatro gigantes avançaram inexoravelmente no território um do outro. Pelo menos dois ou três deles hoje competem nos mercados dos outros cavaleiros, seja na venda de anúncios, músicas, livros, filmes, redes sociais, celulares ou, mais recentemente, veículos autônomos. Mas a Apple é a única marca de luxo dos Quatro. A diferença dá à empresa uma vantagem imensa, proporcionando margens mais gordas e uma vantagem competitiva maior. O luxo isola a marca da Apple e a eleva acima das guerras de preços travadas abaixo.

Por ora, vejo apenas uma modesta concorrência contra a Apple vinda dos outros cavaleiros. A Amazon vende tablets a preço reduzido. O Facebook tem o glamour de uma lista telefônica. E a única incursão do Google na computação vestível, o Google Glass, foi praticamente uma castração, garantindo que o usuário jamais tivesse a chance de conceber um bebê, já que ninguém se aproximaria deles.

A Apple provavelmente tem os fossos mais profundos que qualquer outra empresa do mundo e seu status de marca de luxo ajudará a garantir sua longevidade. Enquanto as outras três empresas, os leões alfa que dominam a savana da concorrência do setor de alta tecnologia, ainda enfrentam a possibilidade de um fim precoce, só a Apple tem o potencial de enganar a morte.

DEIXANDO SUA MARCA NO UNIVERSO

O coquetel de produtos de baixo custo e preços premium deixou a Apple com mais caixa que o PIB da Dinamarca, o mercado de ações russo e a capitalização de mercado da Boeing, da Airbus e da Nike juntas. Será que mais cedo ou mais tarde a Apple não terá a obrigação de gastar esse dinheiro? E, se for o caso, como a empresa faria isso?

Minha sugestão: a Apple deveria lançar a maior universidade gratuita do mundo.

O mercado da educação está pronto para ser desestabilizado, com frutos praticamente caindo de maduros para colher. A vulne-

CAPÍTULO TRÊS

rabilidade de um setor é uma função dos aumentos dos preços em relação à inflação e do crescimento da produtividade e da inovação. A razão pela qual o setor da tecnologia continua a consumir uma parcela maior do PIB global é a mentalidade segundo a qual precisamos criar produtos melhores a um preço cada vez menor. A educação, por outro lado, manteve-se em grande parte inalterada no último meio século e mesmo assim aumentou os preços com mais rapidez que a TV a cabo e até mesmo a indústria da saúde.

Leciono um curso de estratégia de marca a 120 jovens nas noites de terça-feira. Isso equivale a US$ 720.000, ou $ 60.000 por curso, em pagamentos de anuidade, sendo que grande parte desse valor é pago por meio de financiamentos estudantis. Sou bom no que faço, mas, sempre que entro na sala de aula, gosto de lembrar que nós (da New York University) estamos cobrando dos jovens US$ 500 por minuto pela aula. É simplesmente ridículo.

Figura 3.3:

CUSTO DO ENSINO SUPERIOR

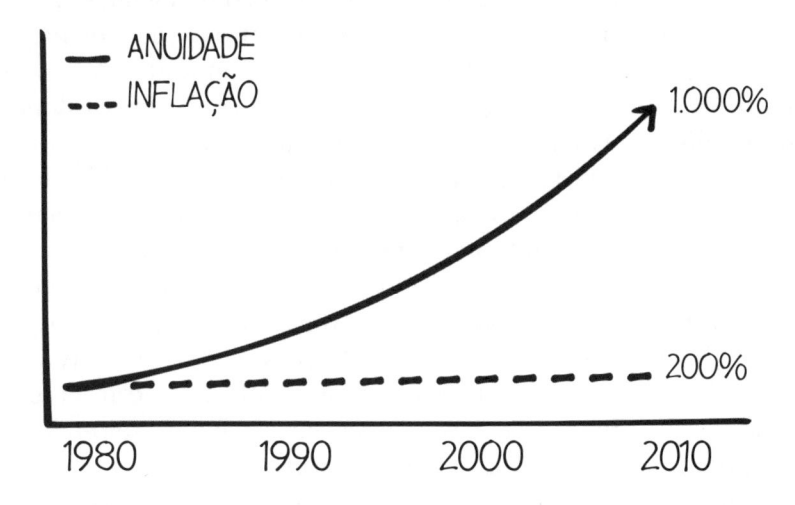

— ANUIDADE
--- INFLAÇÃO

1.000%

200%

1980   1990   2000   2010

Fontes: PERRY, Mark J. Do you hear that? It might be the growing sounds of pocketbooks snapping shut and the chickens coming home... *AEIdeas*, ago. 2016. <http://bit.ly/2nHvdfr>.
SHILLER, Robert. *Irrational exuberance*. Nova York: Crown Business, 2006.

Apple

Um diploma de uma boa universidade é um ingresso para uma vida melhor e esse ingresso é concedido quase que exclusivamente a jovens excepcionais de famílias norte-americanas de baixa e média renda e qualquer jovem de qualquer família abastada dos Estados Unidos ou de algum país estrangeiro. Nos Estados Unidos, 88% dos filhos de famílias norte-americanas do quintil de renda superior farão faculdade, contra apenas 8% dos filhos de famílias de renda inferior. Estamos deixando para trás os comuns (a maioria das pessoas) e os não ricos em uma civilização que mais se parece um cenário dos Jogos Vorazes.

A Apple poderia mudar isso. Munida de uma marca com profundas raízes na educação e um tesouro acumulado suficiente para comprar todo o conteúdo digital da Khan Academy, bem como instalações físicas tradicionais (o futuro da educação será uma mistura de cursos presenciais e on-line), a Apple poderia derrubar o cartel que posa de benefício social, mas que na verdade não passa de um sistema de castas. O foco deveria ser a criatividade (no design, nas ciências humanas, na arte, no jornalismo). Enquanto o mundo se volta ao estudo da ciência, tecnologia, engenharia e matemática, o futuro passa a pertencer à classe criativa, capaz de vislumbrar a forma, a função e as pessoas como algo mais (belo e inspirador) usando a tecnologia como facilitador.

Uma importante medida será revolucionar o modelo de negócio da educação, eliminando as anuidades e cobrando dos recrutadores (os futuros empregadores dos estudantes), já que os alunos estão falidos e as empresas que os recrutam estão nadando em dinheiro. A Harvard poderia promover a mesma desestabilização se pegasse seus US$ 37 bilhões em fundo de doações, cancelasse as anuidades e quintuplicasse o tamanho das turmas... eles têm condições de fazer isso. No entanto, eles sofrem da mesma doença que infectou a todos nós, os acadêmicos: a busca de prestígio em detrimento do bem social. Nós, da New York University, nos gabamos da dificuldade (quase impossibilidade) de entrar na universidade. Na minha opinião, é como um abrigo de sem-teto se gabando do número de pessoas que o abrigo rejeita.

A Apple tem o dinheiro, a marca, o conhecimento e a abertura do mercado para realmente deixar uma marca no universo. Ou... eles podem se limitar a fazer uma tela mais nítida para o próximo celular.

CAPÍTULO QUATRO

FACEBOOK

*O AMOR É FUNDAMENTAL PARA A LONGEVIDADE...
E PARA A PUBLICIDADE*

Se tamanho faz diferença (e faz), o Facebook pode ser o maior sucesso da história da humanidade.

Nosso planeta tem 1,4 bilhão de chineses, 1,3 bilhão de católicos e 17 milhões de pessoas vão à Disney World por ano.[1,2,3] O Facebook, por sua vez, tem um relacionamento expressivo com nada menos que 2 bilhões de pessoas.[4]

É bem verdade que o futebol tem 3,5 bilhões de fãs, mas esse belo jogo levou mais de 150 anos para conquistar apenas a metade do planeta.[5] O Facebook e suas outras plataformas devem ultrapassar esse marco antes de completar 20 anos. A empresa é proprietária de três das cinco plataformas que atingiram a marca dos 100 milhões de usuários com a maior rapidez da história: o Facebook, o WhatsApp e o Instagram.

Um usuário típico passa em média 25 minutos por dia no Facebook.[6] Combinado com as outras plataformas da empresa, o Instagram e o WhatsApp, esse tempo dobra para 50 minutos. As pessoas passam mais tempo na plataforma do que em qualquer outra atividade, tirando a família, o trabalho ou o sono.[7]

Se você acredita que o Facebook está supervalorizado com uma avaliação de US$ 420 bilhões, imagine se a internet fosse privatizada e cobrasse por hora. Imagine que essa "Internet S.A.", a empresa que opera a espinha dorsal da nossa vida digital, lançasse suas ações ao público. Quanto você acha que valeriam

Figura 4.1:

TEMPO PASSADO NO FACEBOOK, INSTAGRAM E WHATSAPP POR DIA
DEZEMBRO DE 2016

(cronômetro Facebook: 35 MIN)   *(cronômetro Instagram e WhatsApp: 25 MIN)*

HOW MUCH time do people spend on social media? MediaKix, 15 dez. 2016. <http://mediakix.com/2016/12/how-much-time-is-spent-on-social-media-lifetime/#gs.N17AGCM>.

20% da Internet S.A., a parcela normalmente vendida em uma IPO (oferta pública inicial de ações)? Acho que US$ 420 bilhões seriam pouco.

Cobiça

Cobiçamos o que vemos todos os dias.
— Hannibal Lecter

O Facebook está ganhando influência com mais rapidez do que qualquer outro empreendimento da história. E isso acontece porque aquilo que cobiçamos... está no Facebook. Se analisarmos as influências que convencem um consumidor a gastar, vemos que o Facebook dominou a etapa da conscientização, o topo do funil de marketing.

CAPÍTULO QUATRO

Figura 4.2:

O FUNIL DE MARKETING

CONSCIENTIZAÇÃO

AVALIAÇÃO

COMPRA

DIVULGAÇÃO

O que aprendemos e descobrimos nas redes sociais, especialmente no Instagram, a subsidiária do Facebook, gera ideias e desejos. Um amigo posta uma selfie usando chinelos da J.Crew no México ou tomando um drinque elaborado no bar da Soho House em Istambul e queremos possuir/vivenciar essas coisas também. O Facebook gera a intenção com mais eficácia que qualquer canal de promoção ou publicidade. E, quando entramos no modo caçador-coletor, vamos ao Google ou à Amazon ver como podemos obter o item ou a experiência. Desse modo, o Facebook está acima do Google no funil. A plataforma social sugere o "o que", o Google mostra o "como" e a Amazon diz "quando" você obterá o que quer.

No marketing, a escala e a segmentação de mercado sempre foram fatores mutuamente excludentes. O Super Bowl, o jogo final do campeonato da Liga Nacional de Futebol Americano (NFL), oferece escala. O evento é visto por cerca de 110 milhões de pessoas e os expõe a anúncios praticamente idênticos.[8] Mas a maioria esmagadora desses anúncios é irrelevante para grande parte dos telespectadores. Provavelmente você não sofre de síndrome das pernas inquietas, nem está querendo comprar um carro sul-coreano. Você nunca tomou, nem pretende tomar, uma cerveja da Budweiser. No outro extremo, o conteúdo apresentado a um grupo selecionado de diretores de marketing em um jantar organizado pelo diretor de marketing do eBay é extremamente relevante para todos os participantes. E o jantar para dez pessoas não sai por menos de US$ 25.000 para o eBay. O evento é altamente segmentado, mas não é escalável.

Nenhuma outra empresa de mídia da história conseguiu combinar a escala do Facebook com sua capacidade de se direcionar a indivíduos específicos (uma enorme segmentação). Cada um dos 1,86 bilhão de usuários do Facebook criou a própria página e acumulou anos de conteúdo pessoal.[9] O Facebook coleta dados sobre o comportamento vinculado à identidade de seus usuários e possibilita aos anunciantes se direcionar a um indivíduo. Essa é a vantagem do Facebook em relação ao Google e explica por que a rede social está roubando participação de mercado do gigante das buscas. Com seu aplicativo para celular, hoje o Facebook é o maior vendedor de publicidade (*display advertising*) do mundo, representando uma conquista extraordinária, considerando o brilhantismo no qual o Google conseguiu roubar o faturamento publicitário da mídia tradicional apenas alguns anos atrás.

A ironia é que o Facebook, ao analisar cada bit de dados sobre nós, pode nos conhecer melhor do que nossos próprios amigos. O Facebook registra um retrato detalhado (e extremamente preciso) dos nossos cliques, palavras, movimentos e redes de amigos. Em comparação, o que postamos para nossos amigos verem em grande parte não passa de um ato de autopromoção.

Nossa identidade no Facebook é uma imagem "photoshopada" de nós mesmos e de nossa vida, com uma iluminação suave e uma camada de vaselina na lente para dar aquele efeito enevoado. O Facebook é uma plataforma para nos pavonear e ostentar. Os usuários publicam as melhores experiências de sua vida, os momentos que eles querem lembrar e pelos quais querem ser lembrados, aquele fim de semana em Paris ou as férias no Caribe. São poucos os que postam fotos dos documentos do divórcio ou selfies da cara amassada quando acordam na segunda-feira de manhã. Os usuários são os curadores da própria vida.

Mas o operador da câmera, o Facebook, não se deixa enganar. O Facebook vê a verdade (e seus anunciantes também). Essa é a fonte de todo o poder da empresa. O lado que nós, os usuários do Facebook, vemos e expomos, não passa da isca para nos levar a entregar nossa verdadeira identidade.

Relacionamentos e felicidade

Os relacionamentos aumentam nossa felicidade. O famoso Grant Study, da Harvard Medical School, confirmou essa afirmação. O levantamento, o maior estudo longitudinal da humanidade até o momento, começou a monitorar 268 alunos do sexo masculino do segundo ano da Harvard entre 1938 e 1944. Na tentativa de identificar os fatores que mais contribuem para a "prosperidade do ser humano", o estudo acompanhou esses homens durante 75 anos, medindo uma gama surpreendente de atributos psicológicos, antropológicos e físicos (incluindo tipo de personalidade, QI, consumo de bebidas alcoólicas, relacionamentos familiares e "o comprimento do saco escrotal pendurado").[10] O estudo constatou que relacionamentos profundos e expressivos são o maior indicador da felicidade.

Setenta e cinco anos e US$ 20 milhões em fundos de pesquisa para chegar à simples conclusão: "O amor leva à felicidade". O amor é uma função da intimidade e da profundidade nos nossos relacionamentos e do número de interações que temos com as pessoas. O Facebook ao mesmo tempo explora nossa necessidade desses relacionamentos e nos ajuda a cultivá-los. Estou certo de que você conhece essa sensação. Existe algo profundamente satisfatório em redescobrir um conhecido de 20 anos atrás e poder manter o contato com amigos mesmo depois que eles se mudaram para o outro lado do país. Quando os amigos postam fotos dos filhos recém-nascidos, recebemos uma deliciosa injeção de dopamina.[11]

A espécie humana é mais fraca e mais lenta que muitos dos nossos concorrentes. Nosso diferencial competitivo é nosso cérebro desenvolvido. A empatia é o que faz com que sejamos mais humanos.

A explosão de imagens distribuídas nas redes sociais levou a uma maior empatia, o que deveria reduzir nossa propensão a bombardear crianças ou pelo menos deveria nos inspirar a punir quem faz esse tipo de coisa. Todo mundo sabe que países que mantêm relações comerciais têm menos chances de declarar guerra um ao outro. À medida que o número de mortes violentas continua a diminuir (e de fato é o que está acontecendo), acredito que descobriremos que uma das causas dessa redução é o fato de que mais pessoas estão se sentindo mais próximas a mais pessoas.[12]

A abnegação e a capacidade de cuidar dos outros são fundamentais para a sobrevivência da espécie e os cuidadores são recompensados com a *vida*. Quando cuidamos de alguém, a nossa câmera vê que estamos agregando valor à humanidade. E essa é a ponte vital que o Facebook faz para nosso coração, nossa felicidade e nossa saúde.

Um quarto da humanidade pode encher os feeds do Facebook com bobagens sentimentais e autoilusão. Mas o Facebook também dá aos usuários a chance de encontrar o amor. O fato é que as pessoas podem enviar um forte sinal de acasalamento às suas redes sociais com o simples ato de mudar seu status de "em um relacionamento sério" a "solteiro". A notícia de que alguém mudou o status no Facebook pode percorrer a rede como fogo de palha, atingindo cantos distantes que a pessoa nem imaginava que existiam.

O Facebook analisa quaisquer mudanças comportamentais resultantes na rede sempre que um cliente altera suas informações de relacionamento. Como mostra o gráfico abaixo, os solteiros se comunicam mais no Facebook. Faz parte do pavoneamento do galanteio. Mas, quando essas pessoas entram em um relacionamento, a comunicação despenca. Os algoritmos do Facebook monitoram tudo isso e usam essas informações para rodar um processo chamado de "análise do sentimento", categorizando opiniões positivas e negativas, em palavras e fotos, de acordo com o nível de felicidade de cada pessoa. E, como seria de se esperar, um relacionamento sério com alguém aumenta consideravelmente a felicidade (embora tudo indique uma queda da felicidade, passada a euforia inicial).[13]

CAPÍTULO QUATRO

Figura 4.3:

[Gráfico: eixo y "NÚMERO DE POSTS NA LINHA DO TEMPO POR DIA" com valores 1,56, 1,60, 1,64; eixo x "DIAS ANTES/DEPOIS DO RELACIONAMENTO" de -100 a 100. Curva rotulada "SOLTEIRO" antes do 0 e "EM UM RELACIONAMENTO" após o 0.]

Fonte: MEYER, Robinson. When you fall in love this is what Facebook sees. The Atlantic, 15 fev. 2014. <https://www.theatlantic.com/technology/archive/2014/02/when-you-fall-in-love-this-is-what-facebook-sees/283865/>.

É fácil ver o Facebook com ceticismo, especialmente com toda a autopromoção, as notícias falsas e a conformidade espalhadas pela plataforma. Mas também é difícil negar que o Facebook cultiva relacionamentos, até mesmo o amor. E há evidências de que esses vínculos aumentam a nossa felicidade.

SORRIA, VOCÊ ESTÁ SENDO...

Em 2017, uma em cada seis pessoas do planeta entrará no Facebook todos os dias.[14] Os usuários informam quem eles são (sexo, localização, idade, grau de escolaridade, amigos), o que estão fazendo, do que gostam e o que estão planejando fazer hoje e num futuro próximo.

O pesadelo do advogado especializado em questões de privacidade é o nirvana do marqueteiro. A natureza aberta do Facebook, aliada à crença da geração mais jovem de que "compartilho, logo existo", resultou em um conjunto de dados e em ferramentas de segmentação que fazem com que scanners de supermercados, grupos de foco, painéis e levantamentos mais se pareçam com um cruzamento de sinais de fumaça com um semáforo. Aquele coletor de dados escondido atrás do espelho bidirecional naquele grupo de foco que lhe deu um voucher de US$ 75 para comprar na Old Navy pela sua participação está prestes a perder o emprego. Levantamentos simples (e eles precisam ser simples, porque hoje em dia ninguém tem tempo para longos questionários) quase perderam o sentido na era digital, já que é possível medir o comportamento real das pessoas em sua vida privada, e não o que eles relatam ("Eu sempre uso camisinha").

Esse imenso mecanismo de aprendizado faz muito mais do que se direcionar especificamente a donas de casa suburbanas no site oficial da Nike. Quando você está com o aplicativo do Facebook aberto no seu celular nos Estados Unidos, o Facebook está ouvindo... e analisando. É isso mesmo. Tudo o que você fizer envolvendo o Facebook provavelmente será coletado e armazenado.[15] A empresa afirma que não usa os dados para customizar anúncios, mas para servir um conteúdo que seja mais interessante para você, ou que você vai querer compartilhar, com base no que você faz (compras na Target, assistir a *Game of Thrones*).

O que sabemos é que o Facebook pode de fato escutar às escondidas os ruídos captados pelo microfone de seu celular.[16] Isso significa que o Facebook pode passar esse ruído por um software de inteligência artificial e saber o que está fazendo e com quem (e até o que as pessoas ao redor de você estão dizendo). A segmentação não é mais sinistra do que o que acontece na internet, quando você tem um pixel instalado no seu navegador e começa a receber anúncios direcionados. Tipo aquele par de sapatos que o persegue pela internet... É sinal de que você foi segmentado. O mais sinistro é saber que o Facebook está dominando essa arte e pensar no número de plataformas que a empresa pode usar para coletar e compartilhar os seus dados. Curta a imagem de um tênis Vans no Instagram e você pode encontrar um anúncio do mesmo tênis no seu feed do Facebook no dia seguinte. O "sinistro" está correlacionado com a relevância.

CAPÍTULO QUATRO

Eu nem preciso ir muito fundo para explicar as implicações para a privacidade. Essa discussão está pegando fogo em dezenas de outros canais. Mas, em geral, uma guerra fria entre a privacidade e a relevância está sendo travada na nossa sociedade. Nenhum tiro foi disparado ainda (como banir o Facebook), mas nenhum dos lados (em defesa da privacidade ou da relevância) confia no outro e a situação pode se agravar rapidamente. Alimentamos intencionalmente as máquinas corporativas com uma montanha de informações sobre a nossa vida (para onde vamos todos os dias, os e-mails que recebemos, os telefonemas que fazemos, o pacote completo) e esperamos que as empresas ao mesmo tempo façam um bom uso dessas informações e também as protejam, e até as ignorem.

Os clientes, até agora, têm mostrado que gostam tanto dessas plataformas que se dispõem a enfrentar os grandes riscos a seus dados e sua privacidade. Os sistemas de proteção nas redes são insuficientes, como demonstram as invasões no Yahoo em 2014 e 2016. Os hacks de dados já estão profunda e inextricavelmente entranhados na nossa vida. Eu sempre uso a verificação em duas etapas e troco minhas senhas com frequência, o que, como fui informado, me coloca à frente de 99% das pessoas. Mas estou para encontrar alguém que deixou de usar o smartphone ou o Facebook para proteger sua privacidade. Se você leva o celular por toda parte e está em alguma rede social, você decidiu que tudo bem ter sua privacidade violada... porque vale a pena.

A ECONOMIA DO TIPO BENJAMIN BUTTON

Quem são os vencedores na nossa economia baseada em algoritmos? Imagine um gráfico com o número de pessoas que uma empresa atinge no eixo y. O Facebook e o Google, como seria de se esperar, pertencem ao clube exclusivo dos multibilionários. Mas muitas outras empresas, incluindo o Walmart, o Twitter e as redes de TV, atingem centenas de milhões pessoas. Atuando em um nível como esse, elas poderiam ser consideradas verdadeiras superpotências.

Mas vamos colocar a "inteligência" no eixo x. Qual é a capacidade da empresa de aprender com seus clientes? Que tipo de dados esses clientes fornecem? Até que ponto a empresa consegue melhorar orgânica e rapidamente a experiência do usuário, como preencher automaticamente nosso destino no Uber ou sugerir músicas das quais a gente poderia gostar no Spotify? Nos últimos cinco anos, apenas 13 das empresas do S&P 500 superaram o índice todo ano, o que evidencia nossa economia do tipo "o vencedor leva tudo".[17] O que você acha que a maioria dessas empresas tem em comum? Elas usam uma combinação de geleia e pasta de amendoim, composta de receptores (usuários) e inteligência (algoritmos que monitoram a utilização para melhorar a oferta).

É como um carro que, quanto mais roda, mais seu valor aumenta. Agora temos uma classe de produtos do tipo Benjamin Button, que envelhece ao contrário. Usar seu tênis Nike reduz o valor dos calçados. Mas postar no Facebook que você está usando seus tênis Nike aumenta o valor da rede. Isso é chamado "efeitos de rede" ou "agilidade". Os usuários não só aumentam a robustez da rede (todo mundo que você conhece está no Facebook), como também, quando você usa o Waze, o serviço melhora para todos, pois é capaz de acompanhá-lo usando a tecnologia de geolocalização e calibrar os padrões do tráfego.

Figura 4.4:
O NOVO ALGORITMO DO VALOR

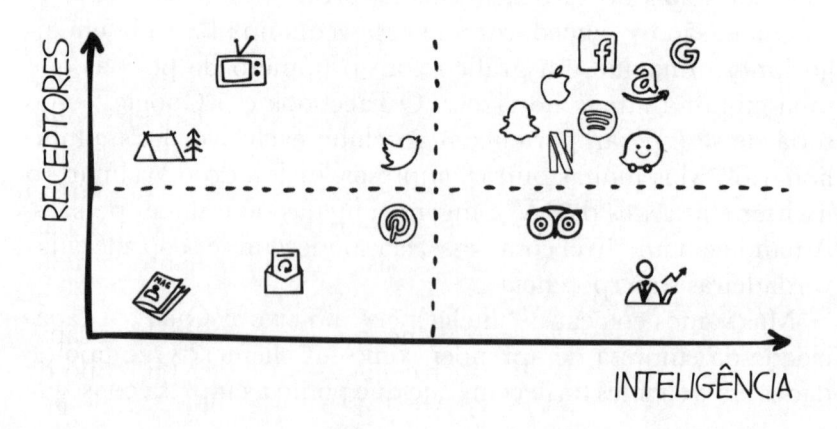

CAPÍTULO QUATRO

Quais são as empresas mais promissoras para se trabalhar ou investir? Simples: as Benjamin Buttons da vida.

Dê outra olhada no gráfico. No quadrante superior direito estão os vencedores, incluindo as três plataformas: Amazon, Google e Facebook. Registrar, iterar e monetizar seu público constituem o coração do negócio de cada uma dessas plataformas. É isso que as coisas mais valiosas já criadas pelo homem (os algoritmos) foram projetadas para fazer.

Os jornais podem atingir milhões de pessoas e muito mais se levarmos em consideração que os artigos também podem ser acessados nas três plataformas. Mas eles praticamente não agregam qualquer inteligência com esse contato. Assim, enquanto as três plataformas dominantes (buscas, comércio e social) me conhecem de cabo a rabo, o *New York Times* só tem detalhes vagos, como meu endereço e o código postal. O jornal até pode saber que passei a maior parte da minha vida na Califórnia. Mas também pode não saber. Pode tentar monitorar quando eu costumo tirar férias. O jornal vê os artigos que eu leio e compartilho, mas não passa de um algoritmo direcionado a um grupo, não uma plataforma alimentada por feeds, voltada especificamente para mim.

Já o algoritmo do Facebook pode ser usado para microssegmentar populações distintas em regiões geográficas específicas. Um anunciante pode pedir: "Quero todas as mulheres da geração Y que moram na região de Portland e estão pensando em comprar um carro". Usando dados extraídos das contas de mídia social de milhões de norte-americanos, a Cambridge Analytica, a empresa de dados que trabalhou na campanha de saída da Grã-Bretanha da União Europeia (Brexit) e na campanha de Trump, criou para esta última um "perfil psicográfico" dos eleitores antes das eleições de 2016. A empresa usou a microssegmentação comportamental para exibir mensagens pró-Trump específicas com as quais eleitores específicos se identificariam por motivos profundamente pessoais.[18] Munido do conhecimento de 150 curtidas, o modelo era capaz de prever, melhor que sua esposa ou marido, a personalidade de qualquer pessoa. Com 300 curtidas, a empresa conseguia conhecê-la melhor do que ela mesma.[19]

Como o resto da mídia tradicional, o *Times* terceirizou para o Google a operação de sua função de busca até que se deu conta do erro tarde demais. E assim, em comparação com o Facebook, o que o *Times* sabe sobre mim, assinante há 15 anos, não passa de informações irrelevantes. As estações de TV sabem ainda menos. Considerando que estamos no século 21, elas são extraordinariamente burras. E as empresas burras têm uma grande correlação com as empresas que fracassam. Elas foram pagas para ser burras, já que os dados poderiam ter ajudado os anunciantes a saber que 50% de seus anúncios estavam sendo desperdiçados e que poderiam reduzir os gastos.

Algumas empresas digitais também estão ficando para trás. O Twitter, por exemplo, não sabe muito sobre seus clientes. Milhões deles têm nomes falsos e até 48 milhões (15%) são bots.[20] O resultado é que, apesar de a empresa poder calcular mudanças no estado de espírito e nas preferências em diferentes regiões do planeta, ela tem dificuldade de se direcionar a indivíduos. O Twitter sabe muito sobre a humanidade como um todo, mas muito pouco sobre os seres humanos individualmente. É por isso que a relevância do Twitter, assim como a Wikipédia ou a rede de TV educativa PBS, sempre será maior que seu valor de mercado. Bom para o planeta, ruim para os acionistas do Twitter.

Nenhuma empresa se posiciona mais no alto ou mais à direita no gráfico que o Facebook. A plataforma se destaca tanto em alcance como em inteligência. E esse poder lhe confere uma enorme vantagem no mundo digital. O Facebook tem acesso à quinina (sua capacidade de atrair os melhores talentos da era digital) em um mercado infestado de mosquitos da malária. Os melhores talentos querem trabalhar numa empresa dominante que possa lhes oferecer um futuro brilhante e uma profusão de oportunidades. Essas pessoas poderão resolver problemas interessantes e ganhar uma montanha de dinheiro no processo. Poucas empresas têm o poder de fogo para desembolsar US$ 20 bilhões por uma empresa de cinco anos, o WhatsApp.

Na L2, monitoramos os padrões de migração de funcionários entre as maiores empresas, incluindo agências tradicionais e os Quatro. O WPP é o maior grupo de publicidade do mundo. Cerca de 2.000 de seus funcionários migraram para o Facebook ou

CAPÍTULO QUATRO

para o Google. Em comparação, apenas 124 funcionários do Facebook ou do Google saíram para trabalhar no WPP.

Vejamos os migrantes inversos, aqueles 124 que voltaram ao WPP. Na verdade, muitos deles só tinham feito um estágio no Facebook ou no Google e entraram no WPP quando não receberam uma oferta de emprego em Palo Alto ou em Mountainside.[21] Hoje em dia, o mundo da publicidade é cada vez mais administrado pelas sobras e pelos rejeitados.

Esse fato salienta o domínio dos gigantes digitais. Não é só que suas máquinas estão ficando mais inteligentes a cada dia que passa, esbaldando-se com os nossos dados. Essas empresas também atraem os melhores talentos. Basta dar uma olhada na maratona de testes de inteligência à qual os candidatos se submetem para conseguir um emprego no Google. Ser contratado pelo Facebook também não é tarefa fácil, mas as dificuldades são menos divulgadas.

Figura 4.5:
MIGRAÇÃO DE FUNCIONÁRIOS ENTRE O WPP, O FACEBOOK E O GOOGLE

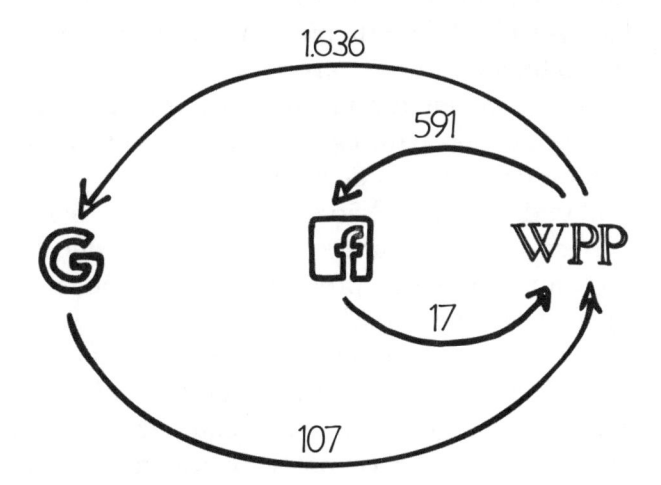

1.636
591
17
107

Fonte: Análise conduzida pela L2 com base em dados do LinkedIn.

Cérebro, músculos e sangue

Churchill disse que a Segunda Guerra Mundial foi vencida com cérebros britânicos, músculos americanos e sangue russo. O Facebook tem os três. Se estiver se perguntando qual dos três você é, na qualidade de um cliente, você é o sangue.

Vejamos o exemplo do Snapchat. Muitos analistas acharam que o aplicativo de câmera de enorme sucesso poderia ser um cavaleiro. Fruto da imaginação de estudantes da Stanford, o Snapchat deslanchou em 2011, dando-nos uma maneira de enviar fotos e vídeos instantâneos para os amigos. A grande sacada do aplicativo foi a exclusão automática dos vídeos depois de alguns segundos ou horas. Era um verdadeiro seguro contra gafes e as pessoas passaram a ter a liberdade de compartilhar um conteúdo mais íntimo (sem se preocupar com a possibilidade de sua imagem embaraçosa ser vista no futuro por um possível parceiro ou empregador). A natureza efêmera do conteúdo também cria um senso de urgência, resultando em mais envolvimento (entram anunciantes salivando). Por fim, o Snap tem um grande apelo entre os adolescentes, um segmento notoriamente difícil e influente.

O Snapchat lançou muitas funcionalidades nos meses que se seguiram a sua fundação. E chegou a entrar na TV, lançando um canal de vídeo por celular. Em 2017, a empresa já estava bem à frente do Twitter e tinha 161 milhões de usuários diários quando lançou sua IPO (oferta pública inicial de ações)[22] no valor de US$ 33 bilhões.[23]

Ainda não se sabe quem vai ganhar essa corrida. O Facebook já está se posicionando para esmagar a jovem empresa. Imran Khan, o diretor de estratégia da empresa, afirmou: "O Snapchat é uma empresa de câmeras. Não é uma empresa de rede social".

Não sei se essa postura é um reflexo da rejeição que Zuck sentiu quando Evan recusou suas propostas de aquisição ou uma reação a uma ameaça concreta. Mas acho que a primeira coisa que Mark Zuckerberg pensa quando abre os olhos de manhã, e a última coisa que ele pensa quando fecha os olhos à noite, é: "Vamos eliminar a Snap da face da Terra". E é o que ele vai fazer.

Zuckerberg sabe que o Facebook se baseia em imagens, sendo que grande parte se concentra em uma das alas de seu império

CAPÍTULO QUATRO

social, o Instagram. Nós absorvemos as imagens 60 mil vezes mais rapidamente que as palavras.[24] As imagens têm capacidade de atingir diretamente nosso coração. E, se o Snapchat estiver ameaçando abocanhar um pedaço considerável desse mercado, ou até subir à liderança, essa ameaça deve ser eliminada.

Para fazer isso, o Facebook está desenvolvendo uma nova interface de câmera na Irlanda. É basicamente um clone do Snapchat. Em uma teleconferência de apresentação dos resultados aos acionistas em 2016, Zuckerberg declarou: "Acreditamos que a câmera será o futuro do compartilhamento". Qualquer semelhança com o Snap é mera coincidência...

O Facebook já se apropriou (ou seja, roubou) de outras ideias do Snapchat, como atualizações rápidas, histórias, filtros de selfie e mensagens de uma hora. E essa tendência vai se manter, a menos que o governo decida interferir. O Facebook é uma jiboia abocanhando uma vaca. Enquanto a vaca é deglutida, a cobra ganha forma. Depois da digestão, ela retorna à sua forma original, mas será maior.

Grande parte desse monstro enorme é o Instagram. O Facebook comprou o site de compartilhamento de fotos em 2012 por US$ 1 bilhão. E a decisão está se provando uma das maiores aquisições de todos os tempos. Apesar do ceticismo ("Um bilhão de dólares por uma empresa de 19 pessoas?"), Zuck se manteve firme em sua decisão e bateu o martelo em um ativo que vale mais de 50 vezes o que ele pagou. Não importa se você acredita ou não que o Instagram é a principal plataforma de seu mercado; não é difícil perceber que essa pode ter sido a melhor aquisição dos últimos 20 anos. (E Zuckerberg não teve tanta sorte dois anos depois, pois pagou 20 vezes mais pelo WhatsApp, que tinha aproximadamente o mesmo número de funcionários.)

Para reconhecer o brilhantismo da aquisição, basta dar uma olhada no "índice de poder" do Instagram, o número de pessoas atingidas por uma plataforma multiplicado pelo nível de engajamento dessas pessoas. De acordo com esse índice social, o Instagram é a plataforma mais poderosa do mundo, com 400 milhões de usuários, um terço dos usuários do Facebook, mas com nível de engajamento 15 vezes maior.

Facebook

O sucesso do Facebook com o Instagram tem muito a ver com a velocidade na qual a plataforma consegue se ajustar ao mercado. Sua capacidade de lançar novas funcionalidades é absolutamente incomparável. Algumas delas até funcionam (o Messenger, o aplicativo para celular, feed de notícias personalizado) e algumas caem de cara no chão (o Beacon, feito para compartilhar as nossas compras com os amigos e que não durou muito tempo, e o botão "comprar agora", que também morreu na praia). O nascimento e a morte de novos produtos fazem do Facebook a grande empresa mais inovadora do planeta.

Outro aspecto menos divulgado, mas também importantíssimo, é a atitude do Facebook de recuar rapidamente diante de

Figura 4.6:
ALCANCE GLOBAL *VERSUS* ENGAJAMENTO POR PLATAFORMA
TERCEIRO TRIMESTRE DE 2016

POSTS: Instagram 8%, Facebook 10%, Twitter 82%
INTERAÇÕES: Facebook 7%, Instagram 92%, Twitter 1%

Fonte: Análise realizada pela L2 com base em dados não métricos.
L2 Intelligence Report: Social Platforms 2017. L2, Inc.

CAPÍTULO QUATRO

uma reação adversa dos usuários ou do governo federal. O Facebook sabe que os clientes podem pular fora quando quiserem. Apesar de todo tempo e energia que os usuários dedicaram à criação e manutenção de sua página no Facebook, um concorrente mais interessante pode muito bem atraí-los aos milhões, exatamente como o Facebook fez com o Myspace. Desse modo, quando suas incontáveis iniciativas de monetização começam a irritar os usuários (como aconteceu com o Beacon), a empresa recua rapidamente, espera um pouco e lança alguma outra inovação. Jeff Bezos afirmou em uma de suas famosas cartas aos investidores que o que mata as empresas maduras é a incapacidade de se livrar de alguns processos. Basta perguntar a Oscar Munoz, o CEO da United Airlines que defendeu os funcionários que arrastaram um passageiro para fora de um avião porque eles só estavam "seguindo os procedimentos para lidar com situações similares".[25]

Grande parte dessa inovação sai de graça. O Facebook se beneficia da melhor manobra de jiu-jítsu de todos os tempos: a empresa provavelmente se tornará a maior empresa de mídia do planeta e são os usuários que lhe fornecem o conteúdo (mais ou menos como acontece com o Google). Em outras palavras, mais de um bilhão de clientes trabalham para o Facebook sem ganhar um tostão. Em comparação, as grandes empresas de entretenimento precisam gastar bilhões para criar um conteúdo original. A Netflix desembolsa mais de US$ 100 milhões por uma temporada de *The Crown* e deve gastar US$ 6 bilhões em conteúdo em 2017 (50% a mais que a NBC ou a CBS).[26] E mesmo assim o Facebook compete pela nossa atenção e vence, com fotos do bebezinho Tom de 14 meses dormindo abraçadinho com seu cachorrinho de estimação. As fotos têm um apelo para um público pequeno, talvez uns 200 a 300 amigos, mas isso já basta. É fácil para a máquina agregar, segmentar e se direcionar a esse grupinho. Então, para estender a analogia, quanto você acha que a CBS, a ESPN, a Viacom (MTV), a Disney (ABC), a Comcast (NBC), a Time Warner (HBO) e a Netflix valeriam (juntas) se não tivessem de gastar para produzir conteúdo? A resposta é simples: elas valeriam o que o Facebook vale hoje.

Duopólio

O Google e o Facebook estão redefinindo todo o cenário do setor de mídia. Mais cedo ou mais tarde, essas duas potências atrairão mais gastos com mídia do que qualquer outro par de empresas da história (isso separadamente, imagine se fossem combinadas). A maioria das pessoas deve concordar que, pelo menos na próxima década, os gastos com mídia se concentrarão nas mídias móveis. Juntos, Facebook e Google já dominam 51% dos gastos com anúncios globais para as mídias móveis e a participação das empresas não para de crescer. Em 2016, as duas empresas responderam por 103% de todo o crescimento da receita proveniente de mídias digitais.[27] Em outras palavras, sem o Facebook e o Google, as mídias digitais entrariam em declínio, junto com os jornais, o rádio e a TV aberta.

Figura 4.7:
CRESCIMENTO DA PUBLICIDADE ON-LINE NOS ESTADOS UNIDOS
CRESCIMENTO COMPARATIVO ANO A ANO EM 2016

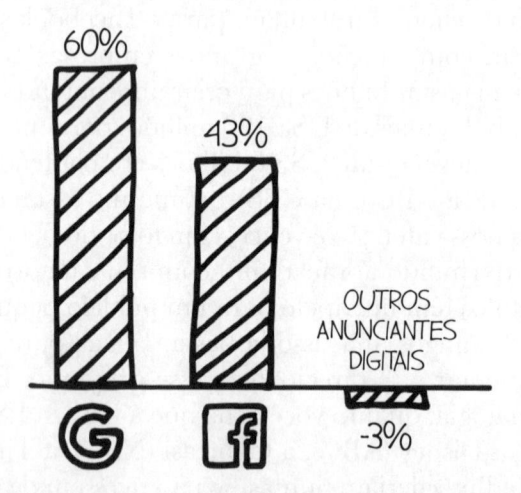

- G: 60%
- f: 43%
- OUTROS ANUNCIANTES DIGITAIS: -3%

Fonte: KAFKA, Peter. Google and Facebook are booming. Is the rest of the digital ad business sinking? Recode, 2 nov. 2016. <https://www.recode.net/2016/11/2/13497376/google-facebook-advertising-shrinking-iab-dcn>.

CAPÍTULO QUATRO

FAZENDO FINTA

Enquanto lutam pelo domínio do mercado, a expectativa é que tanto o Facebook como o Google façam apostas ousadas no futuro. Um caminho especialmente dispendioso leva à realidade virtual e é aí que o Facebook está furtivamente ganhando vantagem. Em 2014, Zuck pagou US$ 2 bilhões pela Oculus Rift, a mais importante empresa de headsets de realidade virtual.[28] Após a aquisição, ele se gabou: "A realidade virtual abrirá novos mundos". *Spoiler alert*: ainda não rolou.

A promessa era poder usar os headsets para participar de reuniões de trabalho virtuais. Cirurgiões em Nova York e Tóquio poderiam realizar uma operação na mesma sala de cirurgia virtual. Vovôs e vovós poderiam passar um tempo virtual com os netos que moram do outro lado da cidade. E assim o Facebook poderia entrar na nossa cabeça. A empresa poderia lançar uma nova plataforma, não só para a comunicação, mas para passarmos um tempo juntos em mundos virtuais. As oportunidades eram imensas.

Seguindo o exemplo de Zuckerberg, empresas de venture capital investiram centenas de milhões em startups de realidade virtual. Não demorou para outras empresas de tecnologia, incluindo os Quatro, começarem a investir pesado em pesquisa. Ninguém queria perder a "próxima grande onda".

A realidade virtual é a mãe de todas as fintas. A força mais poderosa do universo é a regressão à média. Todo mundo vai acabar morrendo e todo mundo erra ao longo do caminho. Mark Zuckerberg tomou decisões (muito) acertadas sobre muitas coisas e era só uma questão de tempo para ele errar feio. E foi o que aconteceu. As empresas de tecnologia (ainda) não têm o conhecimento necessário para saber o que as pessoas vão querer vestir em público. As pessoas se preocupam (muito) com a aparência. A maioria dos rapazes e homens não quer dar a impressão de que nunca beijou uma garota na vida. Lembra o Google Glass? Ninguém se convenceu. A ideia de todo mundo andar pela rua usando um headset de realidade virtual acabou se provando ridícula. A realidade virtual será para Zuck o que a Campanha de Galípoli foi para Churchill, um enorme fracasso que mostra que ele pode errar (feio), mas mesmo assim não vai desacelerar sua marcha para a vitória. A empresa ainda está posicionada para dominar o mercado global de mídia e reinventar a publicidade do século 21.

INSACIÁVEL

Um ávido animal, o Facebook continuará com mais do mesmo: alcance global, capital praticamente ilimitado e sua máquina de inteligência artificial alimentada por dados cada vez mais inteligentes. O Facebook, juntamente com o Google, destruirá grande parte do mundo da mídia analógica e digital. Um bom exemplo do que vai acontecer no setor de mídia global foi o que aconteceu abaixo da superfície, com a mídia tradicional sendo devorada viva pela mídia tecnológica. A velha mídia não vai desaparecer. Ela só será um lugar pouco promissor para se trabalhar ou investir.

Algumas empresas devem sobreviver. Nomes como *Economist*, *Vogue* e *New York Times* podem se beneficiar, pelo menos por um tempo, da morte de seus concorrentes mais fracos. Essa situação e uma nova onda de valorização da "verdade" possibilitarão a essas empresas reconquistar parte de sua participação de mercado por um tempo. Mas só por um tempo.

Enquanto isso, o Facebook vai continuar sua campanha de castração da mídia tradicional. O *New York Times*, por exemplo, recebe cerca de 15% de seu tráfego on-line do Facebook.[29] O *Times* concordou em permitir que o Facebook publicasse seus artigos na plataforma. Com isso, o usuário pode ler o artigo na íntegra sem ter de sair do Facebook e entrar no site do *Times*. O que o jornal ganha com isso é a possibilidade de embolsar as receitas provenientes dos anúncios. Já ouviu essa história antes?

Esse acordo pode até parecer vantajoso para o *Times*, mas a realidade é que o Facebook tem todo o controle da situação. A plataforma pode aumentar ou reduzir a exposição de seus usuários ao *Times* a seu bel-prazer e incluir ou excluir outros conteúdos de mídia quando bem quiser. O que isso faz é reduzir uma das instituições e marcas outrora mais admiráveis da mídia norte-americana a um mero fornecedor de commodities. O Facebook decide qual é o conteúdo mais adequado para vincular aos anúncios e quem vai ser exposto a esse conteúdo. O *Times* lança suas pérolas ao chão permitindo ao Google sondar seus dados. Com os

CAPÍTULO QUATRO

artigos instantâneos do Facebook, o *Times* e as outras empresas de mídia participantes do programa escorregaram nas próprias pérolas. Não aprendemos nada com isso. No fim de 2016, o *Times* se retirou do programa de artigos instantâneos do Facebook, porque o faturamento era irrisório.[30] O *Times* estava (mais uma vez) disposto a vender seu futuro, mas por sorte a aposta não teve apelo.

PETRÓLEO

É um processo bem simples extrair petróleo em alguns campos de petróleo da Arábia Saudita. Basta enfiar um cano no chão e o petróleo que sobe borbulhando à superfície é tão puro que quase daria para abastecer diretamente o seu carro. Essas plataformas de perfuração rendem petróleo a um custo de cerca de US$ 3 por barril. Até em um mercado em baixa, esse mesmo petróleo é vendido a cerca de US$ 50 por barril.

No centro do crescente cinturão do gás da América, na cidadezinha de Uniontown, no estado da Pensilvânia, uma empresa regateia com um agricultor pelos direitos de extração mineral em sua propriedade e, comprados os direitos, perfura profundamente a terra na esperança de encontrar um certo tipo de gás de xisto. Essa empresa investiu em equipamentos sofisticados, com brocas capazes de fazer curvas a praticamente 3 quilômetros de profundidade. Não é nada barato. E, se a empresa de fato encontrar o xisto, ela terá de construir unidades de produção industrial, quebrar rochas e bombear milhares de galões de água salgada para conter o gás natural liberado. Tudo isso custa mais que o equivalente a US$ 30 por barril de petróleo.

Agora, você acha que faria sentido para a Aramco, a empresa nacional de petróleo da Arábia Saudita, desviar parte de seus recursos aos campos de extração de fraturamento hidráulico no oeste da Pensilvânia? Claro que não, pelo menos pensando em termos econômicos. A empresa teria de abrir mão de cerca de US$ 20 por barril em lucros. Por que ela faria isso?

O Facebook enfrenta um dilema parecido. A matéria-prima (o petróleo) do Facebook são os bilhões de identidades que a plataforma monitora com um nível de detalhamento cada vez maior. O dinheiro fácil está nos frutos garantidos do portfólio de clientes da empresa. Em comparação, convencer as pessoas a usar óculos de realidade virtual, encontrar um jeito de evitar a morte, instalar cabos de fibra ótica no fundo do oceano e fabricar automóveis autônomos representam probabilidades de prazo muito mais longo. Se as pessoas deixam claro, com seus cliques, curtidas e posts, que elas odeiam certas coisas e adoram outras, é fácil vender a essas pessoas. Não poderia ser mais claro. Fácil como extrair petróleo na Arábia Saudita.

Se eu entrar no Facebook, clicar em um artigo sobre Bernie Sanders e "curtir" um post sobre o senador do Partido Democrata Chuck Schumer, a máquina, com a maior facilidade, pode me expor a um verdadeiro desfile de personalidades liberais.* Se a plataforma quiser gastar um pouco mais de energia computacional no processo, só para ter certeza, vai ver que incluí o termo *Berkeley*, uma das universidades mais liberais dos Estados Unidos, no meu perfil. Nesse caso, o algoritmo do Facebook, agora mais confiante, vai poder me mergulhar em um oceano de conteúdo liberal e a empresa vai ganhar dinheiro sempre que eu clicar nesse conteúdo. O grau de visibilidade dos posts no meu feed de notícias se baseia em quatro variáveis básicas: criador, popularidade, tipo de post e data... mais o algoritmo de anúncios da plataforma.[31] À medida que eu consumo esse conteúdo (não importa se consumi artigos profundos do *Guardian*, clipes do YouTube da senadora Elizabeth Warren expressando sua revolta com alguma coisa ou um amigo desabafando sua insatisfação com a política do país), o algoritmo sabe exatamente o que exibir para mim, porque já me rotulou como um liberal progressista.

Mas e o grupo de pessoas que não têm uma posição política tão clara? Como lhes vender artigos políticos? Provavelmente muitas delas são moderadas, como a maioria dos norte-americanos. E são bem mais difíceis de identificar. Para cada uma delas, a máquina do Facebook precisaria de um algoritmo muito mais

---

* N.T.: Bernie Sanders concorreu para ser o candidato democrata à presidência dos Estados Unidos nas eleições de 2016 (perdendo para Hillary Clinton) e Chuck Schumer é senador do estado Nova York pelo Partido Democrata.

CAPÍTULO QUATRO

sofisticado para analisar a rede de amigos, para onde elas vão, seu código postal, as palavras que usam e os sites de notícias que visitam. Dá muito trabalho, além de ser menos lucrativo.

E, mesmo depois de todo esse trabalho, os resultados não são garantidos, porque cada grupo de pessoas moderadas vendido aos anunciantes não se baseia em sinais diretos desses indivíduos, mas apenas em uma série de correlações. E erros sempre acontecem. Meu bairro de Greenwich Village, em Nova York, não poderia ser mais liberal (só 6% votaram no Trump).[32] É bem verdade que isso significa que eu não moro dentro de uma bolha, mas em uma cela acolchoada e sem janelas. Mas, para uma cela acolchoada e sem janelas, eu não tenho do que reclamar.

Os moderados não são um grupo fácil. Imagine um vídeo com um sujeito de cardigã ponderando, em um tom equilibrado, os prós e os contras do livre comércio dos Estados Unidos com o México. Quantos cliques você acha que esse vídeo receberia? Vender aos moderados é como extrair gás de xisto com campos de extração de fraturamento hidráulico. Você só faz isso se não tiver acesso a alternativas mais fáceis. Assim, acabamos sendo expostos a um conteúdo cada vez menos tranquilo e ponderado.

Diante dessa situação, o Facebook e o resto das mídias orientadas por algoritmos raramente se dão ao trabalho de se direcionar aos moderados. É mais fácil descobrir que você tem *tendências* conservadoras e encher seu feed de conteúdo conservador até você se abrir à mais virulenta forma de indignação republicana: notícias, opiniões e comentários de extrema-direita. Podem até aparecer uns posts com teorias conspiratórias. Os verdadeiros adeptos, sejam eles da esquerda ou da direita, clicam na isca. Os posts confrontadores e irados são os que recebem mais cliques. E os cliques aumentam a taxa de sucesso do post, elevando seu ranking no Google e no Facebook. Isso, por sua vez, atrai ainda mais cliques e compartilhamentos. Nos melhores casos (piores, eu diria), a história ou clipe acaba viralizando e atingindo dezenas ou até centenas de milhões de pessoas (e vemos isso acontecer todos os dias). E todos nós acabamos mergulhando mais fundo nas nossas bolhas.

É assim que esses algoritmos reforçam a polarização na nossa sociedade. Podemos até acreditar que somos criaturas racionais, mas no fundo de nosso cérebro está o impulso de sobrevivência, que divide o mundo em "nós" e "os outros". É fácil jogar lenha na fogueira da raiva e da indignação. Você não tem como deixar de clicar naquele vídeo do defensor da supremacia branca Richard Spencer recebendo um soco na cara diante das câmeras. Os políticos podem parecer extremistas. Mas não passam de frutos das preferências do público e da ira que alimentamos diariamente nos nossos feeds de notícias, na nossa marcha inabalável em direção a um extremo.

CLIQUES *VERSUS* RESPONSABILIDADE

Quarenta e quatro por cento dos norte-americanos e grande parte do mundo recorrem ao Facebook para se inteirar das últimas notícias.[33] Mas o Facebook não quer ser visto como uma empresa de mídia. Nem o Google. O mercado tende a achar que as empresas resistem a esse rótulo para não desvalorizar suas ações. Afinal, as empresas de mídia nunca têm uma avaliação absurdamente alta e os Quatro são viciados em avaliações estratosféricas (na casa das centenas de bilhões). Assim, todos os funcionários dessas empresas podem ser não apenas pessoas bem de vida, ou prósperas, mas *podres* de ricas. E essa estratégia de retenção dos talentos sempre deu muito certo.

Outra razão que leva essas empresas a evitar ser posicionadas como empresas de mídia tem um quê de amoral. As empresas de notícias respeitáveis conhecem sua responsabilidade para com o público e tentam fazer jus a seu papel de formadores de opinião. Sabe como é... objetividade editorial, checagem dos fatos, ética jornalística... essas coisas. Essa responsabilidade dá muito trabalho e reduz os lucros.

No caso que eu conheço melhor, o do *New York Times*, vi que os editores não só queriam publicar as notícias corretas, como também tentavam equilibrar os artigos publicados. Se o jornal publicasse muitas notícias que pareciam ter uma tendência de esquerda (como a deportação de imigrantes ilegais ou o derretimento do gelo da Antártica), eles tentavam equilibrar com matérias de tom mais conservador, talvez uma coluna de um comentarista político de direita criticando o sistema previdenciário dos Estados Unidos.

CAPÍTULO QUATRO

As pessoas podem passar a vida toda discutindo se as empresas de mídia responsáveis, cada vez mais raras, de fato atingem o equilíbrio "certo". Mas essas empresas tentam mesmo assim. Quando os editores decidem quais artigos publicar, eles pelo menos levam em consideração sua missão de informar o público. Nem tudo se limita a cliques e dólares.

Mas o Facebook só vê cliques e dólares. É bem verdade que a empresa tenta esconder sua ganância por trás de uma atitude esclarecida, seguindo o mesmo *modus operandi* utilizado por outros vencedores do mundo da tecnologia (e sem dúvida também utilizado pelos outros cavaleiros): promover uma marca progressista, acolher o multiculturalismo e usar energia renovável em suas instalações enquanto avança por um caminho darwinista e voraz em busca de lucros e ignora os empregos que elimina todos os dias.

Não se iluda: a única missão do Facebook é ganhar dinheiro. Se o sucesso da empresa é medido em cliques e dólares, para que favorecer histórias verdadeiras em detrimento das falsas? Basta contratar algumas empresas de mídia do tipo "testas de ferro" para garantir sua segurança. Aos olhos da máquina, um clique equivale a um clique. Assim, operações editoriais inteiras são criadas ao redor do mundo para otimizar a produção para a máquina do Facebook. Elas criam histórias falsas e malucas que atuam como iscas de cliques para a esquerda e para a direita.

O chamado "Pizza Gate" (a história sobre a Comet Ping Pong, uma pizzaria de Washington) ficou muito popular mais ou menos na época das eleições de 2016. Segundo a história, o irmão de John Podesta, o gerente de campanha de Hillary Clinton, tinha um negócio de prostituição infantil nos fundos da pizzaria. Muita gente acreditou. Um cara chegou a viajar da Carolina do Norte a Washington de carro armado com um fuzil e vagas ideias de libertar as vítimas mirins dos abusos sobre os quais leu. Ele entrou no restaurante, deu um tiro, não acertou em ninguém e acabou sendo preso.[34]

O problema é que publicar notícias legítimas ao lado de notícias falsas só faz com que a plataforma do Facebook se torne mais perigosa. Passando os olhos nas revistas expostas nos caixas enquanto espera na fila do supermercado, você pode até suspeitar que a Hillary Clinton não é uma alienígena, apesar das manchetes do *Enquirer* e de outros tabloides sensacionalistas. Mas a presença do *New York Times* e do *Washington Post* no Facebook acaba dando legitimidade ao que é falso.

Plataforma

Como o Facebook pode impor alguma forma de controle editorial? Um bom ponto de partida é no caso dos chamados "crimes de ódio", motivados por preconceitos. É fácil saber qual é o lado certo dessa questão. E o número de pessoas que querem cometer crimes de ódio não é tão alto. O Facebook pode se impor e dizer: "A partir de agora, posts promovendo crimes de ódio serão banidos!" Assim, como os outros cavaleiros, os executivos do Facebook podem pintar a empresa com uma demão de tinta progressista para mascarar o comportamento voraz, conservador, evasor de impostos e destruidor de empregos que tem mais a ver com Charles Darwin do que com Elizabeth Warren e seu discurso contra a desigualdade, abusos dos mercados financeiros e a erosão da classe média.

As notícias falsas representam uma ameaça muito maior à nossa democracia do que alguns malucos vestidos de pijama branco e capuz pontiagudo. Mas as notícias falsas também representam um próspero negócio. Bani-las forçaria o Facebook a aceitar a responsabilidade como editor da empresa de mídia mais influente do mundo (ou pelo menos a segunda mais influente). A empresa teria de começar a separar a verdade da mentira. Isso provocaria indignação e suspeita do público (do mesmo tipo enfrentado pela mídia de mainstream). E, ainda mais importante, ao banir as notícias falsas, o Facebook também sacrificaria bilhões de cliques e montanhas de receita.

O Facebook tenta ignorar as críticas a seu conteúdo afirmando que não é uma empresa de mídia, mas uma *plataforma*. O argumento até pode parecer razoável, até pararmos para pensar e vermos que o termo "plataforma" por si só não isenta as empresas de assumir a responsabilidade pelos danos cometidos. E se o McDonald's, depois de ser provado que 80% da carne que eles usam é "falsa" e gera doenças, proclamasse que não pode ser res-

CAPÍTULO QUATRO

ponsabilizado porque não é um restaurante de fast food, mas sim uma *plataforma* de fast food? Será que nós toleraríamos isso?

Um porta-voz do Facebook, diante da controvérsia, declarou: "Não podemos ser árbitros da verdade".[35] Tudo bem, mas nada os impede de tentar. Se o Facebook é de longe o maior site de rede social, atingindo 67% dos adultos norte-americanos,[36] e se mais usuários usam a plataforma para se informar das notícias do dia, o Facebook não tem como escapar de ser, efetivamente, a maior empresa de notícias do mundo. A questão é: será que as empresas de notícias de fato têm uma maior responsabilidade de buscar e policiar a verdade? Mas não é esse o propósito de uma empresa de notícias?

Ao ver que as pessoas continuavam se opondo, o Facebook lançou ferramentas para ajudar a combater as notícias falsas. Os usuários agora podem marcar um post como sendo falso e a marcação é enviada a um serviço de checagem de fatos. O Facebook também está usando um software para identificar notícias potencialmente falsas.[37] Mas, com esses dois métodos, a notícia será, no máximo, rotulada como "em contestação", mesmo se for falsa. Dada a polarização do cenário político nos Estados Unidos e o "efeito do tiro pela culatra" (se você apresentar a uma pessoa evidências contra as crenças dela, o que vai acabar acontecendo é que a pessoa só vai *reforçar* as próprias convicções e você não vai conseguir convencê-la do contrário), um rótulo "em contestação" não deve influenciar muita gente. É mais fácil enganar as pessoas do que convencê-las de que foram enganadas.

Tendemos a achar que as mídias sociais são neutras, que elas só nos disponibilizam o conteúdo. Que somos indivíduos autônomos e pensantes e que sabemos diferenciar o verdadeiro do falso. Achamos que podemos escolher no que acreditar e no que não acreditar. E que podemos escolher como interagir. Mas pesquisas demonstram que nossas escolhas do que clicar são orientadas por processos profundamente subconscientes.

O fisiologista Benjamin Libet usou a eletroencefalografia para mostrar que a atividade no córtex motor do cérebro pode ser detectada 300 milissegundos antes de a pessoa tomar a decisão consciente de fazer um movimento.[38] Clicamos com base no impulso e não na decisão consciente. Somos levados por profundas necessidades subconscientes de pertencer a um grupo, de conquistar a aprovação dos outros e nos sentirmos seguros. O Facebook explora essas necessidades e nos leva a passar mais tempo na plataforma (a métrica de sucesso do Facebook é o tempo passado no site) para acumular mais curtidas. A plataforma nos envia notificações, interrompendo nosso trabalho ou nosso tempo com a família e nos impondo um senso de urgência ao informar que alguém curtiu a nossa foto. Quando você compartilha um artigo em sintonia com a opinião política de seus amigos, você o faz esperando receber curtidas. Quanto mais efusivo for o artigo, maior a possibilidade de seus amigos reagirem.

Tristan Harris, que estuda a ética do design do Google e como a tecnologia explora as nossas vulnerabilidades psicológicas, compara as notificações das mídias sociais com máquinas caça-níqueis.[39] As duas nos oferecem recompensas variáveis: você fica curioso para saber se seu post vai receber duas ou 200 curtidas. Você clica no ícone do aplicativo e espera as figuras se alinharem... um dois, três segundos... instigar a sua curiosidade só aumenta o prazer da recompensa: você ganhou 19 curtidas. Será que mais alguém vai curtir daqui a uma hora? Você vai ter de entrar na plataforma para ver. E, enquanto está nela, aproveita para dar uma olhada em algumas notícias falsas que os bots espalham no seu feed. Por que não compartilhá-las com seus amigos? Você nem precisa ler... afinal, você sabe que vai obter a aprovação da sua tribo se compartilhar conteúdos que reforçam as crenças deles.

A empresa toma cuidado para que a avaliação e a distribuição de conteúdo não sejam feitas por seres humanos (imagine isso, que horror!) ou que haja qualquer avaliação concreta no processo. Ela alega que assim tenta preservar a imparcialidade... a mesma justificativa que o Facebook deu quando demitiu toda a equipe editorial da Trends. Segundo a empresa, usar seres humanos no processo incluiria necessariamente tendências e preconceitos implícitos e explícitos. Mas a inteligência artificial também tem suas tendências e preconceitos. Afinal, ela é programada, por seres humanos, para escolher o conteúdo mais "clicável". Suas prioridades são otimizar os cliques, os números e o tempo no site.

CAPÍTULO QUATRO

A inteligência artificial é incapaz de distinguir notícias falsas com base em sua origem (na melhor das hipóteses, ela só suspeita). Só os verificadores de fatos humanos têm condições de averiguar se uma notícia é falsa ou não, bem como seu grau de credibilidade.

Um espaço digital precisa de regras e o Facebook as tem. Por exemplo, excluiu a imagem icônica da Guerra do Vietnã de uma menina nua fugindo de seu vilarejo em chamas. A empresa também excluiu um post do primeiro-ministro norueguês criticando as ações do Facebook. Um editor humano teria reconhecido a imagem como uma foto famosa da guerra. Mas não a inteligência artificial.

E ainda há uma razão mais importante, embora não divulgada, para o Facebook não usar editores humanos: isso implicaria em custos. Para que pagar pessoas para fazer uma tarefa que os próprios usuários podem fazer? Você pode se esconder atrás da liberdade de expressão, mesmo se estiver em um teatro lotado e alguém gritar "Fogo!". Medo e indignação? Melhor ainda. O Facebook tem boas razões para não se ver como uma empresa de mídia. Daria muito trabalho e incluiria atrito ao crescimento. E isso é algo que os Quatro evitam a todo custo.

Utopia/distopia

As plataformas de mídia nas quais o produto é você possibilitam, fazem a ponte e facilitam uma maior empatia entre bilhões de pessoas. A transferência do valor das velhas às novas empresas de mídia resultará em destruição de empregos e, como acontece com qualquer força desestabilizadora, riscos.

As maiores ameaças à civilização moderna vieram de pessoas e de movimentos que tinham uma coisa em comum: controlar e corromper a mídia de acordo com os próprios interesses na ausência de um quarto poder (a imprensa) protegido da intimidação e dedicado a buscar a verdade. Um aspecto inquietante do duopólio atual do setor de mídia, formado pelo Facebook e pelo Google, é seu posicionamento "Não somos empresas de mídia, mas meras plataformas". Essa abdicação da responsabilidade social, permitindo que entidades autoritárias e agentes hostis usem as notícias falsas em prol dos próprios interesses, leva ao risco de a próxima grande mídia voltar a ser as paredes das cavernas.

CAPÍTULO CINCO

GOOGLE

O NOSSO DEUS MODERNO

Uma religião que enfatizasse a magnificência do universo revelada pela ciência moderna poderia conseguir extrair reservas de reverência e admiração dificilmente exploradas pelas crenças convencionais. Mais cedo ou mais tarde, uma religião como essa há de surgir.

— *Carl Sagan*

A religião de Sagan já surgiu: é o Google.

A maioria das pessoas passou a maior parte da história humana acreditando em um poder superior. Eventos climáticos aterrorizantes levaram os seres humanos a supor que um ser consciente estivesse por trás desses fenômenos como uma punição ao comportamento humano. A religião trouxe, e ainda traz, benefícios psicológicos para os candidatos certos. Frequentadores de igrejas, mesquitas e templos são mais otimistas e cooperam mais entre si, dois caminhos importantes para a prosperidade.[1] Os fiéis têm mais chances de sobreviver que seus colegas ateus.[2]

Mas a religião está morrendo nas economias maduras. Nos últimos 20 anos, nos Estados Unidos, o número de pessoas que dizem não ter qualquer afiliação religiosa aumentou em 25 milhões. A maior causa dessa descrença toda é o uso da internet, respondendo por mais de um quarto da evasão da religião nos Estados Unidos.[3] O acesso à informação e à educação está acabando com a crença. Pessoas com diplomas de pós-graduação têm menos chances de recorrer à religião do que pessoas que só terminaram o ensino médio.[4,5] Você também tem menos chance de acreditar em Deus se tiver um QI alto. Apenas uma de cada seis pessoas com um QI acima de 140 (superinteligentes) diz sentir alguma satisfação com a religião.[6]

Quando Nietzsche proclamou "Deus está morto", ele não estava dando um grito de vitória, mas lamentando o fato de a humanidade ter perdido sua bússola moral. À medida que cada vez mais pessoas conseguem sobreviver e prosperar ao redor do mundo, qual é a liga que une a família humana? O que nos ajuda a ter uma vida melhor? Como podemos aprender mais, descobrir mais oportunidades, encontrar respostas para as perguntas que nos fascinam e nos atormentam?

É BOM SABER

Somos fascinados pelo conhecimento desde a antiguidade. "Conhece a ti mesmo", exortou o oráculo de Delphi. No Iluminismo, o questionamento dos mitos não só passou a ser tolerado, mas associado a valores nobres, constituindo as bases da liberdade, da tolerância e do progresso. Nesse contexto, a ciência e a filosofia puderam avançar a passos largos. Os dogmas religiosos foram contestados com o simples slogan "Ouse saber".

Mais do que tudo, nós queremos saber. Queremos ter certeza de que nosso companheiro ainda nos ama. Que os filhos estão em segurança. Qualquer pessoa que tem filhos sabe que o universo entra em colapso quando seu rebento não está bem. Quando o bebê acorda com febre à noite, queremos saber: "Será que meu filho (meu universo) ficará bem?". O cérebro racional é capaz (em grande parte) de tranquilizar o cérebro do medo reptiliano argumentando com fatos.

O Google responde a todas as nossas perguntas. Nossos antepassados pagãos viviam cercados de mistérios. Deus ouvia nossas orações, mas deixava a maioria delas sem resposta. Se Deus falasse com você, era sinal de que você estava ouvindo vozes, uma bandeira vermelha em qualquer avaliação psicológica. A maioria das pessoas religiosas sente-se protegida, mas mesmo assim nem sempre sabe o que fazer. Ao contrário dos nossos antepassados, temos a possibilidade de encontrar a segurança nos fatos. Nossas perguntas são respondidas instantaneamente e somos imediatamente tranquilizados. Como detectar monóxido de carbono no ar? Em questão de segundos você pode encontrar cinco maneiras de fazer isso. O Google chega a destacar a melhor resposta: mostra o que você precisa saber, em letras graúdas, caso estiver desesperado e precisando agir.

Nosso primeiro impulso é garantir a sobrevivência. O papel de Deus é dar segurança, mas só às pessoas que foram virtuosas e abdicaram de todos os seus desejos. A história está cheia de fiéis que mendigaram, jejuaram e se mortificaram para implorar a proteção e as respostas de Deus. "Alguma tribo está se preparando para nos atacar?", uma autoridade religiosa perguntava ao oráculo de Perperikon, no sul da Bulgária, enquanto vertia vinho sobre pedras quentes. "Quem é o nosso maior inimigo?". Naquela época, seria mais difícil saber o número de ogivas nucleares da Coreia do Norte. Hoje em dia, basta digitar a pergunta no campo de busca.

Oração

A ciência sempre buscou Deus, ou uma inteligência superior. No século passado, muitas iniciativas contaram com grandes verbas para sondar o universo em busca de sinais de rádio que pudessem registrar algum tipo de vida fora do planeta, como o projeto Busca por Inteligência Extraterrestre (SETI, na sigla em inglês). Carl Sagan comparou essas iniciativas a uma oração: elevar nosso olhar aos céus, enviando dados ao espaço sideral, e aguardar uma resposta de um ser mais inteligente. Esperamos que esse ser mais elevado seja capaz de captar, processar e nos enviar uma resposta.

No auge da crise da Aids, a psiquiatra Elisabeth Targ, da University of California San Francisco, convidou curandeiros psíquicos que estavam a pelo menos 2.500 quilômetros de distância para rezar por dez pacientes em estágios avançados de Aids. O grupo de controle, também formado por dez pessoas, não recebeu orações dos curandeiros. Os resultados, publicados no *Western Journal of Medicine*, foram surpreendentes. No decorrer do estudo de seis meses, quatro pacientes morreram, todos do grupo de controle.

A doutora Targ conduziu um estudo de acompanhamento que também mostrou uma diferença estatisticamente significativa nos níveis de CD4+ entre os grupos de teste e de controle.

Infelizmente, a doutora Targ faleceu logo depois de publicar sua pesquisa. Ela tinha apenas 40 anos e foi diagnosticada com um glioblastoma (tumor maligno no cérebro) apenas quatro meses antes. Ela morreu promovendo sua pesquisa, cercada de uma cacofonia de instruções de xamãs, dançarinos de tribos indígenas e médiuns russos. Após sua morte, sua pesquisa não sobreviveu ao escrutínio. Um exame posterior revelou que os quatro pacientes que faleceram no estudo original eram os mais velhos dos 20 participantes. De acordo com as análises adicionais, a eficácia da oração permanece sendo uma questão de opinião.[7]

As orações feitas ao Google, contudo, sempre têm resposta. A empresa espalha conhecimento a todos, indiferentemente da formação ou do grau de escolaridade. Basta ter um smartphone (88% dos consumidores têm)[8] ou uma conexão à internet (40%)[9] para ter a resposta para qualquer pergunta. Se você deseja testemunhar o que uma pequena parcela da surpreendente diversidade de perguntas feitas ao Google em tempo real, visite o site: <google.com/about> e desça pela página até a seção "O que o mundo está pesquisando agora".

Três e meio bilhões de vezes por dia, os seres humanos voltam seu olhar não para cima, mas para baixo, para suas telas. Ninguém nos julgará por fazer a pergunta errada. A mais pura ignorância é bem-vinda: "O que é Brexit?", "Quando a febre é perigosa?", ou a mera curiosidade: "Melhor comida mexicana em Austin". E despejamos nossas mais profundas questões no nosso deus moderno: "Por que ele não retornou minha ligação?", "Como saber se devo pedir o divórcio?".

E as respostas surgem, misteriosamente. Os algoritmos do Google, um trabalho de intervenção divina aos olhos de muitos, evocam compilações de informações úteis. A empresa de busca de Mountain View responde às perguntas que nos atormentam, tanto triviais como profundas, aliviando nosso sofrimento. Os resultados da busca são a bênção que recebemos do nosso deus moderno: "Agora vá. Pegue seu novo conhecimento e tenha uma vida melhor".

CAPÍTULO CINCO

CONFIANÇA

A Apple é considerada a empresa mais inovadora do mundo.[10] A Amazon, a mais bem-conceituada (sabe-se lá o que isso quer dizer).[11] O Facebook é considerado a melhor empresa para se trabalhar.[12] Mas a confiança que depositamos no Google não tem igual.

Uma das razões pelas quais o Google é o nosso deus moderno é o fato de a ferramenta de busca conhecer nossos segredos mais profundos. Ele é clarividente, mantendo um registro de nossos pensamentos e intenções. Com as nossas perguntas, confessamos ao Google coisas que jamais revelaríamos a nosso padre, rabino, mãe, melhor amigo ou médico. Você pode estar procurando uma ex-namorada para saber o que ela está fazendo da vida, tentando descobrir a causa da sua coceira ou vendo se você tem um fetiche bizarro ou se só gosta de pés... de qualquer maneira confiamos no Google num nível e numa frequência que espantaria qualquer amigo, até o mais compreensivo.

Depositamos uma confiança imensa no mecanismo. Cerca de uma em cada seis buscas no Google são perguntas que nunca foram feitas antes.[13] Qual outra instituição, profissional ou religiosa, conta com tamanha credibilidade e confiança a ponto de as pessoas a procurarem com perguntas até então irrespondíveis? Qual guru é tão sábio a ponto de inspirar tantas perguntas originais?

O Google reforça sua posição divina mostrando claramente quais resultados da busca são orgânicos e quais são pagos. Isso aumenta nossa confiança nos resultados, aparentemente livre das forças do mercado. O que acontece é que as escrituras do Google, na forma de resultados das buscas, representam para muitos um fluxo incomparável de veracidade. E o Google sai ganhando dos dois lados: a busca orgânica conserva a neutralidade ao passo que o conteúdo pago lhe possibilita lucrar com os anúncios. E ninguém reclama.

Deus não deve ter qualquer interesse pessoal ao responder as perguntas. Ele é onipotente e imparcial e ama todos os filhos sem distinção. A busca orgânica do Google oferece informações justas e imparciais, sem julgar quem você é ou onde está. Os resultados da busca orgânica se baseiam unicamente na relevância em relação aos termos que você usou na busca. A otimização para ferramentas de busca (SEO, na sigla em inglês) pode ajudar o seu site a ser escolhido e aparecer mais acima na lista, mas o SEO também é gratuito e baseado em relevância.

Os consumidores confiam nos resultados orgânicos. Nós adoramos essa imparcialidade e clicamos mais nos resultados orgânicos do que nos anúncios. A diferença é que o Google ganha dinheiro cobrando taxas de qualquer um (Nespresso, Nissan ou Keds) que queira bisbilhotar nossas esperanças, sonhos e preocupações e nos apresentar ideias e soluções.

Da mesma forma como já existiam computadores pessoais antes da Apple, livrarias on-line antes da Amazon e redes sociais antes do Facebook, o Google não foi a primeira ferramenta de busca. Basta perguntar à Jeeves ou à Overture. Porém, da mesma forma como uma ou duas pequenas características aparentemente secundárias do produto ajudaram a separar os outros Quatro do bando e os transformaram em conquistadores do mundo (o design de Jobs e a arquitetura de Wozniak para o Apple II; o sistema de classificação e avaliação da Amazon; fotos no Facebook), no Google os fatores determinantes foram a página inicial elegantemente simples e o fato de os publicitários não terem permissão para afetar os resultados das buscas (busca orgânica).

Nenhuma dessas características pode parecer importante duas décadas depois, mas, na época, elas foram uma verdadeira revelação. Elas ajudaram muito a conquistar a confiança do público. A página inicial colorida e minimalista do Google dizia até ao internauta mais inexperiente: "Vá em frente. Digite qualquer coisa que você queria saber. Não tem nenhuma pegadinha e não é preciso ter experiência. Pode deixar que a gente cuida de tudo". Quando os usuários perceberam que estavam obtendo a melhor resposta, não a resposta que recebia o preço mais alto dos anunciantes, foi como se eles (para continuar com a analogia bíblica) estivessem vendo o Caminho, a Verdade e a Luz. Foi criado um vínculo de confiança que conseguiu sobreviver por uma geração inteira e fez do Google o mais influente dos Quatro.

Essa confiança não se estendeu apenas aos usuários do Google e a seus clientes corporativos. Com a fórmula de leilão do Google, se os anunciantes quiserem aumentar o tráfego de seus sites, os clientes determinam os preços pelos cliques. Se a demanda cai, os preços também caem e o anunciante só tem de pagar um pouco a mais do que os outros estiverem dispostos a pagar, reforçando sua confiança na benignidade do Google. O resultado é que os clientes corporativos acreditam que o negócio do Google é motivado pela matemática, não pela ganância. Também nesse caso, a Verdade... justa, imparcial, constantemente calibrada para ser correta.

Compare essa confiança com o resto da mídia. A maioria dos veículos de comunicação, literal e intencionalmente, não nos diz em que momento a verdade termina e a mentira começa, e finge que tem uma muralha da China entre o editorial e o marketing. Alguns são mais honestos que os outros, mas o dinheiro costuma ter um poder enorme. A *Vogue*, por exemplo, corteja seus anunciantes. A empresa publicou um artigo sobre Marissa Mayer, presidente e CEO do Yahoo!, contratou um renomado fotógrafo de moda para fazer as fotos e, pouco depois, o Yahoo patrocinou o Met Ball da *Vogue* (o jantar de gala para levantar fundos para o Metropolitan Museum of Art).

Os acionistas do Yahoo pagaram US$ 3 milhões para Marissa aparecer na *Vogue*.[14] O Google, por sua vez, mantém sua página inicial inviolável (reservada exclusivamente para as buscas e a animação do Google Doodles). Nem todo o dinheiro do mundo poderia comprar um espaço na página inicial do Google. O Google se adiantou à necessidade de uma "economia da confiança" na era da internet e ajudou a criá-la.

No terceiro trimestre de 2016, o Google teve um aumento de 42% nos cliques pagos. Mas a receita (custo por clique) caiu 11%. Os analistas viram o resultado com pessimismo. Os preços em queda normalmente refletem uma perda de poder no mercado, já que nenhuma empresa reduziria voluntariamente os preços. Mas o que deixamos de ver foi que o Google conseguiu aumentar em 23% o faturamento naquele ano e (o fator crucial) reduzir o custo para os anunciantes em 11%.[15] Não importa se você é um jornal de renome como o *New York Times* ou uma empresa de outdoors, um concorrente baixou seus preços em 11%. E dizem que esse concorrente é muito bom no que faz e não está nem um pouco desesperado. E se a BMW conseguisse melhorar muito seus carros a cada ano e ao mesmo tempo reduzir os preços 11% ao ano? Seria difícil para o restante da indústria automobilística acompanhar. E, sim, o resto da indústria midiática, tirando o Facebook, está tendo dificuldade de acompanhar o Google.

O Google encontrou US$ 90 bilhões na caixinha de doações em 2016 e garantiu um fluxo de caixa de US$ 36 bilhões.[16] Em várias ocasiões o Congresso norte-americano discutiu cobrar um imposto incremental de empresas que atuavam em setores que parecem superar em muito o desempenho do índice S&P. Mas ninguém jamais falou em cobrar impostos adicionais do Google. Em muitas religiões, olhar diretamente o rosto de Deus significa morte certa. O mesmo destino provavelmente se abateria sobre a carreira de qualquer congressista que tentasse impedir o avanço do Google.

Como os outros cavaleiros, o Google tende a reduzir, não aumentar, os preços. A maioria das empresas de consumo busca fazer o contrário. Elas passam muito tempo tentando calcular o preço máximo que podem cobrar e captar todo o valor excedente do consumidor. (Está querendo reservar um voo para hoje? Bem, você deve ser um viajante a negócios. Pode ir abrindo a carteira.) O Google não pensa assim e é por isso que a empresa não para de crescer a cada ano. E, como os outros cavaleiros, a empresa acaba sugando os lucros do setor. A ironia é que as vítimas do Google escancararam as portas para a empresa e deixaram o Google sondar seus dados. Hoje, a extraordinária capitalização de mercado do Google equivale às próximas oito maiores empresas de mídia juntas.[17]

Poucas pessoas sabem explicar como o Google funciona. Ou exatamente o que é a Alphabet. A Alphabet foi formada em 2015 e o Google é uma de suas subsidiárias, ao lado da Google Ventures, do Google X e do Google Capital.[18] Todo mundo tem uma ideia do que a Apple faz: criar belos objetos ao redor de chips de computador. As pessoas entendem a Amazon: você compra um monte de coisas a um preço baixo e funcionários (robôs) em um grande armazém pegam, embalam e lhe enviam essas coisas rapidamente. E todo mundo sabe que o Facebook é uma rede de amigos vinculada a anúncios. Mas pouca gente sabe o que acontece em uma holding que também é proprietária de um gigantesco mecanismo de busca.

Figura 5.1:
CAPITALIZAÇÃO DE MERCADO
FEVEREIRO DE 2016

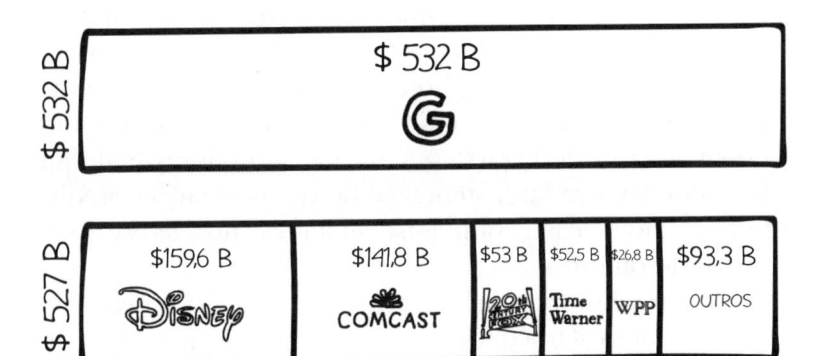

```
$ 532 B                              $ 532 B
                                        G

$ 527 B    $159,6 B    $141,8 B   $53 B  $52,5 B  $26,8 B  $93,3 B
            DISNEY     COMCAST    20th   Time     WPP      OUTROS
                                  Fox    Warner
```

Fonte: Yahoo! Finance. <https://finance.yahoo.com/>.

MINORITY REPORT

O filme de 2002 *Minority Report*, estrelado por Tom Cruise, mostra um mundo em que três seres humanos mutantes, chamados de "precogs", são capazes de ver o futuro e prever crimes. Dessa forma, a polícia pode interceder antes de o crime ocorrer. Um dos precogs é melhor que os outros e por vezes consegue enxergar um futuro alternativo oculto. As visões desse precog são arquivadas em um "relatório minoritário".

O Google é um precog melhorado. A seguir, listo algumas buscas feitas por pessoas antes de cometer um assassinato que as autoridades só descobriram (infelizmente) após o crime:

"Pescoço quebrado"
"É válido matar uma pessoa que me tirou do sério?"
"Penas médias para homicídio e assassinato"
"Doses letais de digoxina"
"Dá para matar uma pessoa dormindo e ninguém achar que foi assassinato?"

A polêmica da privacidade envolvendo a Apple em 2016 vai parecer trivial à medida que o precog do Google ficar mais potente. Ele mostrará todo seu poder quando uma fina camada de inteligência artificial espalhada por cima das buscas e alguns outros fluxos de dados, incluindo para onde vamos, forem usados para prever crimes, doenças e preços das ações. As informações contidas em um smartphone já podem botar um criminoso atrás das grades. Mas a série de buscas que saem profusamente de nosso cérebro de lagarto... é aí que as maiores maluquices podem ser encontradas. A tentação de ver associações preditivas entre intenção e ação será irresistível a governos, hackers e funcionários desonestos.

Observe seu histórico de buscas recentes no Google: você revela coisas a ele que gostaria que ninguém soubesse. Acreditamos, ingenuamente, que ninguém (tirando o Todo-Poderoso) consegue saber o que pensamos. Mas saiba que o Google também está de olho.

Até o presente momento, o Google tem sido magistral em manter esse medo sob controle e não explorar (até onde sabemos) o poder preditivo de seus algoritmos. Até o lema inicial da empresa, "Não faça o mal", tenta reforçar a benevolência divina desse ser quase supremo.[19] Além disso, você corre o risco de ser banido por seus pecados. O Google expulsou agências que fazem empréstimos consignados, partidários da supremacia branca e qualquer empresa que cobra taxas de juros acima de 36%. Esses pecadores foram banidos para "as trevas exteriores", o desconhecido.

Mas talvez o maior pecado seja tentar enganar Deus (isto é, tentar manipular o algoritmo de busca do Google). As pessoas fazem 3,5 bilhões de buscas por dia[20] e teoricamente o algoritmo de busca fica um pouquinho melhor a cada busca que fazemos.[21] Mas nem sempre é esse o caso. Em 2011, uma investigação do *New York Times* revelou que um consultor trabalhando para a JCPenney criou milhares e milhares de links falsos para fazer com que o site da JCPenney parecesse mais relevante (ou seja, um número maior de sites tinha um link levando ao site da empresa).

Essa manipulação levou o algoritmo do Google a posicionar o site perto do topo de seus resultados de buscas, aumentando as vendas da JCPenney. Quando o *Times* revelou a heresia, a JCPen-

CAPÍTULO CINCO

ney imediatamente sentiu a ira de Deus. A empresa foi simplesmente banida ao esquecimento: relegada à segunda página dos resultados de pesquisas no Google, o equivalente a ser abandonado às margens do rio Jordão.[22]

Um dos mais assombrosos poderes de Deus é sua capacidade de saber não só o que fazemos, mas também o que *queremos* fazer. Podemos nunca ter revelado nosso segredo a ninguém, mas muitos fiéis acreditam que Deus sabe muito bem que, no shopping, cobiçamos um par de tênis da Nike ou fones de ouvido da Bose. Ele sabe quem têm preferência por garotas tatuadas. Deus testemunha e registra todas essas tentações.

Revelamos nossas intenções secretas com nossas buscas e concedemos à ferramenta de busca do Google um poder sobrenatural na área da publicidade. O marketing tradicional nos dividiu em tribos: hispânicos, naturebas, aposentados, fãs de esportes, donas de casa e assim por diante. E os marqueteiros acham que todos nós somos iguais aos outros membros da mesma tribo. Em 2002, todos os moradores de subúrbio brancos e ricos usavam calças cáqui, curtiam o som do Moby e tinham um Audi na garagem. Mas, com o Google, as nossas buscas (juntamente com as nossas fotos, e-mails e todos os outros dados que fornecemos), nos identificam como indivíduos que têm problemas, objetivos e desejos distintos. Esse conhecimento todo dá a Deus uma grande vantagem na indústria da publicidade. O Google pode exibir anúncios mais relevantes, mais benevolentes... adaptados à nossa felicidade pessoal.

Grande parte do marketing envolve a arte (disfarçada de ciência) de mudar o comportamento das pessoas. Levar-nos a comprar isso e não aquilo, admirar tal coisa em vez de desprezá-la. O Google deixa a parte difícil e cara para os outros e só dá às pessoas o que elas querem depois de elas levantarem a mão digital e declararem: "Eu quero isso para mim". Melhor ainda, o Google faz a ponte entre pessoas e empresas por meio do AdWords, antes mesmo de as pessoas saberem se querem alguma coisa, por meio de suas buscas, seja ela sobre como é uma excursão pela Acrópole ou apenas uma pequena curiosidade em relação às Ilhas Gregas (ele oferece passagens da Delta Airlines).

O VELHO DEUS

Se o Google é o deus da informação na era da internet, a coisa mais próxima que tivemos na velha economia, tirando, talvez, o noticiário do horário nobre, foi o *New York Times*. Seu lema de longa data, "Tudo que é próprio para publicação", demonstra as ambições do jornal. Todos os dias o jornal decide o que é importante e o que deveríamos saber. É claro que o *Times* também tem seus preconceitos, como qualquer instituição humana. Mas os jornalistas do *Times* se orgulham de manter suas opiniões (mais ou menos) sob controle. Eles se consideram os defensores dos valores ocidentais progressistas e nos poupam de notícias impróprias para publicação, como pornografia, propaganda política e anúncios publicitários tentando se fazer de notícias.

Os editores do *Times* determinam nossa visão de mundo. Quando os editores do *Times* escolhem os artigos que vão entrar na primeira página do jornal, eles na prática definem a programação de noticiários na TV e no rádio e a opinião da população em geral. As notícias circulam pelo Velho Mundo (40% dos líderes das nações recebem alguma versão do *New York Times* toda manhã) e pelo Novo Mundo (via Facebook e Twitter).

O trabalho dos jornalistas é difícil, às vezes perigoso, e busca a verdade e não o mero apelo comercial. O *New York Times* dá conta desse recado melhor do que qualquer empresa de mídia do mundo. No entanto, cada vez mais, o jornal não tem conseguido extrair valor do conhecimento e dos riscos tomados na redação.

Na verdade, o Google e o Facebook são mais competentes em extrair o valor dos jornalistas do *Times* do que a própria administração do jornal. Acredito que, se o *Times* se recusasse a permitir que seu conteúdo fosse publicado nas plataformas do Facebook ou do Google, essas empresas mais jovens valeriam no mínimo 1% a menos. Os artigos do *New York Times* dão a essas plataformas uma enorme credibilidade e em troca ele ganha... muito pouco.

A DECADÊNCIA DOS JORNAIS

Em 2008, a diferença entre o Google em alta e o *New York Times* em baixa era menor do que é hoje. O Google já avançava a passos largos, com uma capitalização de mercado superando a marca dos

CAPÍTULO CINCO

US$ 200 bilhões. Mas o *Times* continuava incrivelmente *relevante*.[23] Com a chegada dos primeiros iPhones e dos tablets, as plataformas e os dispositivos precisavam de conteúdo... e ninguém tinha um conteúdo melhor que o *Times*. Sem o conteúdo do *New York Times*, o Google estaria em desvantagem em relação a qualquer empresa que tivesse acesso a esse conteúdo... especialmente o próprio *Times*.

Eu achava que o conteúdo do *Times* poderia, e deveria, valer bilhões de dólares na era digital. Trabalhando com dois alunos da Stern School of Business da New York University com formação em finanças, avaliamos todos os aspectos da Times Company. Nossa conclusão foi que ela era uma empresa de US$ 5 bilhões presa num corpo de US$ 3 bilhões. Procurei Phil Falcone, fundador da Harbinger Capital Partners. Eu já tinha trabalhado em parceria com Phil. Quando digo "em parceria", quero dizer que o fundo dele nos proporcionou o capital para podermos deter uma grande participação acionária, garantir cadeiras no Conselho de Administração e promover mudanças.

Phil cresceu no estado de Minnesota e teve 11 irmãos. Ele foi uma estrela do hóquei em Harvard antes de se tornar gerente de fundos hedge. Introvertido e focado, Phil e outros cinco investidores tiveram a coragem de apostar contra os mercados de crédito em 2006. Com isso, Phil e seus investidores ganharam bilhões de dólares. Apesar disso, o escritório que conheci da Harbinger tinha detalhes em madeira barata, plantas artificiais e antigos ventiladores na sala de reunião. O lugar não tinha um pingo de charme.

A ideia que apresentei a Phil envolvia, ao mesmo tempo, uma rendição e uma batalha. Propus que a Times Company deveria vender 10% de sua participação acionária a Eric Schmidt, ex-CEO do Google, e nomeá-lo CEO do jornal. Essa seria a rendição. Eu achava que Schmidt tinha condições de comprar mais 10% da empresa para conquistar direitos adquiridos. Eric tinha assumido como presidente do Conselho do Google, deixando o cargo de CEO a Larry Page.

Eu achava que ele estaria mais aberto a uma ideia diferente (salvar o jornalismo americano) do que esteve no passado. A participação acionária lhe daria uma chance de ganhar dinheiro, mas nada na escala dos Quatro. (Ainda estou convencido de que, se o

Times tivesse nomeado Schmidt para o cargo de CEO, o valor da empresa seria muito maior.)

O próximo passo, continuei, seria botar a empresa para lutar. O *Times* deveria se desligar imediatamente do Google e se recusar a permitir que o Google, ou qualquer outra empresa, sondasse seu conteúdo. E, se o Google ou outro player da internet quisesse licenciar o conteúdo do *New York Times*, teria de pagar por isso... e pagar mais do que qualquer outro. O Google, o Bing, a Amazon, o Twitter ou o Facebook poderiam disponibilizar a seus usuários acesso irrestrito ao nosso conteúdo. Mas só um deles, o que desse o melhor lance.

Em seguida, meu plano envolvia estender essa estratégia além do *Times*. Vislumbrei a criação de um consórcio de proprietários de jornais, incluindo os Sulzbergers do *Times*, os Grahams do *Washington Post*, os Newhouses, os Chandlers, Pearson e Axel Springer da Alemanha, entre outros. Esse grupo representaria o conteúdo de mídia mais diferenciado e de alta qualidade do mundo ocidental.

Seria a nossa única chance de conter a queda do jornalismo impresso e conquistar (ou melhor, reconquistar) bilhões de dólares em valor para os acionistas. A empreitada não duraria para sempre. Mas a ideia poderia ter colocado uma arma poderosa contra o Google nas mãos de uma ferramenta de busca menor como o Bing da Microsoft. Na ocasião, o Bing tinha cerca de 13% de participação no mercado de buscas. Direitos exclusivos de conteúdos diferenciados por meio de marcas icônicas, como o *Times*, do *Economist* ou a *Der Spiegel*, lhe renderiam uma fatia adicional de participação de mercado. Essa forma de diferenciação valia bilhões.

Hoje, a indústria de buscas vale meio trilhão de dólares. Alguns diriam que vale mais, considerando que a Amazon é tecnicamente uma ferramenta de busca com um armazém vinculado. Pensando assim, cada ponto de participação de mercado dessa indústria vale mais que US$ 5 bilhões. Meu plano era formar o consórcio, vender os direitos pela utilização de nosso conteúdo e começar a retomar o território perdido para as empresas de tecnologia que criaram bilhões em stakeholders com base no nosso conteúdo.

Apesar de a bolha do mercado imobiliário estar apresentando sinais de desgaste e da migração dos anunciantes para a internet, o negócio de jornais continuava robusto e em plena atividade.

CAPÍTULO CINCO

Rupert Murdoch tinha acabado de comprar o *Wall Street Journal* por US$ 5 bilhões e o *Times* estava sendo negociado no mercado de ações a um múltiplo muito mais baixo.

Além disso, outros compradores potenciais estavam rondando. Eu tinha ouvido de duas fontes diferentes que Michael Bloomberg também estava pensando em dar um lance pelo *Times*. Parecia que o limite de mandatos estava prestes a forçá-lo a abrir mão do cargo e o *Times* era o projeto perfeito para o bilionário nova-iorquino que levou as informações financeiras à era digital e criou dezenas de bilhões em valor para os acionistas no processo. (Nós não sabíamos na época que, se você é Michael Bloomberg, o "limite de mandatos" é mais uma sugestão do que um impeditivo. Bloomberg conseguiu forçar a Câmara Municipal a lhe conceder um terceiro mandato.)

Por fim, se nada desse certo, a New York Times Company ainda tinha muitas coisas que poderiam ser vendidas:

- o sétimo prédio mais alto da América;
- o About.com;
- 17% do time de beisebol Red Sox de Boston (mas que diabos...?).

Os mercados financeiros consideravam esses ativos como sendo do jornal, ou seja, a avaliação era um múltiplo dos lucros atribuídos a um jornal (em outras palavras, baixa). A venda desses ativos agregaria valor aos acionistas. Uma análise do tipo "soma das partes" demonstrou que, ao comprar uma participação da Times Company, o comprador obteria ações a preço de banana considerando o valor dos outros ativos.

Também tentaríamos cancelar os dividendos, um pagamento de cerca de US$ 25 milhões por ano aos acionistas. A empresa precisava de caixa para reinvestir na inovação. Na minha cabeça, os dividendos não passavam de uma proteção para que Arthur Sulzberger e Dan Golden não fossem linchados nos encontros da família por ganharem US$ 3 a 5 milhões por ano para jogar a empresa do avô na lama e almoçar com Boutros Boutros-Ghali. Os outros primos também queriam uma fatia do bolo.

A empresa de Phil, a Harbinger Capital, e a Firebrand Partners (o nome que dei à minha empresa) se uniram para comprar US$ 600 milhões em ações da Times Company (cerca de 18% da empresa). Com isso, nós nos tornamos o maior acionista da empresa. Anunciamos que queríamos quatro cadeiras no Conselho de Administração e que tentaríamos convencer os acionistas a eleger, para o Conselho, um grupo de reformistas com ideias afins. Queríamos que a empresa vendesse ativos não essenciais e investisse mais nas mídias digitais. A Harbinger representava os músculos (capital) e a Firebrand representava o cérebro (liderar a disputa por votos, atuar no Conselho de Administração, afetar as decisões de alocação de capital e estratégia, aumentar o valor da empresa, e por aí vai).

Nosso plano, naturalmente, foi recebido com resistência. Na primeira reunião com a administração, depois de apresentarmos nossas propostas, Arthur Sulzberger declarou, indignado: "Nós já tínhamos pensado em tudo isso!". Mesmo assim não nos convencemos de que a administração não precisava de ajuda. Fora das muralhas do arranha-céu do *Times* em Manhattan (uma torre projetada por Renzo Piano que eu estava morrendo de vontade de vender), foi o caos. Eu não imaginava que a imprensa era tão fascinada consigo mesma. Apenas 24 horas depois do anúncio da nossa estratégia, comecei a ser perseguido por paparazzi na New York University.

A imprensa também adorou usar o editor e presidente do Conselho do *Times*, Arthur Sulzberger, como saco de pancadas. Um dia, um repórter da Reuters, que estava escrevendo um artigo sobre a dinâmica da família Sulzberger, me ligou no celular às 11 da noite. Ele contou que seria demitido no dia seguinte se eu não lhe desse alguma informação, *qualquer* informação, sobre a nossa batalha com o *Times*.

Ele tinha montado uma elaborada árvore genealógica, incluindo primos de primeiro e de segundo grau, com um nível de detalhamento que beirava o sinistro. Ficou claro que a imprensa do mundo ainda não tinha decidido o que pensar sobre as pessoas que detinham o poder da imprensa.

Arthur Sulzberger e eu antipatizamos um com o outro instantaneamente, de um jeito quase visceral. Nós tínhamos visões

CAPÍTULO CINCO

de mundo totalmente diferentes e lidávamos com as situações de pontos de vista completamente distintos. Eu tinha passado minha vida inteira buscando conquistar a relevância e temendo jamais conseguir, enquanto o maior medo de Arthur (eu acho) era *perder* a relevância. Afinal, na prática, ele era o CEO da *Times*. Ele entregara o cargo a Janet Robinson só para não ter de se encarregar do trabalho sujo de um CEO, como demitir pessoas, conduzir conferências para apresentar os resultados aos acionistas e outras atividades. Mas quem tomava as decisões mais importantes e embolsava uma remuneração digna de um CEO era ele.

Os Sulzbergers, como muitas famílias detentoras dos meios de comunicação, empregam uma estrutura acionária de dois pesos e duas medidas para se manter no controle. A ideia é que a mídia desempenha um papel especial na nossa sociedade e não deve estar sujeita à mentalidade de curto prazo dos acionistas. A maioria (Google, Facebook, Cablevision) usa esse argumento como um estratagema para as famílias manterem o controle da empresa enquanto diversificam suas apostas (ou seja, vendem ações).

O *Times* não é uma dessas empresas. A família tem um profundo compromisso com o jornalismo. E ficou claro, depois que tive a chance de realmente conhecer Arthur, que a saúde financeira do *Times* era importante, mas era importante para financiar a busca do "profundo", a forma de jornalismo que caracteriza o *Times*. Imagino que Arthur acorde suando frio com frequência, temendo ser o primo que vai ficar na história da família por ter perdido o *New York Times*.

Nesse cenário, os Sulzbergers, como muitas famílias herdeiras de jornais, detinham uma participação minoritária, 18%, mas controlavam dez das 15 cadeiras no Conselho de Administração. Esse contexto forçava agitadores como eu a convencer todo um grupo de amigos e parentes a se amotinar. Depois de apresentar nossas ideias sobre as mídias digitais e a alocação de capital, continuamos a nos reunir com os acionistas para ver até que ponto eles nos apoiavam. Os encontros anuais são como eleições e os acionistas (no caso, os detentores de ações preferenciais de classe A) podem eleger seus representantes no Conselho. A maioria dos acionistas com quem conversamos estava de saco cheio e achava que a liderança da Times Company não estava sabendo administrar bem a empresa. Tudo indicava que a empresa estava mais do que pronta para mudar.

Na semana seguinte, a CEO da Times, Janet Robinson, e o membro do Conselho, Bill Kennard, pediram uma reunião com Phil, sem minha presença, para ver se podíamos chegar a um acordo. Eles sabiam que perderiam a votação no encontro dos acionistas. Achei que Phil iria exigir as quatro cadeiras no Conselho para os quais nomearíamos candidatos. Mas Phil disse que seria mais interessante dar uma demonstração de boa-fé e que nos contentaríamos com apenas dois membros do Conselho. Foi um grande erro. Vimos depois que precisaríamos de muitas vozes para romper a cacofonia do Conselho e a falta de liderança de Arthur e Janet.

A Times Company concordou imediatamente, mas com uma condição: eu não faria parte do Conselho (como eu disse, foi uma antipatia visceral). Como eu tinha dinheiro do meu próprio bolso investido na empresa, Phil sabia que jantares trimestrais com Nick Kristoff e Thomas Friedman e US$ 200.000 pelos honorários para atuar no Conselho (na forma de salário mais opções sobre as ações) não me convenceriam. Eu continuaria forçando uma mudança. Sabendo disso, Phil exigiu que uma das vagas fosse para mim e eles concordaram.

No encontro anual de abril de 2008, Jim Kohlberg e eu fomos eleitos para atuar no Conselho em uma reunião de acionistas como outra qualquer. Depois da reunião, Arthur pediu para falar comigo sozinho. Ele me levou para uma sala e perguntou quem era o fotógrafo que estava comigo. Eu não tinha levado ninguém. Em menos de uma hora ele me puxou para uma sala mais duas vezes exigindo que "desta vez" eu contasse quem era o fotógrafo. "Eu já disse, Arthur", respondi, cada vez mais irritado, "eu não faço a mínima ideia. Não me pergunte de novo". Não sei se Arthur estava vendo fantasmas ou se estava tendo alucinações de tão estressado com a situação. Não tinha fotógrafo algum.

E foi assim que nosso relacionamento começou com um pequeno porém simbólico incidente, refletindo nossa desconfiança e nosso desdém mútuos. Ele me via como um vira-lata sujo e pretensioso que não merecia participar do Conselho de Administração de um ícone do jornalismo norte-americano. Eu o via como um moleque riquinho e tolo sem qualquer tino empresarial. Passamos os próximos um ou dois anos comprovando nossas respectivas teorias.

Arthur vivia para o *Times*. O jornalismo estava profundamente entranhado em seu DNA. Chegava a ser difícil imaginar Arthur fora do prédio. Uma vez o vi em uma conferência na Alemanha e foi tão surreal quanto ver uma girafa no metrô.

Como você pode imaginar, não consegui convencer o Conselho a se livrar da CEO, Janet Robinson, e substituí-la por Eric Schmidt, um homem que domina o cruzamento entre a tecnologia e a mídia. Eles basicamente riram da minha cara. Ninguém queria enfrentar a CEO e Arthur ao mesmo tempo. E, considerando que eu era o recém-chegado sem qualquer credibilidade, foi fácil esmagar a ideia.

Vários anos se passaram até um CEO do setor da tecnologia assumir o comando de um jornal em dificuldades. Em 2013, Jeff Bezos comprou o *Washington Post*. A aquisição teve o efeito salutar de eliminar a angústia trimestral, quando o jornal revelava resultados em queda livre aos investidores, logo seguidos da inevitável sangria na redação. Mais do que proporcionar um lastro financeiro, Bezos direcionou o *Post* com tudo para a internet. O tráfego on-line do jornal duplicou em apenas três anos, ultrapassando rapidamente o *Times*. O *Post* criou um sistema de gerenciamento de conteúdo que outras empresas de notícias estão literalmente pagando para usar. De acordo com a *Columbia Journalism Review*, só esse sistema de gerenciamento de conteúdo poderia gerar US$ 100 milhões ao ano para o jornal.[24] O *Washington Post* está se beneficiando da mesma benção da Amazon: capital barato e confiança para investir com agressividade tendo em vista o longo prazo, como se os dois tivessem voltado no tempo e fossem novamente jovens de 18 anos.

Meus colegas do Conselho de Administração da Times Company não toleravam esse tipo de ansiedade. Eles já tinham concluído muito tempo antes de eu entrar em cena que era muito mais fácil resolver os problemas da internet adquirindo um player on-line e estendendo seu modelo para a web.

About.com

Em 2005, a New York Times Company comprou a About.com, um grupo crescente composto de centenas de sites voltados a fornecer informações especializadas sobre tudo, desde poda de árvores até terapias prostáticas.[25] Era o que se conhece como uma "fazenda de conteúdo". A fórmula de sucesso das fazendas de conteúdo era projetar os sites tendo em vista um único objetivo central: levantar o conteúdo gerado pelos usuários otimizado no Google, aparecer na primeira página dos resultados de pesquisa do Google, gerar tráfego e, em consequência, vender anúncios.

Não é justo dizer que o *Times* não foi inovador. O *Times* inovou e se tornou um dos principais sites do mundo, com elementos gráficos chamativos, recursos de apresentação de dados e vídeos. Mas grande parte do crescimento on-line do *Times* foi uma coletânea de conteúdos medíocres pensados para atrair cliques no Google (por meio do About.com). Como passarinhos africanos que passam o dia inteiro pousados no traseiro do rinoceronte se alimentando de ácaros e carrapatos, o *Times* pegava carona nas costas de um titã, um dos Quatro. O pessoal do *Times* nem suspeitava, mas viver do algoritmo de busca do Google não é uma garantia de sobrevivência. Basta um peteleco do rabo do rinoceronte para derrubar o passarinho aproveitador.

O *Times* pagou US$ 400 milhões pelo About.com e, enquanto os sites da About acumulavam bilhões de cliques provenientes das buscas do Google, a aquisição pareceu ter sido uma boa aposta. Quando entrei no *Times*, o valor de mercado do About tinha subido para cerca de US$ 1 bilhão. O About.com estava em alta e parecia bastante promissor.

Tentei convencer a empresa a vender ou pelo menos abrir o capital do About. Como era de se esperar, o pessoal do grupo About achou a ideia fabulosa. Eles não aguentavam mais sustentar uma empresa analógica e estavam ávidos pelo valor e pelo respeito provenientes da internet. Cheguei a cometer uma gafe tremenda: em uma reunião com a administração sênior da About, sugeri vender a empresa ou abrir seu capital. Foi muita irresponsabilidade da minha parte. Foi como gritar numa sala cheia de crianças: "Quem quer ir à Disneylândia?", sem saber ao certo se você vai conseguir os ingressos.

CAPÍTULO CINCO

Mas Janet e Arthur não queriam perder sua credibilidade na internet. Eles estavam ocupados demais usando a About como brincos digitais para dar um "up" no visual analógico. Essa postura mostrava aos investidores e ao Conselho (mas não a mim) que o *Times* tinha uma estratégia para o mercado digital, que estava gerando receita e estava pronta para crescer. Eles tentavam se convencer de que o *Times* não estava fechando os olhos para o futuro, mas recebendo-o de braços abertos. Mas o mercado digital só gerava 12% da receita da empresa. A venda da About reduziria esse número e voltaríamos a ser um jornal.

Enquanto isso, eu exortava a empresa, nas reuniões do Conselho, a barrar o acesso do Google ao conteúdo do *Times*. Dava para ver que a ferramenta de busca do Google já estava destruindo o valor para o acionista da Times Company. Se ninguém fizesse nada, o Google nos asfixiaria lenta e metodicamente. Todo mundo achava que o Google era a eletricidade da era da internet e que a relação era simbiótica, já que, em troca de nosso conteúdo, obtínhamos o tráfego gerado pelo Google.

Uma reunião do Conselho em particular foi bastante emblemática. Um repórter do *Times* tinha sido sequestrado no Afeganistão e foi resgatado por uma unidade britânica especializada em assaltos. Na operação de resgate, um valente soldado foi morto. O comandante do esquadrão escreveu uma carta comovente a Arthur explicando que a ação tinha valido a pena, porque o jornalismo faz uma enorme diferença no mundo. Arthur leu a carta na íntegra ao Conselho, fazendo pausas dramáticas para nos deixar refletir antes de continuar. Jornalismo, sacrifício, deferência, prestígio, geopolítica, solenidade. Era a girafa nas savanas do Sudão alimentando-se da vegetação intermitente de pradaria baixa e acácias altas. Arthur estava em seu habitat natural.

Enquanto nos vangloriávamos da importância do jornalismo e os sacrifícios feitos em seu nome, os *crawlers* do Google entravam pelo porão e se apossavam de todo o conteúdo dos nossos servidores, no mesmo momento em que os conselheiros do *New York Times* jantavam 17 andares acima, no sétimo prédio mais alto da América.

O Google não só estava sondando nosso conteúdo de graça, como também estava fatiando e servindo a seus usuários. Por exemplo, quando alguém estivesse procurando um hotel em Paris, o Google exibia um link para um artigo de viagens de Paris publicado no *New York Times*. Mas, no topo da página, o Google incluía o próprio anúncio para o Four Seasons Hotel. O argumento era que esse acordo atraía tráfego para o *Times*. Esse tráfego, por sua vez, atraía anunciantes, que compravam mais banners. A ideia até podia ser boa, mas na prática acabou se revelando um desastre.

O problema é que, enquanto processava as buscas, o Google também aprendia (muito melhor que o próprio *Times*) exatamente o que os leitores do jornal queriam e provavelmente iriam querer no futuro. E, com isso, o Google podia se direcionar aos leitores do *Times* com muito mais precisão e ganhar mais dinheiro com cada anúncio. Até dez vezes mais. Em outras palavras, estávamos trocando notas por moedas. Nós deveríamos exibir nossos próprios anúncios nos nossos sites. Como fomos idiotas.

Nossa equipe de vendas era mediana e o modelo de negócio estava perecendo. Nosso único valor restante era o nosso conteúdo e os profissionais que o geravam. Mas, em vez de escassear esse conteúdo (impedindo e processando judicialmente todas as plataformas digitais que o reutilizassem), decidimos tentar atrair mais tráfego prostituindo nosso conteúdo em todas as esquinas. Era o equivalente à Hermès decidir distribuir as caríssimas bolsas Birkin no walmart.com para a hermes.com ter mais tráfego. Nós cometemos um dos grandes erros da história empresarial moderna. Da noite para o dia, pegamos uma marca de luxo e a diluímos por uma distribuição comparável a um sistema de esgoto e deixamos o proprietário do sistema de esgoto cobrar menos pela marca do que cobrávamos na nossa própria loja com a venda de assinaturas.

Eu estava resoluto, munido de dados, e representava o maior acionista da empresa. Eu sonhava com o dia em que estudantes de administração aprenderiam com estudos de caso sobre um professor irado que ajudou o *Times* (e o jornalismo em geral) a recuperar sua glória. Argumentei para o Conselho que precisávamos impedir os *crawlers* do Google e criar um consórcio global de conteúdo premium. E, pelo menos por uma hora, eles meio que levaram a proposta a sério. O Conselho era formado por um grupo de sujeitos de sangue azul e meia-idade e que não entendiam

CAPÍTULO CINCO

nada de tecnologia. Janet tem o mérito de ter levado a sugestão a sério e disse que a administração avaliaria minha proposta.

Algumas semanas depois, o Conselho recebeu um memorando informando que o *New York Times* não impediria o acesso do Google ao conteúdo, já que o jornal não podia correr o risco de enfurecê-lo, pois o About.com dependia do tráfego gerado pela ferramenta de busca. Se impedíssemos o acesso ao Google, eles poderiam revidar ajustando seu algoritmo e relegando a About ao purgatório.

Esse, em resumo, é o problema dos conglomerados... e o dilema do inovador. O todo muitas vezes acaba sendo menor que a soma de suas partes. Isso se aplicava tanto ao *Times* como à About. Em certo sentido, nós e o Google estávamos usando um ao outro. O Google usava nosso conteúdo para atrair bilhões de cliques a seus anúncios e nós usávamos seu algoritmo de busca para direcionar o tráfego para a About. Mas o Google tinha muito mais poder que nós. Ele governava como um senhor feudal dominando um território importantíssimo da internet. E nós éramos o equivalente aos agricultores arrendatários desse território. Nosso destino já tinha sido selado desde o início.

Demorou um pouco, mas, em fevereiro de 2011, o Google finalmente se cansou das excentricidades dos fazendeiros de conteúdo, incluindo a About.com, e os afastou como um cavalo afasta moscas com o rabo. O gigante das buscas implementou uma atualização de seu algoritmo (batizada de Panda), que relegou grande parte do tráfego das fazendas de conteúdo, bem como os negócios gerados por esse tráfego, ao esquecimento. Com um único ajuste, o Google deixou o *Times* de joelhos, desviando milhões de dólares em receita on-line a outros sites e fazendo o valor da About despencar em queda livre. Parece que, ao contrário de nós, o Google tomava decisões de negócios com base no valor de longo prazo da empresa, sem temer nossa reação. A About valia cerca de US$ 1 bilhão antes da atualização e esse valor despencou para a metade no dia seguinte. Um ano depois, o *Times* se livrou de sua fazenda de conteúdo por US$ 300 milhões, 25% a menos do que pagou por ela. Eu arriscaria dizer que a possibilidade de "enfurecer" a mãe da About.com, a Times Company, não foi um fator que o Google levou em consideração ao decidir fazer o que era melhor para seus acionistas em longo prazo.

Deus pode nos dar conselhos, influenciar nossas decisões e, quando necessário, controlar nosso destino. Mas, como a mitologia grega já nos ensinou, dormir com os deuses nunca termina bem.

O tempo que passei na Times Company esteve longe de ser um sucesso. Minhas sugestões surtiram muito pouco efeito. A empresa de fato vendeu ativos não essenciais e decidiu cancelar o pagamento de dividendos em 2009. No entanto, em setembro de 2013, a Times Company reintegrou os dividendos, indicando que o Conselho de Administração era controlado com mãos de ferro pela família. Enquanto a Grande Recessão pulverizava a receita proveniente de anúncios e o preço das ações da empresa despencavam, Phil Falcone decidiu reduzir suas perdas vendendo sua participação. Sua participação na empresa era a única coisa que me mantinha no Conselho de Administração. E, quando a participação de Phil começou a encolher, alguns membros do Conselho me informaram que eu já era. Quando Arthur me deixou uma mensagem de voz pedindo para eu ligar para ele, renunciei à minha cadeira no Conselho.

Eu tinha transformado US$ 600 milhões do dinheiro alheio em US$ 350 milhões. Recebemos opções sobre ações como parte da nossa remuneração por atuar no Conselho. Minhas opções valiam uns US$ 10.000 ou US$ 15.000. Eu só precisava preencher a papelada. Decidi deixar para lá. Eu não merecia esse dinheiro.

Entra o novo deus

Mas Deus é muito mais: onisciente, onipotente e imortal. E, desses três, o Google só é o primeiro... mais ou menos. Se a Apple conseguiu atingir um grau de imortalidade convertendo-se em uma empresa de bens de luxo, o Google conseguiu o contrário, transformando-se em uma empresa de *utilidade pública*. O Google é onipresente, cada vez mais invisível no nosso dia a dia e, como a Xerox e o Twitter, precisa reforçar a legalidade de seu nome temendo que ele se transforme em um verbo, maculando ou diluindo a marca. Sua dominância no mercado é tamanha que a empresa corre o risco perpétuo de processos judiciais antitruste tanto nos Estados Unidos

CAPÍTULO CINCO

como no exterior. A União Europeia parece nutrir uma animosidade especial contra a empresa, tendo apresentado quatro acusações formais desde 2015. A Comissão Europeia acusou o Google de manter uma vantagem injusta sobre os concorrentes no mercado de anúncios.[26] Detendo uma participação de nada menos que 90% do mercado de buscas da União Europeia, mesmo sem ter sede na União Europeia, o Google é (com razão) um alvo atraente para pessoas e entidades encarregadas de policiar o mercado.

O Google respondeu divinamente a uma recente objeção: "Acreditamos que as nossas inovações e as melhorias que fazemos em nossos produtos aumentam o leque de opções dos consumidores europeus e promovem a concorrência".[27]

Assim, apesar de seu enorme domínio do mercado (é o maior dos Quatro), o Google também mantém uma posição excepcionalmente vulnerável. Talvez seja por isso que, dos Quatro, o Google parece ser o mais reservado, o mais propenso a se retirar do centro das atenções. "Os deuses não voltam ao palco para ser ovacionados", John Updike escreveu sobre a recusa do jogador de beisebol, Ted Williams, de voltar ao centro do estádio para receber os aplausos da multidão depois de seu último jogo. Ultimamente a empresa parece estar preferindo se manter na obscuridade.

O Google demonstra sua genialidade desde o primeiro dia, em setembro de 1998, quando os estudantes da Stanford, Sergey Brin e Larry Page, criaram um novo dispositivo na web, chamado ferramenta de busca, capaz de percorrer a internet em busca de palavras-chave. Mas a decisão divisora de águas foi a contratação, para ocupar o cargo de CEO, de Eric Schmidt, um cientista transformado em executivo com passagens pela Sun Microsystems e pela Novell. Essas duas empresas enfrentaram a Microsoft, e perderam. Schmidt jurou que isso jamais voltaria a acontecer. Ele tinha um importante atributo (sua sede de vingança) que o colocava entre os maiores líderes empresariais e, quando Bill Gates se transformou em sua grande baleia branca, Schmidt transmutou sua obsessão em estratégia e converteu o Google no navio baleeiro *Pequod*, com o arpão apontado para o Moby Dick.

É fácil esquecer que até o surgimento do Google, a Microsoft nunca tinha sido derrotada. Na verdade, ela era considerada o cavaleiro original. Centenas de empresas tentaram (até a Netscape, com um dos produtos mais originais da história da tecnologia) e pereceram. E a Microsoft está ressurgindo, demonstrando que os elefantes podem dançar.

O Google pode ter tido apenas um produto (lucrativo), mas foi um produto revolucionário e a empresa fez tudo certo. O nome esquisito e a página inicial minimalista, resultados imparciais das buscas, livres da influência dos anunciantes, o desinteresse em entrar em outros mercados e os fundadores amigáveis... tudo isso conspirou para os usuários simpatizarem com o Google e os concorrentes potenciais (como o *New York Times*) só perceberem a ameaça da empresa tarde demais. O Google reforçou ainda mais essa ideia com declarações filosóficas que remetem à Nova Era, como "Não faça o mal", e com imagens de funcionários dormindo em seus cubículos acompanhados de seus cachorros de estimação.

Mas, por trás da cortina, o Google estava empreendendo uma das estratégias mais ambiciosas da história empresarial: organizar *todas* as informações do mundo. Mais especificamente, coletar e controlar todas as informações produtivas existentes atualmente na internet ou que poderiam ser levadas à internet. E, com um foco implacável, foi exatamente o que a empresa fez. O Google começou com as coisas que já estavam na internet. A empresa não tinha como comprar essas informações, mas poderia controlar o acesso a elas. Feito isso, o Google foi atrás de todas as informações de localização (Google Maps), informações astronômicas (Google Sky) e informações geográficas (Google Earth e Google Ocean). Em seguida, a empresa se propôs a coletar o conteúdo de todos os livros esgotados (o Google Library Project) e todos os artigos jornalísticos (Google News).

Com a natureza insidiosa da busca, todo mundo sabia que o Google tinha a missão de absorver o que houvesse de informações do mundo, mas as vítimas potenciais só se deram conta quando já era tarde demais. Hoje, o controle do conhecimento por parte do Google é tão completo e as barreiras à entrada de concorrentes, tão gigantescas (veja o sucesso apenas marginal do Bing da Microsoft), que a empresa pode passar anos detendo o controle.

CAPÍTULO CINCO

Todas as empresas do planeta invejam a posição do Google, no epicentro do mundo digital. Mas a realidade não é tão cor-de-rosa assim. Existe uma chance de, quando o Google deixar de ser novidade, o Congresso e o Departamento de Justiça dos Estados Unidos simplesmente decidirem que a ferramenta de busca é um serviço de utilidade pública e passarem a regulamentar a empresa de acordo.

O Google está muito longe desse destino, mas note que a empresa basicamente só sabe fazer uma coisa: buscas (o YouTube é um motor de busca). Ah, eles também têm... bem... o Android. Mas o Android é um padrão da indústria de smartphones concebido por Schmidt para combater o iPhone e seus maiores players são outras empresas. Todo o resto (veículos autônomos, drones) não passa de parafernálias para manter os clientes e, ainda mais importante, os funcionários empolgados. Até a presente data, a contribuição dessas iniciativas é inferior ao do decadente Internet Explorer da Microsoft.

Podemos traçar outros paralelos entre o Google e a Microsoft. A Microsoft, em seu auge, foi famosa por ter os funcionários mais ogros e insuportáveis do mundo dos negócios nos Estados Unidos. Eles eram arrogantes e presunçosos e estavam absolutamente convencidos (um erro clássico da indústria da alta tecnologia) de que a sorte, o timing e o sucesso eram, na verdade, resultado de seu brilhantismo e sua genialidade. Quando a Microsoft abriu o capital, os funcionários de longa data começaram a vender suas ações da empresa e debandaram aos milhares para usar sua genialidade para ganhar rios de dinheiro... com resultados bastante variados.

E, quando a SEC (a comissão de valores mobiliários norte-americana) e o Departamento de Justiça dos Estados Unidos chegaram com tudo e a Microsoft continuou esmagando jovens e empolgantes empresas uma após a outra, de repente as pessoas começaram a ter vergonha de admitir que trabalhavam para o Império do Mal. O resultado foi que a Microsoft incorreu em uma enorme perda de capital intelectual, já que ninguém mais (nem os velhos talentos que ficaram, nem os jovens talentos que viam a coisa de fora) queria trabalhar na empresa. De repente, mesmo se a Microsoft tivesse uma boa ideia de produto, a empresa já não parecia capaz de executá-la. Foi como se o cérebro quisesse, mas os braços e as pernas deixassem de responder. Querer não é necessariamente poder. Até o Bill Gates saiu para ir salvar o mundo.

O Google não é a Microsoft... ainda. A empresa de busca ainda se vangloria de ter os melhores talentos da história. Os funcionários do Google não só sabem que são melhores que os outros... como de fato são melhores que os outros. Todo mundo sabe que a empresa espera que os funcionários dediquem 10% de seu tempo para ter novas ideias. E os 60 mil gênios que trabalham no Google são transformados em uma verdadeira fábrica de ideias interessantes.

Mas, no fim das contas, tudo isso pode não fazer diferença alguma. A internet não vai a lugar algum e o Google provavelmente vai continuar a crescer (mais provavelmente, acelerar) em torno de seu negócio central. Nossa busca pelo conhecimento pode jamais ser saciada. E o Google detém o monopólio de nossas orações, enquanto nosso olhar está voltado para baixo.

CAPÍTULO SEIS

ME ENGANA QUE EU GOSTO

Os quatro e seus truques

Saber roubar é uma competência essencial das empresas de tecnologia de alto crescimento. Ninguém gosta de acreditar nisso, já que os empreendedores têm um lugar de honra na cultura norte-americana. Eles são os rebeldes impetuosos que ousam enfrentar os moinhos de vento das gigantescas corporações, os Prometeus modernos que levam o fogo das novas tecnologias à humanidade. Só que a verdade é muito menos romântica.

Aqueles que dominam o mercado ou a economia, que para este livro denominei "cavaleiros", naturalmente, não nascem como tubarões-brancos, já dominando o oceano. Eles nascem como ideias, na garagem da casa dos pais ou no dormitório da faculdade. Olhando para trás, a trajetória dessas empresas pode parecer óbvia e até inevitável, mas quase sempre não passa de uma série improvisada de ações e reações. Como acontece com os atletas profissionais, tendemos a nos concentrar nas histórias dos poucos que conseguem chegar lá e nos esquecemos dos milhares que nunca entram na primeira divisão. Enquanto isso, a poderosa e endinheirada empresa que desponta, altiva, no horizonte se parece muito pouco com a iniciante amadora que nasceu na garagem anos atrás, especialmente depois que o departamento corporativo de relações públicas termina de reescrever o mito da fundação. Essa transformação acontece, apesar da luta dos fundadores para manter a energia jovial do estágio de startup.

Entretanto, mudança é inevitável, em parte porque o mercado nunca para de mudar, de modo que as empresas precisam se adaptar ou morrer, mas também porque as jovens empresas que não têm nada a perder podem sair impunes de dissimulação, roubo e mentiras descaradas – recursos que as empresas que já têm uma reputação, mercados e ativos a proteger não podem utilizar. Sem contar que o Departamento de Justiça dos Estados Unidos só começa a prestar atenção nas empresas depois que elas crescem. Quando a história é escrita pelos próprios vencedores, termos como "a empresa *x* foi uma fonte de inspiração" ou "fizemos um benchmarking para chegar a essa ideia" substituem termos mais diretos e menos agradáveis.

Os pecados dos cavaleiros se enquadram em um de dois tipos de trapaça. A primeira trapaça é pegar (o que não raro quer dizer "roubar") a propriedade intelectual de outras empresas e reutilizá-la para benefício próprio e depois protegê-la com unhas e dentes assim que acumular um monte dela. A segunda trapaça é lucrar com ativos criados por outra entidade de uma maneira que o próprio criador não tenha como fazer. Com a primeira trapaça, os futuros Cavaleiros não dependem da própria inventividade para se sair com ideias inovadoras e podem lançar sua matilha de advogados para atacar com ferocidade os que tentarem aplicar o mesmo golpe neles. A segunda trapaça é um lembrete de que a chamada "vantagem do pioneirismo" em geral não é uma vantagem. Os pioneiros do setor não raro acabam com flechas nas costas, enquanto os Cavaleiros que chegam depois (o Facebook depois do Myspace, a Apple depois dos primeiros fabricantes de PC, o Google depois das primeiras ferramentas de busca, a Amazon depois dos primeiros varejistas on-line), alimentam-se da carcaça de seus antecessores, aprendendo com os erros, comprando os ativos e conquistando seus clientes.

Trapaça Nº 1: Roubar e proteger

As grandes empresas muitas vezes dependem de algum tipo de mentira ou de roubo de propriedade intelectual para acumular valor a uma velocidade e escala inimagináveis, e os Quatro não são diferentes. A maioria dos cavaleiros promoveu algum tipo de

CAPÍTULO SEIS

mentira para enganar outras empresas, ou o governo, e as induziu a disponibilizar algum subsídio ou transferência de valor que ao final acaba inclinando dramaticamente o equilíbrio de poder para o lado deles. (Acompanhe a luta da Tesla nos próximos anos por subsídios do governo para fabricar automóveis movidos a energia solar e elétrica). Quando se transformam em cavaleiros, contudo, eles de repente ficam indignados com esse tipo de comportamento e fazem de tudo para proteger seus ganhos.

Essa dinâmica pode ser vista com ainda mais clareza no caso de países. No contexto geopolítico, há apenas um cavaleiro, os Estados Unidos, e a história do país demonstra essa dinâmica. No período subsequente à Revolução Industrial, os Estados Unidos não passavam de uma startup iniciante diante de muitas oportunidades, mas com pouca capacidade de explorá-las. Na Europa, a inovação (Revolução Industrial) se desenvolvia com relativa paz e os fabricantes norte-americanos simplesmente não tinham como competir. Mais especificamente, a importante indústria têxtil era dominada por tecelagens britânicas, que usavam teares superiores (cujo design eles tinham roubado dos franceses) e outras tecnologias. A Grã-Bretanha tentou proteger essa indústria com leis que impedissem a exportação de equipamentos, projetos de equipamentos e até artesãos que sabiam construí-los e operá-los.

Então os norte-americanos roubaram a tecnologia. O secretário do Tesouro à época, Alexander Hamilton, emitiu um relatório exigindo a aquisição de tecnologia industrial europeia por meio de "provisões adequadas e os devidos esforços", mesmo reconhecendo despreocupadamente que a exportação era proibida pela lei britânica.[1] O Tesouro ofereceu recompensas aos artesãos europeus dispostos a trabalhar nos Estados Unidos, violando diretamente as leis de emigração de seus países de origem. A lei de patentes dos Estados Unidos foi alterada em 1793 para restringir a proteção de patentes aos cidadãos norte-americanos, privando, desse modo, os proprietários europeus da propriedade intelectual de qualquer recurso legal contra o roubo.

Com essas origens, o poderio industrial norte-americano não demorou a crescer. A cidade de Lowell, no estado de Massachusetts, conhecida por ser o berço da Revolução Industrial norte-americana, foi fundada por descendentes de Francis Cabot Lowell. Francis visitou instalações têxteis britânicas posando de cliente curioso (o que até era verdade, apesar de incompleto) e memorizou o design e o layout da fábrica. Ao voltar aos Estados Unidos, ele fundou a Boston Manufacturing Company e construiu a primeira fábrica do país. E, em um belo prenúncio da indústria tecnológica moderna norte-americana, conduziu o primeiro IPO do país.[2] O roubo deu origem a uma indústria multibilionária: a consultoria. Os Estados Unidos têm as melhores empresas de consultoria do mundo e o roubo está no DNA norte-americano.

Hoje, os Estados Unidos são uma potência industrial, com as próprias vantagens tecnológicas e mercados para proteger. E, enquanto os cidadãos americanos prestam uma homenagem a Alexander Hamilton na Broadway, as leis do país repudiam sua atitude casual em relação à propriedade intelectual. Os Estados Unidos hoje são o maior defensor de proteções de patentes e marcas e qualquer político norte-americano sempre ganhará votos quando criticar a China por roubar tecnologia americana. E com razão, já que a China, desejosa de atingir o status de cavaleiro no cenário mundial, está enviando seus próprios Francis Lowells ao território norte-americano, pessoalmente e pelo ciberespaço, para roubar qualquer coisa que possa encurtar seu caminho para a prosperidade. Enquanto isso, depois de décadas roubando patentes alheias, a China também acumulou sua própria propriedade intelectual a ponto de também ver a luz e se tornar uma defensora fervorosa da lei de patentes.

Talvez o "roubo" mais famoso da história da tecnologia esteja nas origens da Apple, quando Steve Jobs levou a visão não concretizada da Xerox de uma interface gráfica comandada por mouse ao revolucionário computador Macintosh.[3]

Como Lowell e seus contemporâneos, que aprimoraram os projetos britânicos e os alimentaram com os amplos recursos e a crescente população do jovem país, Jobs sacou que a interface gráfica da Xerox tinha o potencial de abalar o mercado de computadores em uma escala muito maior que o enorme sucesso que a empresa tinha conquistado com a Apple II. Usando a interface gráfica, a Apple pôde criar, em sua própria descrição, "o computador para as pessoas comuns".[4] Foi algo que a Xerox jamais faria e jamais foi capaz de fazer, institucional, estratégica e filosoficamente.

A Apple simplesmente toma para si inovações desenvolvidas em outros lugares e aplica um "marketing" melhor. É mais ou menos isso. É verdade que a Apple comprou ou licenciou muitos dos pilares tecnológicos que fundamentaram sua posição de liderança atual, incluindo a interface gráfica da Xerox, as telas sensíveis ao toque da Synaptics e os chips da P.A. Semi. A questão não é que as jovens empresas simplesmente "roubam" para crescer, e sim que elas veem valor onde as outras não veem, ou são capazes de extrair um valor que as outras são incapazes de extrair. E fazem isso custe o que custar.

TRAPAÇA Nº 2: NÃO ESTAMOS ROUBANDO, SÓ PEGANDO EMPRESTADO
A segunda forma de trapaça é muito usada pelos Quatro: "emprestar" as informações dos usuários depois para vendê-las de volta a eles. O Google é um bom exemplo disso.

O Google foi criado com base em insights matemáticos sobre a estrutura da web e a natureza das buscas, mas se tornou um cavaleiro com base no insight dos fundadores (e de Eric Schmidt) de que as informações podem ser distribuídas gratuitamente com uma mão e se tornar muito lucrativas com a outra. Marissa Mayer, então executiva do Google, testemunhou diante do Congresso norte-americano e disse a um grupo de, em sua maioria, homens velhos e brancos, que os jornais e as revistas tinham a obrigação natural de permitir que suas informações fossem sondadas, fatiadas e pesquisadas pelo Google.[5] Em artigos divulgados pelo Google News, ela declarou que os resultados das buscas "são selecionados independentemente de ponto de vista político ou ideologia e os usuários podem escolher entre uma ampla variedade de perspectivas para qualquer notícia".[6] Mil flores poderiam florescer no éter, foi a sugestão. Os Estados Unidos poderiam manter seu DNA de inovação e crianças de cidadezinhas do interior teriam ajuda para fazer a lição de casa. Foi algo como a PBS ostentando a Vila Sésamo ao pedir uma renovação do subsídio do governo. Afinal, quem quer ficar para a história por matar o Garibaldo?

Na verdade, de acordo com o testemunho de Mayer, o Google fornecia "um valioso serviço gratuito aos jornais on-line ao enviar leitores interessados a seus sites".[7] Ela parecia decepcionada com o fato de o *New York Times* e o *Chicago Tribune* não fazerem fila para agradecer o Google por tudo o que a empresa fez por eles. Talvez a razão para isso seja o fato de que o "valioso serviço gratuito" do Google na verdade estava esvaziando rapidamente a base publicitária do setor de notícias nos Estados Unidos e desviando toda a receita para si.

Mayer tranquilizou o Congresso: não temam, o Google oferece um serviço valioso, embora não gratuito, para resolver isso. Os editores dos meios de comunicação, que cada vez mais dependiam do Google para gerar seu tráfego, poderiam aderir ao Google AdSense, que "ajuda os editores a gerar receita com seus conteúdos".[8]

A realidade, é claro, era que, nas eleições de 2016, as informações já podiam ser polarizadas por algoritmos capazes de detectar nosso "ponto de vista político e ideologia" em uma questão de milissegundos.[9] Depois do testemunho de Mayer, as empresas de notícias (que nunca tinham precisado da "ajuda" do Google para gerar receita) entraram em extinção em uma velocidade alarmante. Enquanto isso, o Google passou a sugar todas as informações do mundo (sobre nós, sobre nossos hábitos, sobre nosso mundo), aplicando seus algoritmos a essas informações para nos fornecer ainda mais "valiosos serviços gratuitos".

Tanto o Facebook como o Google declararam, no início da década, que não compartilhariam informações entre os silos das empresas (do Facebook ao Instagram, do Google ao Gmail ao YouTube e ao DoubleClick). No entanto, os dois cavaleiros mentiram e alteraram sorrateiramente suas políticas de privacidade, demandando uma solicitação específica de não aderência se você não quiser que eles façam a referência cruzada de suas atividades com sua localização e suas buscas. Nada indica que essas empresas tenham qualquer outra intenção a não ser usar os dados para fazer uma segmentação de marketing melhor. No mundo do marketing digital, essa aplicabilidade não raro acaba sendo estranha. Até o presente momento, consumidores e anunciantes votaram com suas ações e declaram que o estranho é um preço que vale a pena pagar pela aplicabilidade.

CAPÍTULO SEIS

Quanto vale a informação

O credo dos hackers, "a informação quer ser livre", preparou o terreno para a segunda era dourada da internet. Vale a pena lembrar da origem dessa frase, proposta pela primeira vez por Stewart Brand, fundador do *Whole Earth Catalog*, na Conferência de Hackers de 1984. A ideia foi formulada nos seguintes termos:

> Por um lado, a informação quer ser cara, porque tem tanto valor. A informação certa no lugar certo tem o enorme poder de mudar vidas. Por outro lado, a informação quer ser livre e gratuita, porque o custo de sua distribuição não para de cair. Portanto, temos essas duas forças opostas em eterno conflito.[10]

As informações, como todos nós, querem desesperadamente ser atraentes, especiais e bem pagas... *muito* bem pagas. As informações querem ser caras. A empresa de mídia de maior sucesso dos Estados Unidos, tirando o Google e o Facebook, é a Bloomberg. Michael Bloomberg nunca caiu nessa armadilha e nunca deu informações de graça. Ele misturava informações alheias com dados exclusivos, incluía uma camada de inteligência e (eis o truque) as escasseava. As informações eram caras e a empresa tinha a própria distribuição vertical (vitrines) na forma de terminais da Bloomberg. Se você quiser ter acesso a notícias quentes do mundo dos negócios que podem afetar o preço de uma ação de sua carteira, assine a Bloomberg e instale um terminal no seu escritório para poder ver um fluxo interminável de notícias e de dados financeiros.

A parte que diz que a "informação quer ser cara" da declaração parece ter sido esquecida, como Trotsky foi apagado das fotos, por empresas que desejam que o conteúdo seja gratuito. Na verdade, o interesse de Brand se voltava a essa tensão entre os dois e foi nessa tensão que ele anteviu a inovação. O Google (e o Facebook, em um contexto diferente) conseguiu dominar essa tensão. A empresa se aproveita dos custos de distribuição cada vez mais baixos, dando aos usuários acesso a um mundo inteiro de informações antes dispendiosas, e extrai bilhões de dólares dessas informações ao controlar o acesso a elas.

O Facebook também alavancou a tensão entre os custos cada vez mais baixos das informações e seu valor sempre em alta. Sua manobra de jiu-jítsu foi ainda mais radical que a do Google. O Facebook convence seus usuários a criar o conteúdo e vendê-lo aos anunciantes para que eles possam vender anúncios aos usuários que o criaram. A empresa não está "roubando" nossas fotos de bebês e nossos discursos políticos indignados, mas está extraindo bilhões de dólares dos posts que criamos usando uma tecnologia e uma inovação às quais não temos acesso. Não existe uma maneira melhor de "emprestar" que essa.

O Facebook construiu seus fundamentos com base em uma segunda mentira, repetida milhares de vezes nas primeiras reuniões entre o exército de representantes de vendas do Facebook e as maiores marcas de consumo do mundo: "Construa grandes comunidades e você será o dono delas". Centenas de marcas investiram centenas de milhões de dólares no Facebook para agregar enormes comunidades da marca hospedadas na plataforma. E, ao estimular os consumidores a "curtir" suas marcas, elas deram ao Facebook uma montanha enorme de publicidade gratuita. Depois que as marcas construíram mansões caríssimas na plataforma e estavam prontas para se mudar, o Facebook retorquiu: "Foi só uma brincadeirinha, vocês na verdade não são os donos desses fãs e vão precisar pagar por eles". O alcance orgânico do conteúdo de uma marca (a porcentagem de posts de uma marca apresentada no feed de um fã) despencou de 100% para menos de 10%. Se uma marca quisesse atingir sua comunidade, ela precisaria anunciar no Facebook ou, em outras palavras, *pagar* ao Facebook. É como construir uma casa e um inspetor da prefeitura aparecer quando você já estiver fazendo o acabamento. Enquanto o inspetor troca as fechaduras, ele declara: "Você vai ter de nos pagar um aluguel se quiser morar aqui".

Uma multidão de grandes empresas acreditou que seria dona da plataforma e acabaram sendo meros inquilinos do Facebook. A Nike pagou ao Facebook para construir sua comunidade, só que agora menos de 2% dos posts da Nike são exibidos a essa comunidade... a menos, é claro, que a Nike tope anunciar no Facebook.[11] Se a Nike não gostar da brincadeira, azar o deles, eles podem ir

CAPÍTULO SEIS

chorar para a comunidade da outra rede social com 2 bilhões de usuários... Mas espere aí... que outra rede social? Na falta de outra opção, as marcas reclamaram e, no entanto, engoliram o abuso.

O SEGREDO DE UM BOM GOLPE

Todo mundo sabe quais são os planos da Amazon: 1) dominar os setores de varejo e mídia do planeta; e 2) substituir a entrega de todos esses produtos (pode dar tchauzinho à UPS, FedEx e DHL) por seus próprios aviões, drones e veículos autônomos. É bem verdade que eles vão continuar encontrando lombadas no caminho. Mas nem vão sentir a diferença com sua cultura de inovação e seu acesso a um capital infinito. Será que alguém acredita que qualquer país do mundo (exceto, talvez, a China, protegendo seu próprio varejista on-line, a Alibaba) seja capaz de resistir?

Como explicado pelo personagem de Paul Newman no filme *Golpe de mestre*, o segredo de um grande golpe é a vítima nunca perceber que foi enganada. Na verdade, ela acredita que vai ganhar uma bolada até o último momento. Os jornais ainda acham que estão na crista da onda do futuro e nem fazem ideia de que estão se afogando no fundo do mar. Eles foram apunhalados pelo Google e nem perceberam. E, mesmo quando o Google não teve nada a ver com isso, os jornais foram condenados ao fracasso pela própria estupidez (quando deixaram passar a oportunidade de comprar o eBay que lhes foi oferecido em uma travessa de prata, quando deixaram de adquirir a Craigslist quando ainda era uma startup e quando decidiram manter seus melhores talentos na mídia impressa em vez de transferi-los para a internet). Se tivessem tomado a decisão certa em apenas a metade das oportunidades do ciberespaço, a maioria dessas empresas ainda estaria viva.

Os outros cavaleiros também trapacearam (e feio) suas vítimas. As marcas injetaram avidamente rios de dinheiro para construir comunidades no Facebook antes de perceber que jamais seriam as donas dessas comunidades. Os vendedores correram para entrar na Amazon, acreditando que a plataforma lhes daria acesso a toda uma nova base de clientes, mas agora se veem competindo com a própria Amazon. Até a Xerox achou que ficaria com uma participação lucrativa (100 mil ações) da Apple, uma das empresas de tecnologia mais badaladas do mundo, só para deixar Steve Jobs olhar o que tinha dentro de "seu quimono".[12] Seria possível dizer que essas pobres vítimas atiraram no próprio pé.

Os aspirantes a cavaleiros sempre se mostram dispostos a entrar no mercado usando recursos antes não disponíveis para a concorrência da velha guarda. O Uber, por exemplo, opera em flagrante violação das leis em muitos mercados, talvez quase todos. O serviço foi banido na Alemanha; os motoristas do Uber são multados na França (mas o Uber paga as multas);[13] e várias jurisdições dos Estados Unidos exigiram que o Uber cessasse suas operações.[14] E, mesmo assim, os investidores (incluindo governos) entram na fila para dar bilhões de dólares à empresa. Eles acreditam que, no fim, as leis vão precisar ser alteradas antes de o Uber ser obrigado a fechar as portas e que o Uber é simplesmente inevitável. E eles provavelmente estão certos. Esse nosso mundo tem suas leis e seus inovadores. Todo mundo aposta nos inovadores.

O Uber não só consegue contornar as leis aplicáveis aos serviços de aluguel de carros, como também consegue esquivar-se das leis trabalhistas fazendo-se de um aplicativo que só faz a ponte entre motoristas e usuários (uma balela que ninguém engole). Apesar disso tudo, os motoristas e os usuários do Uber (eu inclusive) continuam se inscrevendo no serviço em um ritmo alucinante, já que seu serviço básico e seu aplicativo são infinitamente melhores que o modelo entrincheirado dos táxis. O Uber sacou que, se um setor estiver em frangalhos, os consumidores vão conspirar para violar as leis a favor de um serviço mais razoável. E, no futuro, você acha mesmo que os governos vão ter coragem de se colocar contra o mercado financeiro e milhões de consumidores?

A Amazon também conspirou com meio bilhão de consumidores para usar seus algoritmos, pegar parte das margens que os vendedores costumavam embolsar e repassá-las a seus aliados, os consumidores. Um varejista alavancando seu poder para desenvolver uma marca própria de margem superior não é novidade alguma. Só que nunca vimos alguém fazer isso tão bem. Da mesma forma como os aliados dos Estados Unidos se declararam "chocados" quando ficaram sabendo que os norte-americanos estavam espionando os telefonemas dos líderes mundiais, todos já sabiam

CAPÍTULO SEIS

que todos se espionam. O que os irritou foi saber que os Estados Unidos são muito melhores que eles nesse quesito. Essa aliança entre a Amazon, o consumidor e os algoritmos põe um valor enorme nas mãos dos consumidores e o crescimento resultante da Amazon permite à empresa coletar centenas de bilhões em valor para seus funcionários e investidores. Nós, consumidores, nos beneficiamos enormemente de um relacionamento com os aliados mais poderosos do planeta. Nós, cidadãos, assalariados e concorrentes, sabemos que estamos sendo destratados, mas não temos coragem de romper o relacionamento com a rainha do baile.

Existe um sistema de justiça, porém ele não é cego. É bom sermos tão ricos quanto um dos Quatro quando nos pegam em flagrante. O Facebook garantiu aos legisladores da União Europeia, ao solicitar a aprovação para a aquisição do WhatsApp, que as duas entidades jamais compartilhariam dados em curto prazo. A promessa tranquilizou os legisladores quanto a questões de privacidade e a aquisição foi aprovada. *Spoiler alert*: o Facebook descobriu rapidinho como os dados poderiam saltar as barreiras entre os silos. Quando isso aconteceu, a União Europeia, sentindo-se ludibriada, impôs uma multa de € 110 milhões ao Facebook. Foi como levar uma multa de estacionamento de US$ 10 por não pagar uma Zona Azul que custa US$ 100 por 15 minutos. Pelo jeito compensa transgredir a lei.

CAPÍTULO SETE

A METÁFORA DO CORPO HUMANO NOS NEGÓCIOS

Todas as empresas se identificam com um de três órgãos

Em seus livros campeões de vendas, Ben Horowitz, Peter Thiel, Eric Schmidt, Salim Ismaiel e outros argumentam que o sucesso extraordinário nos negócios requer escalar a baixo custo, o que é obtido alavancando a computação em nuvem, a virtualização e os efeitos de rede para atingir uma produtividade dez vezes maior que a concorrência.[1] Mas essa explicação ignora uma dimensão mais profunda, que não tem nada a ver com a tecnologia. Do ponto de vista da psicologia evolutiva, todas as empresas de sucesso apelam a uma de três regiões do corpo: o cérebro, o coração ou os órgãos sexuais. Todas elas se voltam a algum aspecto da sobrevivência. Para qualquer líder corporativo, saber a qual domínio se voltar (ou seja, qual órgão satisfazer) deve orientar sua estratégia de negócios e os resultados de sua empresa.

Matéria cinzenta

O cérebro é um órgão calculista e racional. Para fazer o que tem de ser feito, ele pondera custos e benefícios, calculando em milésimos de segundo. Quando estamos fazendo compras, o cérebro compara os preços e pisa nos freios com uma enorme velocidade. Se o cérebro descobre que as fraldas da Huggies são 50 centavos mais baratas que as da Pampers, ele faz uma complexa análise de custo-benefício, incluindo experiências passadas com os dois tipos de fralda (qual delas absorve melhor?) e calcula a melhor escolha.

O resultado desse processo, no mundo dos negócios, são margens mais baixas. O cérebro do consumidor é o maior estraga-prazeres e o maior concorrente da maioria das empresas. Lincoln estava certo quando disse que não era possível enganar a todos o tempo todo e muitas empresas hoje mortas se arrependeram de tentar. Nosso cérebro nos impede de tomar muitas decisões idiotas, pelo menos depois que pisamos na bola algumas vezes.

Poucas empresas se voltam ao cérebro dos clientes, criam um apelo para o nosso lado racional e conseguem sair vitoriosas. Um bom exemplo é o Walmart. Milhões de consumidores avaliam suas opções e decidem fazer suas compras em suas lojas. "Mais por menos" foi por um bom tempo uma excelente proposição de valor. É por isso que nossos antepassados, ao decidir quais animais afugentar para cair em penhascos, escolhiam os bisões aos esquilos, apesar do maior risco envolvendo os primeiros.

O Walmart opera uma das cadeias de fornecimento mais eficientes do mundo em uma escala sem igual. O varejista controla seus fornecedores (fabricantes de mercadorias produzidas em massa e comoditizadas) com mão de ferro. Ao espremer todo o valor deles, o Walmart reduz seus custos e repassa a economia aos consumidores para expandir sua participação de mercado. Hoje o Walmart domina 11% do varejo nos Estados Unidos.[2] Apesar das baixas margens, o volume enorme produz lucros gigantescos. Os clientes do Walmart usam bem o cérebro, supostamente até melhor que os clientes mais ricos, que gastam mais em troca de prestígio.

O vencedor da batalha contra o cérebro gera um enorme valor para os acionistas, mas é uma batalha do tipo "o vencedor leva tudo". Quando o cérebro decide qual é a melhor escolha racional, sua decisão é inflexível, monógama e leal. Os garotos-propaganda da batalha pelo cérebro são o Walmart, a Amazon e até a China (competindo com base nos preços). A maioria das empresas não é, e nunca vai poder ser, líder dos baixos custos. Trata-se de um clube exclusivo que requer escala para garantir o sucesso em longo prazo.

E se você não for, e não quiser ser, o rei da logística? Nesse caso, será mais interessante migrar para o sul, dos cálculos frios e rigorosos do cérebro para o coração, mais indulgente.

CAPÍTULO SETE

O GRANDE CORAÇÃO

O coração representa um vasto mercado. Afinal, a maioria de nossas ações, incluindo nossas compras, baseia-se nas emoções. É mais fácil, e mais divertido, que recorrer à previsível análise de custo-benefício do cérebro estraga-prazeres, cuja resposta para "Será que devo comprar isto?" costuma ser "Não". O coração também é movido pela maior força da história: o *amor*.

Ficamos felizes quando amamos, cultivamos relacionamentos e nos interessamos pelos outros. E também vivemos mais. O Estudo Centenário de Okinawa (Okinawa Centenarian Study) analisou a vida dos moradores dessa ilha do Japão que abriga um número desproporcional de pessoas com mais de 100 anos de idade. Os pesquisadores descobriram que esses idosos comiam muito feijão, vagem e favas, e bebiam todos os dias (boas notícias!) com moderação (nem tudo é perfeito...).[3] Eles também se exercitavam diariamente e eram animais sociais.[4] Além disso, gostavam e cuidavam de grandes grupos de pessoas.[5] Pesquisas recentes conduzidas pelo Centro de Envelhecimento e Saúde da Johns Hopkins University constataram que as pessoas que cuidam dos outros têm uma taxa de mortalidade 18% menor que as pessoas que não cuidam dos outros.[6] O amor nos mantém vivos. É um instinto darwiniano. Afinal, a espécie precisa de cuidadores para evitar a extinção.

O coração pode ser irracional, entretanto, como estratégia de negócios, voltar-se ao coração é uma estratégia racional e sensata. Na verdade, a explosão do marketing voltado ao consumidor na esteira da Segunda Guerra Mundial se direcionou, quase que exclusivamente, ao coração. As marcas, slogans e jingles foram pensados para apelar ao que mais importava para os consumidores: seus objetos de afeto. O coração foi o foco implacável dos Don Drapers do mundo. Foi assim que J. M. Smucker convenceu as pessoas de que o amor que elas sentiam pelos filhos estava diretamente correlacionado com a pasta de amendoim que elas escolhiam: "As mamães exigentes escolhem a Jif". O amor também é a chave das datas sazonais, como o Natal e o Dia da Mães ("Mostre à sua mãe que você a ama"). Um anel de noivado de diamantes que custa o salário de três meses era para ser "eterno". Eterno para 50% das pessoas, pelo menos.

Para uma empresa, cada flecha direcionada ao coração do consumidor é revertida em margens. Essas flechas apelam a sentimentos como o encanto, o patriotismo, a amizade, a masculinidade, a devoção e, acima de tudo, o amor. São valores que não têm preço (mas as empresas conseguem colar uma etiqueta de preço neles). E, com isso, os mercados voltados ao coração ganham uma rede de segurança. Mesmo se os concorrentes conquistarem uma vantagem (como logística ou valor), elas podem sobreviver e até ter sucesso, desde que continuem se direcionando ao coração irracional dos clientes.

Se tudo isso soar superficial, é porque é mesmo. Essa é a natureza da paixão, e o coração é uma das poucas forças capazes de anular as decisões do cérebro.

A era digital, com sua transparência e inovação, declarou guerra ao coração. Ferramentas de busca e avaliações dos usuários estão incluindo um nível de transparência que acaba eliminando grande parte das emoções das decisões de compra. O Google e a

Figura 7.1:

DESEMPENHO ANO A ANO DAS PRINCIPAIS MARCAS DE BENS DE CONSUMO EMBALADOS

90%   68%

PARTICIPAÇÃO PERDIDA   QUEDA DAS VENDAS

Fonte: A TOUGH road to growth; the 2015 mid-year review: How the top 100 CPG brands performed. Cision PR Newsware, 30 set. 2015. <https://www.prnewswire.com/news-releases/catalina-mid-year-performance-report-finds-challenging-market-for-many-of-top-100-cpg--brands-300151386.html>.

CAPÍTULO SETE

Amazon prenunciaram o fim da era das marcas, com os consumidores menos propensos a submeter-se aos comandos das emoções quando deus (o Google) ou seu primo (a Amazon) nos dizem para não sermos idiotas e comprarmos as pilhas da marca própria da Amazon (um terço de todas as pilhas vendidas na internet) em vez das pilhas da Duracell. O setor de bens de consumo embalados, que pode ser o maior setor de consumo do mundo, foi criado com base nas compras orientadas pelo coração. Em 2015, 90% das marcas de bens de consumo embalados perderam participação e dois terços sofreram quedas de receita.

O que uma marca que não consegue desenvolver a escala precisa fazer para sobreviver? Morrer ou migrar mais para o sul, para um órgão ainda menos racional.

A ZONA ERÓGENA

Com a crescente dificuldade de apelar ao coração, as marcas que se dirigem aos órgãos sexuais avançam de vento em popa. Esses órgãos orientam nosso desejo e nosso implacável instinto de procriação. Depois da sobrevivência, nada nos motiva mais que sexo. Felizmente para as empresas, o sexo e os rituais de acasalamento têm o poder de silenciar as advertências estraga-prazeres do cérebro sobre risco e custo. Basta perguntar a qualquer garoto de 18 anos que acabou de tirar a carteira de motorista e sonha em ter um carro esportivo.

Quando estamos em "modo acasalamento", queremos calar o cérebro. Nós bebemos. Tomamos drogas. Escurecemos o ambiente (a luz estimula o cérebro) e aumentamos o volume da música. Um estudo com homens e mulheres que tiveram um encontro sexual sem compromisso incluindo sexo com penetração mostrou que 71% estavam bêbados.[7] Essas pessoas usaram substâncias químicas para intencionalmente desligar o cérebro, criando uma "despreocupação compulsória".[8] Se você acorda no dia seguinte se perguntando "Onde é que eu estava com a cabeça?", é sinal de que sua cabeça estava desligada. Poucos bêbados sacam o smartphone para descobrir qual bar das proximidades vende uísque mais barato, como fazem quando estão pensando em comprar uma cafeteira Nespresso.

Somos irracionais e generosos quando estamos drogados ou embriagados. A combinação de álcool com a busca da juventude nos deixa mergulhados em uma piscina de hormônios e desejo. Vivemos no momento presente. As marcas de luxo já sacaram isso faz séculos. Elas contornam a racionalidade e o amor, vinculando seus produtos e serviços ao sexo e a rituais de acasalamento. Os homens são motivados, desde a era das cavernas, a espalhar suas sementes pelos quatro cantos da Terra. Eles ostentam poder e riqueza, tentando mostrar às mulheres (ou, em alguns casos, outros homens) que serão bons provedores e que sua prole terá mais chances de sobreviver. O relógio da Panerai no seu pulso sinaliza para as parceiras potenciais que, se elas se acasalarem com você, sua prole terá mais chances de sobreviver do que se escolherem um homem usando um relógio barato da Swatch.

Em comparação, o papel evolutivo das mulheres é atrair o maior número possível de pretendentes e escolher o parceiro sexual mais promissor (o mais forte, o mais rápido, o mais inteligente). É para isso que as mulheres se dispõem a fazer contorcionismos usando um par de sapatos de plataforma ergonomicamente impossíveis da Christian Louboutin que não saem por menos de US$ 1.085 em vez de usar sapatilhas confortáveis de US$ 20.

Essas decisões (se é que podemos chamá-las de "decisões") lançam o consumidor e o provedor em uma relação simbiótica. O consumidor gasta mais porque o ato de gastar por si só transmite bom gosto, riqueza, privilégio... e desejo. A empresa, naturalmente, é dedicada à mesma proposição, mas do outro lado da mesa, fornecendo aos consumidores as ferramentas necessárias para comunicar essa mensagem. A empresa sabe que, se os seus produtos atuarem como marcas de acasalamento (o equivalente do mercado a penas de pavão), as margens e os lucros maiores virão naturalmente, frustrando o cérebro e fazendo inveja ao coração. O luxo (na forma de marcas como a Christian Dior, Louis Vuitton, Tiffany ou Tesla) é irracional, o que faz dessa indústria o melhor negócio do mundo. Em 2016, a Estée Lauder valia mais que a maior empresa de comunicação do mundo, a WPP.[9] O conglomerado Richemont, proprietário da Cartier e da Van Cleef & Arpels, valia mais que a companhia alemã de telefonia

CAPÍTULO SETE

móvel T-Mobile.¹⁰ A holding francesa LVMH vale mais que a Goldman Sachs.¹¹

Os Cavaleiros e a metáfora do corpo

A metáfora do corpo (cérebro, coração e órgãos sexuais) tem uma relação direta com o extraordinário sucesso dos Quatro Cavaleiros.

Vejamos o exemplo do Google. O Google se direciona ao cérebro e o complementa, expandindo nossa memória de longo prazo praticamente até o infinito. Isso é feito não só acessando petabytes de informações espalhadas pelo mundo, como também substituindo a "ferramenta" de busca complexa e inigualável de nosso cérebro (e sua capacidade de criar atalhos a uma velocidade impressionante pelos dendritos de nossos neurônios). A essa notável capacidade fisiológica, o Google acrescenta a força bruta do processamento ultrarrápido e redes de banda larga de alta velocidade para percorrer rapidamente o planeta e encontrar, no servidor certo, a informação exata que desejamos. Os seres humanos, naturalmente, também são capazes de fazer a mesma coisa, mas provavelmente levaríamos semanas e muitas visitas a bibliotecas empoeiradas para encontrar a mesma informação. O Google é capaz de fazer tudo isso em menos de um segundo e ainda se oferece para encontrar para nós o próximo fato obscuro e tudo o que quisermos saber. O Google nunca se cansa, nunca sofre com os efeitos da mudança de fuso horário. E não só encontra o que procuramos, como também encontra 100 mil outras informações semelhantes que podem nos interessar.

Por fim, e o mais importante, nós *confiamos* nos resultados das buscas do Google mais do confiamos na nossa própria memória, por vezes intermitente e espasmódica. Não sabemos como o algoritmo do Google funciona, porém confiamos nele a ponto de apostar nossa carreira, e até nossa vida, com base nas respostas que recebemos.

O Google tornou-se o centro nervoso de nosso cérebro prostético compartilhado. Ele domina a indústria do conhecimento como o Walmart e a Amazon dominam o varejo off-line e on-line, respectivamente. E, quando o Google mete a mão no nosso bolso, em geral ele só pega algumas moedas. O Google é a antítese de uma empresa de luxo, disponível em qualquer lugar e para todos, ricos e pobres, geniais ou burros. Não nos importamos com o fato de o Google ter se tornado um gigante dominador, pois nossa experiência com a empresa é pequena, íntima e pessoal. E não nos ressentimos com o fato de a empresa transformar nossos centavos em dezenas de bilhões de dólares em receita e centenas de bilhões de dólares em valor para os acionistas, contanto que ela nos dê as respostas e faça nosso cérebro parecer mais inteligente. O Google é o único vencedor e os benefícios a seus acionistas são um resultado da economia do tipo "o vencedor leva tudo" do cérebro. O Google dá ao consumidor a melhor resposta, por menos e com mais rapidez que qualquer outra organização da história. O cérebro não pode deixar de adorar o Google.

Se o Google representa o cérebro, a Amazon é uma ponte entre o cérebro e o nosso instinto de caçador-coletor, configurado para adquirir mais coisas. No despontar da história, ferramentas melhores eram sinônimos de uma vida melhor e mais longa. Quanto mais coisas nós tínhamos, maior era nossa sensação de segurança e sucesso. Podíamos nos sentir protegidos de nossos inimigos e superiores aos nossos amigos e vizinhos. Era tudo o que qualquer pessoa poderia querer da vida. As pessoas desdenham do sucesso da Starbucks dizendo que a empresa se limita a "vender cafeína aos viciados". A cafeína, no entanto, é brincadeira de criança em comparação com a heroína das compras.

O Facebook, por sua vez, dirige-se ao nosso coração. Não exatamente como a marca Tide de sabão em pó e amaciante se volta a nossos instintos maternais, mas no sentido de nos conectar com nossos amigos e parentes. O Facebook é o tecido que une o mundo: uma combinação de nossos dados comportamentais e de receitas publicitárias que consegue falar mais alto que um gigante como o Google. Mas, ao contrário do Google, o Facebook é pura emoção. Os seres humanos são criaturas sociais e não fomos feitos para viver sozinhos. Pesquisas demonstram que o isolamento da família e dos amigos aumenta nossas chances de sofrer de depressão e doenças mentais, além de reduzir nosso tempo de vida.

A grande sacada do Facebook não foi só nos dar mais um lugar na internet para firmar nossa identidade, mas também nos

CAPÍTULO SETE

dar as ferramentas para enriquecer nossa vitrine pessoal para o mundo e nos comunicar com outros integrantes de nossos círculos sociais. Já sabemos, há um bom tempo, que as pessoas vivem em grupos de tamanho finito e específico. Os números se repetem ao longo da história humana, desde o tamanho de uma legião romana, a população de uma vila medieval e até o número de amigos no Facebook. Toda a humanidade segue mais ou menos o seguinte padrão: normalmente temos um parceiro sexual (duas pessoas), as pessoas que consideramos nossos melhores amigos (ou como diz a piada, as pessoas dispostas a nos ajudar a esconder um cadáver – seis pessoas), as pessoas com as quais podemos trabalhar com eficiência em equipe (12) e as pessoas que somos capazes de reconhecer (1.500 pessoas). O poder invisível do Facebook é que a plataforma não só aprofunda nossas conexões com esses grupos, como nos fornece canais de comunicação multimídia mais potentes, expandindo nossas conexões para incluir mais membros. Com isso, ficamos mais felizes e nos sentimos aceitos e amados.

A Apple começou na cabeça, estabelecendo-se firmemente no vocabulário da logística do setor de tecnologia. A empresa se vangloriava da eficiência: "A Ford passou a maior parte de 1903 tentando resolver os mesmos detalhes que você vai conseguir resolver em questão de minutos com um computador da Apple", proclamava um anúncio impresso da empresa. O Mac nos ajudou a "pensar diferente". Até que a Apple migrou para baixo. Sua marca de luxo, que nos ajuda a expressar quem somos, volta-se para nossa necessidade de reforçar nosso *sex appeal*. Foi somente ao focar nas nossas necessidades de procriação que a Apple extraiu as margens mais irracionais, em comparação com os concorrentes, e se transformou na empresa mais lucrativa da história empresarial. Quando atuei no Conselho de Administração da fabricante de computadores Gateway, as (parcas) margens eram de 6%. Enquanto isso, a divisão de computadores da Apple (que nem chegavam a ser tão potentes) operava com margens de 28%. A Gateway foi banida ao árido território do cérebro (ninguém fica mais atraente usando um computador da Gateway), onde a Dell já tinha vencido o jogo da escala (racional). Estávamos exilados numa terra de ninguém e éramos forçados a vender nosso produto a preço de banana. Apesar de ter atingido os US$ 75 por ação vários anos antes, a empresa foi adquirida pela Acer por parcos US$ 1,85 por ação.

O desejo pelos produtos da Apple deu à empresa seu status de culto. Os integrantes desse culto se orgulham de sua escolha hiperracional de comprar os produtos da Apple com base em seu design ergonômico, sistema operacional superior e resistência a vírus e hackers. Como os jovens que lhes vendem os produtos da Apple, eles se consideram "gênios", membros seletos do Illuminati, soldados na cruzada da Apple para pensar diferente e mudar o mundo. E, acima de tudo, eles acham que estão arrasando com os produtos da empresa.

As pessoas que não pertencem ao culto, no entanto, sabem que tudo isso não passa de uma racionalização para tentar explicar uma motivação que se aproxima muito mais da luxúria. Os usuários do Android apaziguam a inveja usando seu lado racional. Comprar um computador ou dispositivo da Apple é uma decisão irracional (para que gastar US$ 749 por um celular quando você pode comprar um similar por US$ 99?). E eles até estão certos. Ninguém monta acampamento diante de uma loja para esperar o iPhone da próxima geração com base em uma decisão racional.

O marketing e a promoção da Apple nunca tiveram um apelo sexual. A mensagem não é que ter um produto da Apple nos tornará mais atraentes para o sexo oposto (ou o mesmo sexo). Mas (o que é comum nas melhores marcas de luxo) a mensagem é que os produtos farão você ser *melhor* que seus concorrentes sexuais: mais elegante, mais inteligente, mais rico e mais empolgante. Você será um ícone da perfeição: descolado, com a vida feita, ouvindo uma música sofisticada com um dispositivo no seu bolso e vendo as magníficas fotos de sua última viagem, fotos que parecem ter sido tiradas com uma câmera profissional, mas que você tirou com o seu celular. Você vai ter tudo o que a vida tem a oferecer. Você vai se sentir mais perto de Deus. Ou pelo menos mais perto do Jesus Cristo dos negócios, o ápice do sucesso, o gênio inflexível, o animal sexy que foi Steve Jobs.

CAPÍTULO SETE

CRESCIMENTO DOS NEGÓCIOS E A BIOLOGIA

Tudo indica que os Quatro Cavaleiros já conquistaram o monopólio dos principais órgãos do corpo humano. E será que não sobrou nada? E, se não sobrou nenhuma outra boa oportunidade no mercado, como podemos competir com eles?

Vamos começar com a segunda pergunta. Os cavaleiros atuais são gigantescos, tão ricos e tão dominantes, que parece impossível atacá-los de frente. Até pode ser o caso, mas a história sugere que outras estratégias são possíveis. Afinal, essas quatro empresas, no passado, também enfrentaram – e venceram – gigantes corporativos igualmente dominantes e consolidados.

Por exemplo, quando a Apple, no início, enfrentou vários concorrentes enormes. A IBM era uma das maiores empresas do mundo e dominava a computação empresarial (como dizia o ditado, "Ninguém jamais foi demitido por comprar da IBM"). A Hewlett-Packard, uma empresa quase tão grande quanto a IBM e supostamente a empresa de maior sucesso de todos os tempos, dominava o setor de calculadoras científicas portáteis e de mesa. E a Digital Equipment corria cabeça a cabeça com as duas gigantes na indústria de minicomputadores e tinha tudo para vencer. Como é que a Apple, fundada por dois hackers desmazelados numa garagem, poderia competir com esses monstros?

Foi uma combinação de audácia, design superior e sorte. Você já deve ter ouvido incontáveis histórias sobre os dois primeiros fatores, mas o terceiro pode ser uma surpresa. Steve Jobs sabia que tinha um produto espetacular com o Apple II, graças à brilhante arquitetura de Woz e ao design elegante. Porém, nenhuma empresa toparia comprar seus computadores quando podiam comprar máquinas inferiores, porém adequadas, a um preço mais baixo e com entrega garantida em grandes volumes.

Foi por isso que Jobs decidiu dar as costas para as pessoas jurídicas e ir atrás das pessoas físicas. No mercado de consumo, ele poderia ser o rei: seus pequenos concorrentes só sabiam criar computadores para iniciados, produtos que o consumidor comum não confiava ou que não entendia. Enquanto isso, a IBM preferia não entrar no mercado dos computadores pessoais por estar ocupada demais defendendo-se de acusações antitruste relativas a seus computadores de grande porte. A DEC não levava a sério a ideia de produzir computadores para os consumidores individuais e a HP (mesmo depois de Woz ter oferecido a Apple a Bill Hewlett) decidiu se concentrar em engenheiros e outros profissionais. Três anos depois de sua fundação, Jobs e a Apple já dominavam o mercado de computadores pessoais.

E foi então que uma coisa interessante aconteceu: esses mesmos consumidores começaram a levar furtivamente seus computadores da Apple para o trabalho. Em pouco tempo esse contrabando tinha se transformado em um verdadeiro motim e milhares de funcionários estavam usando seus computadores da Apple no trabalho, ignorando as regras dos departamentos de TI dos empregadores. Esse foi o início da Apple "descolada", que ajudava os usuários a se sentir como rebeldes lutando em guerrilhas corporativas contra o Homem do Departamento de Informática. Foi por isso que, quando a IBM finalmente lançou seu PC, a empresa arrasou com o resto da indústria de computadores pessoais. Mas a Apple, como o minúsculo mamífero correndo de um lado ao outro aos pés dos dinossauros, sobreviveu... e acabou triunfando.

O Google fez a mesma coisa fingindo ser pequeno, bonitinho e honesto com sua página inicial simples, mesmo depois de ter esmagado todas as outras ferramentas de busca. Lembre-se que o Google começou no Yahoo, que decidiu terceirizar as buscas para a pequena ferramenta. O Google acabou se tornando cem vezes mais valioso que o Yahoo, que não percebeu a ameaça. O Facebook derrotou o Myspace, dominante na época, posicionando-se como a alternativa bondosa e segura que não tinha sido dominada por predadores sexuais (ou pelo menos pelo medo causado por esses predadores). As raízes do Facebook nas universidades de maior prestígio dos Estados Unidos lhes davam uma aura de sofisticação e segurança (no começo, para entrar no Facebook, era preciso ter um endereço de e-mail .edu). O requisito de confirmar, e compartilhar, sua identidade criava uma decência diferente e mais civilizada.

Os conteúdos têm mais chances de ser recebidos com hostilidade no Twitter que no Facebook, já que, como acontece na vida real, é mais fácil ser um troll se você puder se esconder por trás do anonimato. A Amazon tomou o cuidado de nunca caracteri-

CAPÍTULO SETE

zar as livrarias como concorrência, chegando a afirmar que eles queriam que as livrarias sobrevivessem (como a jiboia gigantesca sente pena do pequeno e fofo mamífero que ela sufoca e engole inteiro). E a história se repete: hoje em dia, enquanto a Amazon investe bilhões na infraestrutura de "última milha", Bezos afirma que a Amazon não tem intenção alguma de substituir a UPS, a DHL ou a FedEx, mas só pretende "complementar esses serviços". É, é isso mesmo, Jeff e a Amazon só vieram para ajudar.

Nada impede que essas estratégias – rebeldia, falsa humildade, segurança e simplicidade – sejam um dia usadas contra os cavaleiros. As empresas gigantescas têm suas próprias dificuldades: elas perdem seus melhores talentos para startups mais empolgantes; suas instalações físicas começam a se deteriorar e dar problemas de manutenção; seus impérios crescem tanto que elas não conseguem mais coordenar todas as partes; elas perdem o foco devido ao escrutínio de governos invejosos ou nervosos. Os processos criados para gerar escala começam a desacelerar a empresa quando os gerentes começam a acreditar que seguir as normas é mais importante que tomar boas decisões. Bezos insiste que sua empresa jamais terá um "Dia 2".[12] Pode parecer improvável pensar que a Amazon um dia possa sair dos trilhos. Mas vai acontecer. O mundo dos negócios imita a biologia e, até agora, a taxa de mortalidade é de 100%. E os Quatro não escapam disso. Eles vão morrer. A questão não é se, mas quando e nas mãos de quem.

CAPÍTULO OITO

O ALGORITMO T

O QUE É PRECISO PARA CHEGAR A UM TRILHÃO DE DÓLARES

Mais cedo ou mais tarde, entrará em cena um Quinto Cavaleiro, uma empresa combinando um valor de mercado trilionário com um domínio suficiente do mercado para garantir seu canto do mundo. Ou, o mais provável, um dos Quatro vai ser substituído. Será que temos como identificar as empresas com mais chances de entrar nesse grupo de elite?

Mark Twain disse que a história até pode não se repetir, mas que ela cria rimas. Os Quatro têm oito fatores em comum: diferenciação do produto, "capital visionário", alcance global, carisma, integração vertical, inteligência artificial, aceleração de carreiras e vantagem geográfica. Esses fatores compõem uma espécie de algoritmo, regras que definem o que é preciso para se tornar uma empresa de trilhões de dólares. No nosso trabalho na L2, usamos o termo "Algoritmo T" para ajudar as empresas a alocar melhor seu capital.

Vejamos os oito fatores em mais detalhes.

1. DIFERENCIAÇÃO DO PRODUTO

A principal competência para criar valor para os acionistas no varejo costumava ser a *localização*. As pessoas não tinham como ir mais longe do que até a lojinha da esquina. Em seguida, foi a *distribuição*. As ferrovias deram aos consumidores a chance de usufruir de produtos diferentes produzidos em escala, o que reduziu os preços e proporcionou marcas confiáveis. Depois, entramos na era do *produto*, especialmente nas indústrias automobilística e de eletrodomésticos, em grande parte fomentadas pela inovação resultante da Segunda Guerra Mundial. Ganhamos acesso a carros, máquinas de lavar, aparelhos de TV e roupas ainda melhores. A jaqueta de couro foi inventada na Segunda Guerra Mundial, bem como o radar, o micro-ondas, os motores a jato, o transistor e o computador. Tudo isso nos levou à era *financeira*, na qual um grupo de empresas usava capital barato para reunir outras empresas em grandes conglomerados. Essa época, por sua vez, foi seguida da era das *marcas* nos anos 1980 e 1990, quando o valor para os acionistas era criado pegando um produto qualquer (sapatos, cerveja, sabão em pó) e criando associações intangíveis e cobiçadas em torno dele.

Como vimos no Capítulo 2, voltamos à era do *produto*, com novas tecnologias e com plataformas (como o Facebook ou as avaliações dos usuários na Amazon) que possibilitam aos consumidores avaliar e comparar uma ampla gama de produtos em uma pequena fração de tempo. Nunca foi tão fácil avaliar e comparar produtos, o que reduz a necessidade de recorrer a marcas ou à reputação. Hoje em dia, o melhor produto tem mais chances de se destacar na multidão, ao passo que antes o melhor produto sem um bom marketing por trás era como uma árvore caindo na floresta. Além disso, a injeção de "cérebros" digitais em produtos inanimados e estáticos deu início a uma nova onda de inovação na qual aplicativos customizáveis e personalizáveis podem ser baixados e atualizados rapidamente, sem a necessidade de substituir a "caixa" original.

Um colchão não passa de um colchão até você comprar um iPad e uma tecnologia básica. Por meio de um aplicativo, você pode descobrir o tempo de sono ideal para você. Ou pode encontrar e comprar pela internet o melhor colchão, sem ter de entrar naquelas horríveis lojas de colchões, e receber o colchão na sua casa.

Eu preciso levar meu carro à concessionária para fazer um ajuste. Meu vizinho ajusta o carro dele em qualquer lugar acessando o sistema operacional da Tesla com a tecnologia wireless. O motor recebe remotamente uma atualização e instruções para remover o limite de velocidade, e a velocidade máxima do carro aumenta de 225 a 240 quilômetros por hora como em um passe

CAPÍTULO OITO

de mágica. Você, por acaso, consegue se lembrar do nome da fabricante daquele aparelho de telefone fixo, antes de os chips e a tecnologia sem fio libertarem os telefones?

Praticamente todos os produtos do mundo, até produtos e serviços que parecem ter sido comoditizados, criaram novas dimensões e mais valor para o consumidor por meio de sensores baratos, chips, a internet, redes, displays, ferramentas de busca, redes sociais e assim por diante. Hoje em dia, praticamente todos os elos das cadeias de fornecimento, produção e distribuição contam com novos meios de se diferenciar. De repente, os produtos baseados na tecnologia e uma propriedade intelectual que pode ser defendida subiram para a crista da onda.

Mas tome cuidado para não cair na armadilha de achar que a diferenciação do produto está naquele aplicativo que você está vendendo. A diferenciação pode ocorrer quando os consumidores descobrem o produto, na maneira como eles o compram, no próprio produto, na maneira como ele é entregue, e assim por diante. Vale a pena fazer o exercício de mapear a cadeia de valor de seu produto ou serviço, desde a origem das matérias-primas, passando pela fabricação, varejo, utilização e descarte, e identificar os pontos nos quais a tecnologia pode agregar valor ou facilitar o processo e a experiência. Você vai ver que esse valor pode afetar todas as etapas e, se você conseguir identificar uma etapa não afetada pelo valor, pode abrir uma nova empresa para explorar essa vantagem. A Amazon está injetando tecnologia e bilhões de dólares à etapa da "última milha" para melhorar a experiência do consumidor, e essa estratégia provavelmente vai criar a empresa mais valiosa do mundo. Antes da Amazon, encomendar uma panela de qualidade profissional na Williams-Sonoma implicava pagar um frete de US$ 34,95 e só receber o produto em uma semana. A Amazon vende o mesmo produto com frete grátis e entrega em até dois dias. A etapa mais banal da cadeia de fornecimento acabou se revelando a mais valiosa da história empresarial.

REMOÇÃO

Quando fazem um brainstorming, os empreendedores tendem a focar no que pode ser incluído (como melhorar a experiência do cliente) e não no que pode ser removido (como eliminar as dificuldades ou chateações da experiência do cliente). Mas eu diria que a maior parte do valor ao stakeholder criada na última década resultou da *remoção*. O ser humano em geral já sabe o que leva à felicidade: conviver com entes queridos, estímulo físico e mental, substâncias que intensificam ou entorpecem os sentimentos, a Netflix e mensagens inspiradoras.

Você pode se ver diante da tentação de achar que a vantagem competitiva na era da internet se resume a simplesmente oferecer "mais por menos". Afinal, todo mundo sabe que a Amazon explora muito bem essa vantagem. Mas e a Apple? A Apple quase sempre é a marca mais cara e, apesar de seus produtos em geral serem melhores que os concorrentes, as diferenças normalmente não justificam o preço premium cobrado pela empresa. Eu diria que a Amazon poderia cobrar tanto por seus produtos quanto seus concorrentes de lojas físicas e que mesmo assim continuaria dominando o mercado. Afinal, continua sendo infinitamente mais fácil dar alguns cliques no nosso computador para comprar um livro ou um móvel do que ir até o shopping, encontrar uma vaga no estacionamento, andar bastante até a loja, sendo exposto a uma montanha de produtos irrelevantes, fazer a compra, botar tudo no carro e levar para casa. A Amazon *removeu* todo o atrito e leva suas compras até sua porta por menos que o custo da gasolina para ir ao shopping.

Pode até parecer que a explosão de valor gerada pela revolução tecnológica resulta da inclusão de novos recursos e funcionalidades, mas a maior contribuição da tecnologia foi remover os obstáculos e poupar nosso tempo no dia a dia.

O atrito está por toda parte. Por exemplo, é muito chato pegar um táxi ou alugar um carro. Inspirado pelo atrito no setor de transporte, o Uber viu uma oportunidade de, usando a tecnologia de GPS, mensagens de texto e pagamento on--line, remover a chateação e a ansiedade de chamar um táxi, ficar se perguntando em quanto tempo ele chegaria e juntar os trocados no fim da corrida para pagar o motorista. Se você for como eu, já deve ter saído de um táxi sem pagar por ter ficado mal-acostumado com a ausência de atrito proporcionada pelo Uber. Em resumo, o ato de pagar é uma forma de atrito e está desaparecendo. Da mesma

CAPÍTULO OITO

forma como o check-out dos hotéis já desapareceu uma década atrás, o check-in também será uma coisa do passado daqui a dez anos. Alguns dos melhores hotéis da Europa não exigem mais que você assine a conta depois de comer no restaurante do hotel. Eles sabem quem você é e o preço da refeição cai automaticamente na sua conta. Menos é mais.

Todos os Quatro têm um produto superior. Pode parecer coisa da velha guarda, mas o Google de fato tem uma ferramenta de busca melhor. O iPhone da Apple é um smartphone melhor. O feed do Facebook, combinado com o "efeito de rede" (o fato de que todo mundo está no Face) e um fluxo constante de novas funcionalidades, faz da plataforma um produto melhor. A Amazon redefiniu a experiência de compra e as expectativas dos clientes com funcionalidades como a "compra com 1-Clique" ou receber o produto em dois dias (ou em breve em questão horas, entregues por drones ou por um caminhão que antes pertencia à UPS).

Tudo isso são inovações tangíveis e pontos de diferenciação do produto. E tudo isso foi atingido por meio de acesso a capital barato e uma habilidosa inovação tecnológica. O "produto" está passando por um renascimento e é o primeiro fator do Algoritmo T. Se você não tiver um produto verdadeiramente diferenciado, vai precisar recorrer a uma ferramenta cada vez mais desinteressante e que continua cara, chamada "publicidade".

2. "CAPITAL VISIONÁRIO"

O segundo fator competitivo dos Quatro é a capacidade de atrair capital barato articulando uma visão ousada e fácil de entender. No Capítulo 4, vimos como a Amazon, especificamente, usa o que chamo de "capital visionário". Outros dois entre os Quatro Cavaleiros também exploram essa vantagem.

A visão do Google é "organizar todas as informações do planeta". Simples, atraente e um bom motivo para comprar as ações da empresa. O Google tem mais dinheiro para investir em programadores que qualquer empresa de mídia da história. Com isso, a empresa pode criar mais "coisas", incluindo veículos autônomos.

A visão do Facebook é "conectar o mundo". Pense em como essa missão é importante e incrível. Hoje o Facebook vale mais que o Walmart, tendo ultrapassado a marca dos US$ 400 bilhões em valor de mercado.[1] Como o Google, o Facebook também pode fazer mais apostas, oferecer licenças maternidade e paternidade mais generosas, contratar ônibus para levar os funcionários ao trabalho, transformar o telhado do escritório em um parque e até pagar para as funcionárias congelarem seus óvulos e adiar essa história toda de procriação para se dedicarem a deixar uma verdadeira contribuição para a espécie humana: conectar o mundo.

Enquanto isso, no fim de semana do Dia de Ação de Graças de 2016, a Amazon abocanhava a maior fatia do bolo dos resultados orgânicos para buscas de presentes.[2] A Amazon é o maior cliente do Google. Será que a busca é uma habilidade importante para se tornar um cavaleiro? Ninguém duvida que a Amazon seja excelente em buscas, mas sua otimização para ferramentas de busca (SEO) não passaria de um jogador de futebol perneta se a empresa não injetasse dezenas de milhões de dólares para resolver o problema. De cada seis pessoas, uma começa a buscar produtos no Google,[3] fazendo do Google o equivalente à segunda maior vitrine de varejo do mundo (a primeira é a Amazon). Cinquenta e cinco por cento começam a procurar na Amazon. Imagine como seria se as vitrines da famosa loja de departamentos Macy's no Natal fossem do tamanho do Everest e do K2. Esse é o tamanho das vitrines voltadas ao mundo que os resultados de busca do Google e da Amazon representam no canal de mais rápido crescimento do planeta: o comércio on-line.

Qualquer um pode comprar um lugar nessa vitrine e aparecer no topo da busca no Google. Quando alguém digita "bonecos do Star Wars", a varejista que deu o maior lance vai aparecer no topo dos anúncios pagos. A Amazon compra regularmente esse lugar de destaque na vitrine do Google porque tem como pagar. E a Amazon pode se dar ao luxo de fazer isso em uma escala que mais ninguém consegue fazer, por poder contar com o capital mais barato. A empresa joga de acordo com regras diferentes e usa um baralho completamente diferente. Como Mickey Drexler, o presidente do Conselho da J.Crew, observou: "É impossível competir com uma grande empresa que não quer ganhar dinheiro".

O "capital visionário" gera o poder competitivo. Com ele, aumentam as condições de cultivar ativos com mais paciência (inves-

CAPÍTULO OITO

tir) e fazer mais apostas em um número maior de possibilidades de inovação (fazer experimentos com algumas maluquices com potencial de revolucionar o jogo). É claro que, ao final, você vai ter de mostrar um progresso concreto aos acionistas além de sua visão grandiosa. Mas, se você puder dar o salto à velocidade da luz e o mercado o coroar com o título de "O Inovador", a recompensa é uma avaliação inflacionada e a profecia autorrealizável ("nós somos o número 1") resultante do capital barato. A maior bênção, em nossa era digital, é um CEO com talento narrativo (storytelling) capaz de cativar os mercados enquanto se cerca de pessoas que podem mostrar que a empresa está avançando na concretização dessa visão dia após dia.

3. Alcance global

O terceiro fator do Algoritmo T é a capacidade de se globalizar. Para se transformar em uma empresa verdadeiramente grande e expressiva, você vai precisar de um produto capaz de saltar fronteiras geográficas e atrair as pessoas em uma escala global. Não é só o mercado maior, mas a diversidade (especialmente a possibilidade de explorar mercados anticíclicos capazes de sobreviver a crises regionais) que os investidores querem e, se você lhes der isso, eles o recompensarão com um capital mais barato. Se você tiver um produto com alcance global, terá acesso a 7 bilhões de consumidores contra 1,4 bilhão na China ou 300 milhões nos Estados Unidos ou na União Europeia.

Também nesse caso, você não vai ter de dominar o mundo, mas apenas provar que seu produto ou serviço é tão "da era digital", que não precisa seguir as regras normais do atrito cultural. O crescimento da receita do Uber em países fora dos Estados Unidos tem um efeito multiplicador sobre a avaliação da empresa e o primeiro dólar ganho fora dos Estados Unidos aumentou o valor da empresa em bilhões. Se você pretende ser um cavaleiro, seu produto vai precisar tirar um passaporte (ou seja, globalizar-se) antes de entrar no jardim de infância (cinco anos ou menos). E será que foi isso que aconteceu com os Quatro quando eles começaram? Não foi, exceto o Google. Mas a própria presença dos cavaleiros acabou mudando as regras.

Figura 8.1:
PORCENTAGEM DE RECEITA GLOBAL FORA DOS ESTADOS UNIDOS

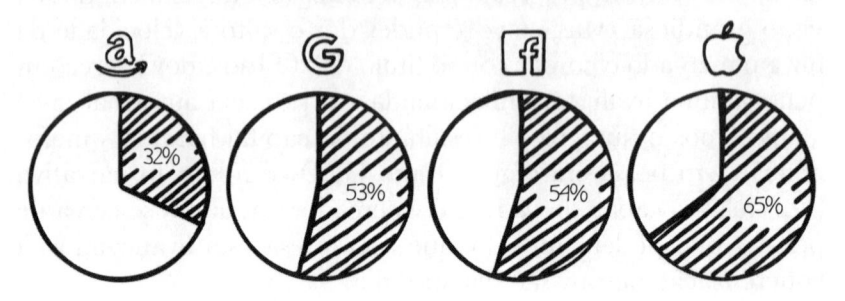

[a: 32%] [G: 53%] [f: 54%] [apple: 65%]

Fontes:
FACEBOOK users in the world. Internet World Stats, 30 jun. 2017. <http://www.internetworldstats.com/facebook.htm>.
FACEBOOK'S average revenue per user as of 4th quarter 2016, by region (in U.S. dollars). Statista.com. <https://www.statista.com/statistics/251328/facebooks-average-revenue-per-user-by-region/>.
MILLWARD, Steven. Asia is now Facebook's biggest region. Tech in Asia, 2 fev. 2017. <https://www.techinasia.com/facebook-asia-biggest-region-daily-active-users>.
THOMAS, Daniel. Amazon steps up European expansion plans. The Financial Times, 21 jan. 2016. <https://www.ft.com/content/97acb886-c039-11e5-846f-79b0e3d20eaf>.

Hoje a Apple é a própria definição da palavra "global": a marca conta com uma ampla aceitação em todas as nações soberanas. O Google também fez um bom trabalho (apresentando uma grande robustez em mercados maduros), mas foi expulso da China. O Facebook tem dois terços de seus usuários fora dos Estados Unidos[4] (embora a metade das receitas seja registrada nos Estados Unidos)[5] e seu maior mercado em termos de número de usuários é a Ásia,[6] que apresenta robustas oportunidades de crescimento. A Amazon está crescendo com mais rapidez na Europa do que nos Estados Unidos.[7] A empresa ainda não é tão grande na Ásia, mas é uma empresa global.

4. Carisma

O mundo do comércio é regulamentado. O governo, os grupos independentes de proteção aos consumidores e a imprensa de-

CAPÍTULO OITO

sempenham um papel importante no crescimento de uma empresa. Quem é percebido como uma boa pessoa, um bom cidadão, que cuida do país, de seus cidadãos, de seus trabalhadores e das pessoas que trabalham na sua cadeia de fornecimento cria uma barreira contra a má publicidade. Nas palavras de Tom Hayes, um marqueteiro do Vale do Silício que fez exatamente isso para a Applied Materials: "Quando a notícia for negativa, a ideia é que a empresa seja vista como uma boa corporação que está passando por uma tragédia". A imagem faz uma enorme diferença. O modo como a empresa é percebida é sua realidade. Esse fato faz do carisma (ou a importância de ser simpático, até fofo) o quarto fator do Algoritmo T.

Bill Gates e Steve Ballmer não eram carismáticos, nem "fofos". Na verdade, os ambientes se iluminavam quando eles os deixavam. Então, quando a Microsoft atingiu determinado nível de influência, promotores públicos e legisladores acordaram por toda a Europa numa manhã e decidiram que o caminho mais fácil para a mansão do governador, ou o Parlamento, era ir atrás dos Feiticeiros de Redmond. Quanto menos carisma a empresa tiver, mais cedo a intervenção regulamentar (antitruste, antiprivacidade) começará a questionar sua cadeia de fornecimento e a levantar todo tipo de suspeita. É uma ilusão achar que esse processo é racionalmente analisado e baseado em algum tipo de justiça ou lei. Não é verdade: a lei decide o resultado, mas a urgência, ou a falta dela, para arrastar as empresas ao tribunal é subjetiva. E essa opinião se baseia em grande parte na simpatia ou na antipatia que a empresa atrai.

Você deve se lembrar que os agentes federais foram atrás da Intel e também da Microsoft, ambas por comportamento monopolístico. O CEO da Intel, Andrew Grove, foi uma das figuras mais assustadoras da indústria norte-americana. Mas, quando os agentes federais bateram à sua porta, Andy fez um dos maiores discursos de *mea culpa* da história empresarial. Ele praticamente se atirou de joelhos aos pés da SEC... e foi perdoado. Enquanto isso, Bill Gates, uma figura muito menos intimidadora, decidiu se fazer de durão para os agentes federais e, dez anos depois, caiu em desgraça aos olhos do governo.

O Google é muito mais "fofo" que a Microsoft. E Sergey e Larry são muito mais simpáticos e carismáticos que Bill e Steve. Rapazes bonitos, bravos imigrantes... ingredientes de uma excelente história. Outra pessoa com muito carisma é Marissa Mayer. Criada no Wisconsin, engenheira, loira, pauta da *Vogue*. Não foi por acaso que o Google a escolheu para testemunhar nas audiências do Senado norte-americano sobre o extermínio dos jornais nas mãos do Google... ops, quero dizer, nas mãos do futuro. Quando foi confrontada com perguntas difíceis como: "De que forma a imprensa vai conseguir sobreviver se o Google está matando o negócio de classificados dos jornais?", Mayer respondeu: "Ainda é cedo para dizer".[8] Cedo? O juiz já tinha apitado os 45 minutos do segundo tempo para os jornais, que mal estavam se aguentando de pé no campo durante a prorrogação. Os senadores grisalhos engoliram a história.

Quem quer ser o vendedor de seguros (a carreira mais predominante da Câmara dos Deputados)[9] eleito para o Congresso norte-americano que levanta a mão e diz: "Eu sou o cara que não está entendendo nada. Será que sou o único que não gosta da Apple?". Ninguém foge mais dos impostos que a Apple,[10] mas a Apple está na moda e todo mundo quer ser amigo do garoto popular. A mesma coisa pode ser dita da Amazon, considerando que o e-commerce está na moda e o varejo tradicional é chato e cheira a mofo. Em março de 2017, a Amazon decidiu pagar o imposto sobre vendas em todos os estados norte-americanos.[11] Estamos falando de uma empresa que hoje vale mais que o Walmart e que, até 2014, só pagava o imposto estadual sobre vendas em cinco estados. O benefício do subsídio chegou a US$ 1 bilhão. Será que a Amazon realmente precisava de um subsídio de US$ 1 bilhão do governo? Ao manter intencionalmente os negócios no ponto de equilíbrio, sem lucro, nem prejuízo, a Amazon criou uma empresa que se aproxima de meio trilhão de dólares em valor, mas que só pagava uma merreca em imposto de renda.

Quanto ao Facebook... ninguém quer ser visto como a empresa que não entrou na onda do Face. Os velhos CEOs querem colocar Mark Zuckerberg e seu casaco de moletom com capuz no palco. Tudo bem que ele não é charmoso, nem um bom palestrante, mas ele é o equivalente a um par de jeans skinny que faz todas as empresas que experimentam o Facebook parecerem mais

CAPÍTULO OITO

jovens. Sheryl Sandberg também foi fundamental. Ela é extremamente carismática e vista como o arquétipo da mulher de sucesso moderna: "E aí, pessoal! Faça acontecer!".

O Facebook não passou pelo mesmo escrutínio que a Microsoft simplesmente por ser mais simpático. Recentemente, o Facebook tentou lavar as mãos na questão das notícias falsas, alegando que "não é uma empresa de mídia, mas uma plataforma". Escondido por trás da liberdade de expressão e de uma palavra, o Facebook pode ter cometido um homicídio involuntário da verdade em uma escala sem precedentes.

É bom ser o rei do pedaço.

5. Integração vertical

O quinto fator do Algoritmo T é a capacidade de controlar a experiência do consumidor, no momento da compra, por meio da integração vertical.

Todos os Quatro controlam a distribuição. Se eles não produzem o produto, eles compram e comercializam, vendendo no varejo, e dão assistência para ele. O valor da Levi's despencou de US$ 7 bilhões a US$ 4 bilhões de 1995 a 2005, uma vez que a empresa não tinha o controle de sua distribuição. Ver pilhas de jeans da Levi's ao percorrer uma loja de departamentos JCPenney não leva ninguém a querer comprar a marca. A Cartier alcançou, possivelmente até ultrapassou, o brand equity da Rolex fazendo uma grande aposta em sua experiência na loja. Acontece que onde e como você compra um relógio é tão importante quanto o jogador de tênis que usa esse mesmo relógio. Talvez até mais importante.

O ROI de investir no processo de pré-compra (publicidade) caiu. É por isso que as marcas de sucesso estão promovendo a chamada "integração à frente" (tornando-se donas das próprias lojas, ou *shopper marketing*). Acredito que a P&G vai começar a adquirir os próprios supermercados, porque a empresa precisa desenvolver sua distribuição e não depender da Amazon, que na verdade é mais um rival que um aliado.

O Google controla seu ponto de compra. Em 2000, a empresa crescia com tamanha rapidez, que o Yahoo, a maior ferramenta de busca na época, comprou os direitos para oferecer a busca do

Google na página inicial do Yahoo. Isso não acontece mais. Todo mundo sabe que o Facebook é vertical, assim como a Amazon. Nenhum dos dois produz os produtos que oferece, mas tirando o *sourcing* e a fabricação, ambos controlam a experiência do usuário de cabo a rabo. Todos acham que a maior inovação da Apple foi o iPhone. O que colocou a empresa a caminho de se tornar trilionária, no entanto, foi sua entrada brilhante no varejo, assumindo o controle de sua distribuição e marca. Uma decisão que, na época, fazia pouco ou nenhum sentido.

Uma empresa precisa ser vertical para atingir meio trilhão de dólares em valor de mercado. É mais fácil dizer o que fazer e a maioria das marcas alavanca a distribuição de outras empresas, já que sai caro montar a distribuição. Uma estilista de roupas como a Rebecca Minkoff não tem o capital para construir as próprias lojas, tirando uma dúzia de lojas-conceito ao redor do mundo. É mais vantagem vender seus produtos na Macy's e na Nordstrom. Mesmo se você for a Nike, é muito mais eficiente vender em lojas da Foot Locker do que construir as próprias lojas.

Os Quatro Cavaleiros são verticais. Poucas marcas foram capazes de se manter interessantes e cobiçadas sem controlar uma grande parcela de sua distribuição. A Samsung nunca vai ser tão cobiçada quanto a Apple, não se continuar dependendo de lojas da Tim e Casas Bahia. Você se lembra de onde levava o seu computador da Apple para consertar 15 anos atrás? Você era atendido por um cara que parecia que nunca tinha beijado uma garota, mas que sabia tudo de games de fantasia. Ele ficava atrás de um balcão cercado de montanhas de peças de computador e pilhas da revista *Macworld*.

A Apple sentiu a mudança e os técnicos passaram a usar camisas azuis, foram batizados de "gênios" e atendem em um cenário que dá vida aos produtos da Apple (espaços que reforçam a elegância e a sofisticação dos produtos da empresa). Hoje as lojas da Apple são intencionalmente belas e nos lembram que a Apple e seus clientes "sacam a ideia".

6. Inteligência artificial

O sexto fator do Algoritmo T é o acesso da empresa aos dados e a facilidade no processamento desses dados. Uma empresa de

CAPÍTULO OITO

trilhões de dólares precisa ter uma tecnologia capaz de aprender com os dados inseridos por seres humanos e registrá-los algoritmicamente (verdadeiros Himalaias de dados que podem ser processados por algoritmos para melhorar as ofertas). A tecnologia usa a otimização matemática que, em um milissegundo, não só calibra o produto de acordo com as necessidades pessoais e imediatas dos clientes, como também, a cada vez que um usuário está na plataforma, aplica melhorias incrementais ao produto para outros clientes simultâneos e futuros.

A história do marketing pode ser dividida em três importantes mudanças no que se refere à maneira como os clientes potenciais eram segmentados. A primeira foi a *segmentação demográfica*: todos os homens brancos de 45 anos de idade que moram em um centro urbano, teoricamente, terão as mesmas preferências e todos devem gostar dos mesmos produtos. Essa foi a base da maior parte das compras de mídia.

A próxima grande (e breve) onda foi a *segmentação social*, quando o Facebook tentou convencer os anunciantes de que, se duas pessoas, independentemente de seus fatores demográficos, "curtem" a mesma marca no Facebook, elas são semelhantes e deveriam ser agrupadas/segmentadas por esses anunciantes. Constatou-se que esse argumento não passava de uma grande balela. A única coisa que essas duas pessoas tinham em comum era um clique no botão "curtir" na página de uma marca no Facebook, nada mais. Elas não desejavam os mesmos produtos e serviços. A segmentação social foi um grande fracasso.

O novo marketing é a *segmentação comportamental*. E funciona: nada prevê melhor as suas compras futuras como as suas atividades no presente. Se eu estiver no site da Tiffany procurando anéis de noivado e tiver marcado um horário para comprar o anel em determinada loja, é seguro supor que estou prestes a me casar. Se eu passar horas no site da Audi configurando um A4, quer dizer que estou de olho em um sedã de luxo de quatro portas em uma faixa de preço específica.

Graças à inteligência artificial, agora é possível rastrear o comportamento em um nível e em uma escala antes inimagináveis. Não é por acaso que vou começar a ver anúncios da Audi espalhados por toda a web. A segmentação comportamental é o filé mignon do marketing. A capacidade de vincular o comportamento a identidades específicas é a guerra silenciosa que está sendo travada no mundo da mídia.

Ainda estamos engatinhando nesse campo do conhecimento. Estou (enquanto escrevo estas palavras) em um avião com destino a Bangcoc partindo de Munique, onde dei uma palestra na sempre agradável conferência Digital-Life-Design (DLD). A DLD é basicamente um Davos descolado, em que os seguidores da religião da inovação fazem uma peregrinação até Munique para se prostrar aos pés dos nossos apóstolos modernos como Kalanick, Hastings, Zuckerberg, Schmidt etc. Naturalmente, não tenho como competir com esses caras. Então qual é a minha estratégia para atrair mais público e mais visualizações da minha palestra no YouTube? Eu uso uma peruca e danço no palco. Em outras palavras, não jogo limpo (a base de toda boa estratégia).

Minha estratégia de negócios se resume a: "O que você consegue fazer muito bem e que é muito difícil de fazer?".

Em minhas palestras, costumo salientar que nenhuma outra empresa do mundo foge mais dos impostos que a Apple, porque os legisladores a tratam como se ela fosse a garota mais bonita do campus (se ela lhes der um pouco de atenção, eles caem de amores e se submetem a um relacionamento abusivo com ela). Eu digo que o Uber está promovendo um modo de fazer negócios que é terrível para a sociedade. Quatro mil funcionários do Uber e seus investidores dividirão US$ 80 bilhões (ou mais) enquanto o 1,6 milhão de motoristas que trabalham para o Uber verão sua remuneração despencar até o nível da pobreza. Costumávamos admirar as empresas que criavam milhares de empregos da classe média e alta. Hoje, nossos heróis são empresas que produzem uma dúzia de senhores feudais e milhares de servos.

Em eventos como a DLD, os CEOs são forçados a se calar diante das minhas alegações, pois, se eles disserem alguma coisa, os mercados podem ouvi-los e as consequências podem ser desastrosas. Além disso, eles se metem em sérios apuros legais se divulgarem informações confidenciais sem querer. Então, enquanto faço meu show, as palestras ensaiadas deles não passam de uma

CAPÍTULO OITO

repetição sanitizada de tudo o que já vimos antes em um comunicado de imprensa elaborado pelo departamento de relações com investidores. É por isso que as pessoas vão às minhas palestras: tenho a liberdade de dizer a verdade ou pelo menos buscar a verdade (nem sempre entendo tudo certo).

Os CEOs ouvem minhas palestras com um sorriso no rosto. É o sorriso dos jogadores de pôquer com um *royal flush* na mão. E todas as cartas do baralho deles são feitas de dados coletados dos usuários. Na última década, as empresas mais importantes do mundo tornaram-se especialistas em dados (coleta, análise e utilização). O poder do big data e da inteligência artificial é prenunciar o fim da amostragem e das estatísticas (agora você pode monitorar o padrão de compras de todos os clientes em todas as suas lojas ao redor do mundo) e reagir quase imediatamente com descontos, alterações no estoque, mudanças no layout das lojas e por aí vai... e fazer isso 24 horas por dia, 7 dias por semana e 365 dias por ano. Ou, melhor ainda, incorporar uma tecnologia para reagir a cada segundo, automaticamente. Meu jeito preferido de usar a inteligência artificial é o autoplay da Netflix, que reproduz automaticamente o próximo episódio de uma série, uma funcionalidade que outras plataformas não demoraram a imitar.

Com isso, a Netflix conhece seus clientes (e, na prática, a própria natureza humana) com uma profundidade sem precedentes. E, contra empresas menores e mais regionais, a Netflix oferece uma vantagem competitiva basicamente imbatível. Os Quatro se tornaram feiticeiros.

A facilidade com os dados e uma tecnologia que atualiza o produto em tempo real serão componentes cruciais do Quinto Cavaleiro. Ninguém conseguiu agregar mais dados sobre as preferências dos consumidores do que o Google. O Google não só sabe que você está chegando, como também sabe para onde você está indo. Quando os investigadores de homicídios chegam a uma cena do crime e têm um suspeito em vista (quase sempre o cônjuge da pobre vítima), eles verificam se o suspeito fez alguma busca estranha no Google (por exemplo, "Como envenenar meu marido"). Não vou me surpreender quando vier à tona que as agências da lei nos Estados Unidos estão investigando o Google para conhecer as intenções de mais que alguns consumidores pensando em comprar sabão em pó, mas em busca de células terroristas procurando ofertas de fertilizante para construir bombas.

O Google controla uma enorme montanha de dados comportamentais. Mas as identidades individuais dos usuários precisam ser anônimas e, até onde sabemos, agrupadas. Ninguém gosta de ver seu nome e foto ao lado de uma lista de todas as coisas que digitamos no campo de busca do Google. E com razão.

Pare por um momento para imaginar sua foto e o nome acima de uma lista de tudo o que você digitou no campo de busca do Google. Tenho certeza de que você fez algumas buscas malucas que preferiria que ninguém soubesse. Por isso o Google precisa agregar esses dados e só pode dizer que pessoas de tal idade ou pessoas pertencentes a tal grupo, em média, digitam esse tipo de coisa no campo de busca. O Google continua tendo em mãos uma montanha de dados que a empresa pode vincular, se não a identidades específicas, a grupos específicos. E, se você acha que eles não vão poder encontrá-lo se precisarem, lembre-se que o Google também costumava alegar que apagava todos os seus registros periodicamente. E no que você acha que deu essa história? Em nada, naturalmente.

O Facebook tem o poder de associar atividades específicas com muitas identidades específicas. São 1 bilhão de usuários ativos diários. As pessoas vivem a vida espalhafatosamente no Facebook, documentando suas ações, desejos, amigos, conexões, temores e intenções de compra. O que acaba acontecendo é que o Facebook monitora mais identidades específicas que o Google, uma enorme vantagem quando o objetivo é vender a capacidade de atingir um público específico.

Se tenho um hotel em Hong Kong voltado ao público familiar, posso ir ao Facebook e encomendar anúncios direcionados a famílias com determinado nível de renda que viajam a Hong Kong pelo menos duas vezes por ano. O Facebook pode identificar os consumidores certos e exibir o meu anúncio em uma escala antes inimaginável, já que a plataforma é capaz de vincular os dados à identidade – e nós não achamos isso tão bizarro, já que fomos nós mesmos que divulgamos essas informações no Face.

CAPÍTULO OITO

A Amazon tem 350 milhões de cartões de crédito e perfis de compradores em seus registros. Mais que qualquer outra empresa no planeta, a Amazon sabe o que você gosta. A empresa é capaz de vincular identidades, padrões de compra e comportamentos. A Apple não fica atrás, com 1 bilhão de cartões de crédito cadastrados, ciente de quais mídias você mais gosta e, se o Apple Pay realmente funcionar, sabendo ainda mais que isso. A Apple também é capaz de associar os dados de compra com a identidade do comprador. Esse tipo de dados exclusivos equivale a uma riquíssima mina de diamantes da era da informação.

E, também importantíssimo, essas empresas têm a capacidade de alavancar software e inteligência artificial para descobrir padrões e melhorar suas ofertas. A Amazon conduz um número imenso de testes A/B de e-mail para ver qual versão é mais eficaz, ao passo que o Google sabe, antes de todo mundo, o que você pretende fazer. O Facebook provavelmente vai saber mais sobre a curva, a estrutura e a interseção de ações e relacionamentos que qualquer outra entidade da história. E qual o resultado final, a recompensa de toda essa agregação de talento humano e dados reunidos na história? Eles vão poder vender mais cápsulas de Ristretto para cafeteiras da Nespresso.

7. Acelerador de carreiras

O sétimo fator do Algoritmo T é a capacidade de uma empresa de atrair os melhores talentos. Para isso, a empresa precisa ser vista pelos candidatos a emprego como um *acelerador de carreiras*.

A guerra pelo pessoal que entende de tecnologia nunca foi tão selvagem. A capacidade de um Cavaleiro de atrair e reter os melhores talentos é o maior problema dos Quatro, sem exceção. Sua capacidade de administrar sua reputação, não só entre os jovens consumidores, como também entre a potencial força de trabalho, é fundamental para seu sucesso. Na verdade, seria possível argumentar que o brand equity entre os funcionários atuais e potenciais é ainda mais importante que seu consumer equity. Afinal, a equipe que tiver os melhores talentos atrai um capital mais barato, inova mais e é capaz de dar início a uma espiral ascendente que eleva a empresa bem acima da concorrência.

Se você foi o orador de sua turma na cerimônia de formatura, já sai da faculdade com um propulsor a jato nas costas na forma de intelecto, determinação e inteligência emocional. Mas você não tem direção. Você é como o Homem de Ferro antes de aprender a voar, indo em todas as direções, sem controle algum. Muito impulso, muito ímpeto, mas pouco progresso. Você precisa encontrar a plataforma que vai lhe mostrar a direção certa e acelerar sua carreira.

Os Quatro Cavaleiros são famosos por fazer justamente isso. Poucas empresas dão mais chances para jovens talentosos de 25 anos avançarem até os 30 anos em termos de cargo, dinheiro, prestígio e oportunidades que um dos Quatro. A concorrência para trabalhar em uma dessas empresas é brutal. Nas academias militares dos Estados Unidos, em uma das primeiras refeições noturnas, é tradição pedir para os cadetes que realizaram algo importante na infância ou juventude se levantarem. Você foi o orador de sua turma na formatura? Atleta universitário? Escoteiro premiado? Formado com honras? E, quando os cadetes se levantam e olham ao redor, eles se surpreendem ao ver que todos que ali estão realizaram coisas semelhantes. Para trabalhar nos Quatro Cavaleiros, a premissa é a mesma: realizações formidáveis não passam da linha de base para os candidatos. O Google é famoso por seu processo de seleção de candidatos, que inclui até perguntas bizarras que não têm resposta. O processo é a mensagem: se você sobreviver, fará parte da elite, os exemplares mais brilhantes de sua geração.

Ninguém conhece a verdadeira eficácia do processo, mas isso não importa. Conseguir um emprego em um dos Quatro Cavaleiros é um ingresso para entrar no Illuminati da tecnologia... e sua carreira estará prestes a decolar em uma trajetória vertical.

8. Vantagem geográfica

A localização geográfica faz uma grande diferença. São raras as empresas (ou nenhuma) que agregaram dezenas de bilhões de dólares na última década que não ficam a poucos quilômetros de alguma excelente universidade técnica ou de engenharia de primeira linha. A RIM e a Nokia foram o orgulho de seus respectivos

CAPÍTULO OITO

países e se localizavam nas proximidades das melhores faculdades da nação. A capacidade de criar e reforçar um pipeline com os melhores talentos da engenharia provenientes de uma das melhores faculdades do mundo é o oitavo fator do Algoritmo T.

Três dos Quatro Cavaleiros (a Apple, o Facebook e o Google) têm excelentes relacionamentos com uma universidade de Engenharia de primeira linha, a Stanford (a distância entre elas e a universidade pode ser percorrida de bicicleta) e a UC Berkeley (cuja distância pode ser percorrida de carro). As duas instituições de ensino ocupam o segundo e o terceiro lugar no ranking das melhores universidades dos Estados Unidos, respectivamente.[12] Muitos diriam que a University of Washington (Amazon) está na mesma categoria (23º lugar).

Para ser um acelerador de carreiras, você precisa ter a matéria-prima necessária. Da mesma forma como costumávamos construir uma usina de eletricidade perto de uma mina de carvão, hoje em dia a matéria-prima são os recém-formados das melhores faculdades de Engenharia, Administração de Empresas e Ciências Humanas. A tecnologia (mais especificamente, o software) está devorando o mundo. Você precisa de construtores, pessoas capazes de programar software e também encontrar um cruzamento entre a tecnologia e algo que agregue valor ao negócio e/ou ao consumidor. Os melhores engenheiros e administradores para dar conta dessa tarefa provêm, em uma proporção muito grande, das melhores universidades.

Além disso, dois terços do crescimento do PIB mundial nos próximos 50 anos ocorrerão nas cidades. As cidades não apenas atrairão os melhores talentos, como também os fabricarão. A concorrência e as oportunidades só vão se intensificar. Em muitos países, como o Reino Unido e a França, uma única cidade é responsável por 50% do PIB nacional. Setenta e cinco por cento das grandes empresas estão localizadas no que poderia ser chamado de uma supercidade global. Nos próximos 20 anos, essa tendência provavelmente aumentará, já que hoje em dia são as empresas que precisam ir atrás dos jovens talentos, e não o contrário. Os ícones de outrora estão abrindo instituições de ensino urbanas, priorizando jovens barbados, tatuados e com diplomas de Engenharia.

É relativamente fácil aplicar o Algoritmo T. Eu disse à Nike que, para eles terem chances de atingir um trilhão de dólares, eles precisariam fazer três coisas:

- aumentar a porcentagem do varejo direto ao consumidor para 40% em dez anos (aproximando-se dos 10% em 2016);
- desenvolver uma maior facilidade com os dados e maneiras de incorporá-los ao produto;
- mudar a sede de Portland para outra cidade.

Com o tempo, aprendi que o algoritmo é a parte fácil. O mais difícil é convencê-los das ações necessárias ("Vocês vão precisar mudar a sede de Portland").

CAPÍTULO NOVE

O QUINTO CAVALEIRO

Quem será o próximo?

Agora vamos aplicar nosso checklist de características dos cavaleiros a uma série de empresas em alta que têm o potencial de se tornar o quinto gigante da tecnologia. Em que pontos essas empresas se destacam e que pontos elas precisam melhorar? E o que elas precisariam fazer para se tornar o Quinto Cavaleiro?

Essa lista de empresas não tem a pretensão de ser completa. Afinal, excelentes empresas, volta e meia, surgem "do nada" graças a um avanço tecnológico ou a uma mudança nos mercados ou nos fatores demográficos. Mas eu quis que a lista fosse abrangente e desse o que pensar.

Apesar de tudo o que têm em comum, os Quatro Cavaleiros desempenham papéis distintos na era digital e chegaram à proeminência por caminhos diferentes. Dois deles, o Facebook e o Google, dominam categorias que não existiam 25 anos atrás. Os outros dois, a Amazon e a Apple, atuam em setores consolidados. Mas, enquanto a Amazon superava a concorrência por meio de uma capacidade operacional brutalmente eficiente e acesso a capital barato, a Apple liderava a inovação de produtos e garantiu sua posição de liderança no mercado de luxo criando categorias multibilionárias de produtos completamente novas e uma das marcas mais cobiçadas do mundo. O Facebook atingiu a marca de um bilhão de usuários antes de seu fundador soprar 32 velinhas, enquanto a Apple levou uma geração inteira para amadurecer e se transformar na empresa globalmente dominante que é hoje.

Não devemos presumir, portanto, que a próxima empresa a surgir como definidora da era digital (um Quinto Cavaleiro) necessariamente virá de um setor claramente digital ou que será um unicórnio extremamente admirado comandado por um jovem que largou os estudos. Nem podemos presumir que o próximo Cavaleiro surgirá nos Estados Unidos (mas com certeza ele vai ter de conquistar o mercado norte-americano em seu caminho para o sucesso).

Também não podemos presumir que os Quatro Cavaleiros atuais conseguirão manter esse status nas próximas décadas. Afinal, a IBM dominou o mundo da eletrônica nas décadas de 1950 e 1960, perdeu terreno na indústria de hardware e, depois de uma incrível manobra de liderança, transformou-se em uma empresa de consultoria. A Hewlett-Packard foi a maior empresa de tecnologia do mundo há apenas uma década e perdeu terreno sob uma liderança fraca e caiu de cara no chão. A Microsoft aterrorizou todo o mundo dos negócios, especialmente o setor da tecnologia, e parecia imbatível na década de 1990. Como os outros, ela continua sendo uma empresa gigantesca, mas hoje em dia ninguém a vê como uma potência irrefreável destinada a dominar o mundo.

Ainda assim, os Quatro Cavaleiros atuais, como tentei explicar nos capítulos anteriores, contam com certas vantagens em produtos, mercados, avaliação no mercado financeiro, recrutamento e administração (sendo que eles nunca deixam de estudar o que levou os gigantes anteriores a tropeçar). Nesse contexto, é pouco provável que eles percam seu domínio atual, pelo menos na próxima geração (humana) ou além (as célebres últimas palavras). Todos os Quatro lutaram para chegar onde estão hoje e não devem abdicar da liderança com facilidade. Mesmo quando entram em conflito uns com os outros, eles parecem abrir espaço para acomodar seus interesses antes de a concorrência ficar agressiva demais. Por ora, eles parecem (de certa forma) satisfeitos em coexistir em vez de lutar até a morte.

Vamos dar uma olhada nos candidatos a Quinto Cavaleiro.

CAPÍTULO NOVE

ALIBABA

Em abril de 2016, uma empresa de e-commerce superou o Walmart e se tornou o maior varejista do mundo. Era apenas uma questão de tempo, e não foi a Amazon que destronou o gigante de Bentonville, mas sim a potência chinesa de Jack Ma, a Alibaba.[1] Justiça seja feita, isso em parte aconteceu em função do modelo de negócio da Alibaba, que atua como um espaço de mercado para outros varejistas (e-commerce e compras on-line, leilões on-line, transferências de dinheiro, serviços de nuvem e uma série de outros negócios) e foram os US$ 485 bilhões em "valor bruto de mercadorias" (GMV, na sigla em inglês) dos produtos vendidos por meio da Alibaba que superaram o Walmart. A própria Alibaba só fica com uma fração desse valor em receita (US$ 15 bilhões no ano fiscal de 2016).

Mas o tamanho faz a diferença e ninguém administra mais transações no varejo que a Alibaba. A empresa responde por 63%

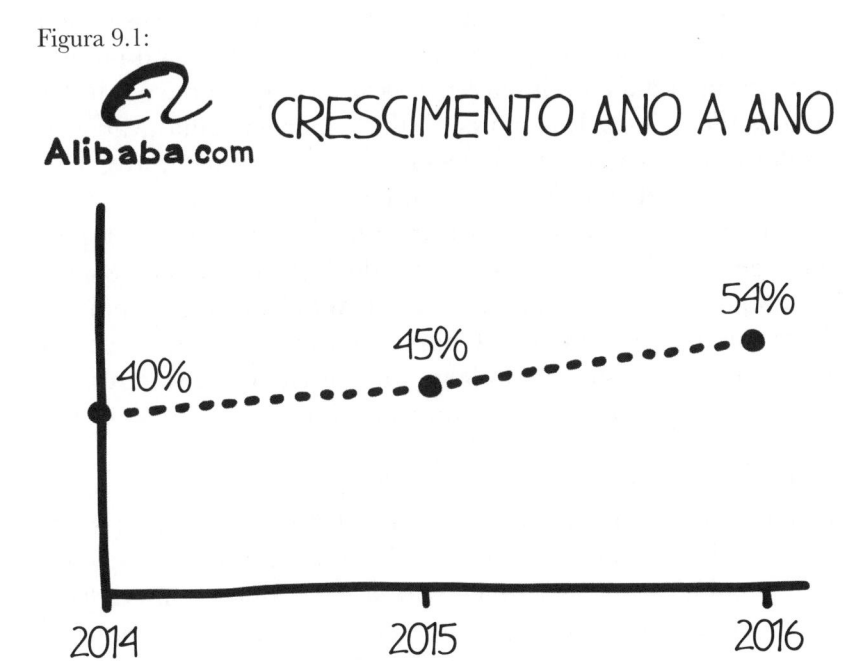

Figura 9.1:

Alibaba.com CRESCIMENTO ANO A ANO

- 2014: 40%
- 2015: 45%
- 2016: 54%

Fonte: Alibaba Group, terceiro trimestre do ano fiscal de 2016, referente ao período encerrado em 31 de dezembro de 2016 (submetido em 24 de janeiro de 2017), p. 2, publicado no site do Alibaba Group.

de todo o comércio varejista na China e 54% das encomendas enviadas pelos correios chineses se originam de alguma transação feita na Alibaba.[2,3] A empresa também se vangloria de possuir cerca de meio bilhão de usuários ativos (443 milhões) e um número ainda maior de usuários ativos mensais acessando a Alibaba pelo celular (493 milhões).[4] Como os Quatro Cavaleiros, a empresa revolucionou o cenário do varejo na China, transformando uma tradição obscura conhecida como o "Dia dos Solteiros" (11 de novembro ou 11/11) no maior dia de compras do mundo. O valor bruto de mercadorias vendidas no site chegou aos US$ 17,4 bilhões só no Dia dos Solteiros de 2016, dos quais 82% foram provenientes de transações feitas no celular.[5]

A Alibaba apresenta várias das características dos Quatro, o que explica seu enorme sucesso. A empresa começou em um vasto mercado, a China, apinhado com milhões de pequenos produtores desesperados para atingir o mundo lá fora. A Alibaba se globalizou quase imediatamente, e seu alcance se estendeu a praticamente todos os países do planeta. A empresa dominou a arte do big data e da inteligência artificial, que hoje é um dos serviços oferecidos. E o mercado lhe concedeu uma avaliação estratosférica no mercado de ações, de modo que a empresa tem muito capital de investimento para queimar. A Alibaba cresceu tão rapidamente, que basicamente não enfrenta qualquer concorrência em seu canto do mundo (como acontece com a Amazon, é mais fácil trabalhar com a Alibaba que enfrentá-la). Muitas marcas ocidentais na China fecharam seus sites de venda direta para os consumidores (algo impensável nos Estados Unidos e na Europa) para concentrar sua presença na Alibaba e em sua propriedade irmã, a Tmall.

Os investidores repararam. Em 2014, a empresa ofereceu o que até hoje foi a maior oferta pública (IPO) da história dos Estados Unidos, levantando US$ 25 bilhões com uma avaliação de US$ 200 bilhões.[6] As ações da empresa apresentaram um desempenho inferior ao mercado desde a oferta inicial e, no momento que escrevo estas palavras, no início de 2017, a BABA perdeu 15% de valor em relação à oferta, enquanto a Amazon subiu mais de 100% no mesmo período.[7]

CAPÍTULO NOVE

A Alibaba, com sua escala gigantesca, enfrentará dificuldades consideráveis se tiver ambições de ser um player global da era digital no mesmo patamar que os Quatro Cavaleiros. Por definição, a empresa terá de se expandir muito além de seu mercado local e, ainda mais importante, precisará estabelecer uma presença comercial concreta nos Estados Unidos, onde a empresa opera quase exclusivamente como um investidor. Oitenta por cento dos negócios da Alibaba continuam restritos ao mercado chinês, que parece ficar mais volátil a cada ano.

Nesse contexto, a Alibaba vai ter de ralar muito para conseguir dominar o mundo. Para começar, não há precedentes na história empresarial de uma marca de consumo global chinesa. O mundo está acostumado com marcas globais criadas nos Estados Unidos e na Europa e, mais recentemente, no Japão e na Coreia do Sul, mas não na China. As empresas chinesas são associadas (justificadamente ou não) com a exploração de mão de obra, produtos falsificados, violação de patentes e interferência do governo. Essas características batem de frente com os valores ocidentais que fundamentam as marcas mais cobiçadas do mundo. Além disso, a reputação da Alibaba no início de sua história foi maculada por alegações de que muitos de seus pequenos varejistas não eram confiáveis.

Em última análise, a Alibaba pode se beneficiar do sucesso que a Apple teve quando decidiu confiar na qualidade da produção chinesa e de outras empresas chinesas, como a WeChat, atraindo seguidores globais. Mas não vai ser fácil para a Alibaba conquistar o maior poder de uma marca, transformando-se em uma marca cobiçada que transmite valores como liderança, luxo e *sex appeal*. E a *Forbes* não incluiu a Alibaba na lista de 2016 das cem marcas mais valiosas do mundo.[9]

A Alibaba não tem demonstrado deter muito "capital visionário" e ainda não dominou o storytelling (não somente com os consumidores, mas também com os investidores, já que a governança pouco transparente da empresa não permite uma história muito clara). Em comparação, todos os Quatro Cavaleiros são reconhecidamente mestres em contar suas histórias, vendendo sua visão e convencendo os acionistas a se unir às suas "grandes cruzadas". A Alibaba, como um conglomerado, não tem uma história concreta para contar além de seu sucesso contínuo. E, como vimos, isso não basta.

Por fim, uma importante limitação ao sucesso de longo prazo da Alibaba é o relacionamento íntimo que a empresa mantém com o governo chinês. O governo tem apoiado a empresa de várias maneiras, especialmente restringindo com rigor as operações dos concorrentes norte-americanos da Alibaba na China.[10] Os investidores ocidentais até se dispõem a aceitar algum grau de interferência do governo, mas não gostam daquilo que podem ver como trapaças e as distorções resultantes no mercado.

Esse relacionamento com o governo, sem dúvida, representou uma grande vantagem para a empresa em seu estágio de crescimento, mas os investidores ficam sem saber quais interesses vão prevalecer quando os interesses dos acionistas globais não se alinharem com os do patrono chinês da empresa. Na verdade, devido às restrições chinesas à participação estrangeira em propriedades chinesas, os investidores estrangeiros na verdade não possuem ações da Alibaba, e sim de uma empresa de fachada que detém direitos contratuais sobre os lucros da Alibaba, sendo que esses direitos contratuais somente são aplicáveis nos tribunais chineses.[11] E, pior ainda, alguns sinais sugerem que a Alibaba não vai poder contar com o apoio do governo chinês, com notícias preocupantes sendo divulgadas nos meios de comunicação chineses por agências do governo desde 2015.[12,13]

Quanto à aceleração de carreiras, poder incluir a Alibaba no currículo, certamente, tem seu peso na China e em outros países do mundo em desenvolvimento. Mas nem tanto no primeiro mundo. Na verdade, pode até acabar sendo um estigma. E as implicações disso são que, ao entrar nos mercados ocidentais, a Alibaba pode ter dificuldade de recrutar talentos e seu capital intelectual pode ficar abaixo da média.

O relacionamento da Alibaba com o governo chinês implica o risco de agentes estrangeiros, como o governo norte-americano, resistirem à entrada da Alibaba impondo obstáculos regulatórios, investigações e outros impedimentos. E as dificuldades podem nem envolver questões geopolíticas. Jack Ma recentemente admitiu que a SEC estava investigando a Alibaba em diversas questões

CAPÍTULO NOVE

relacionadas à complexa estrutura do conglomerado. Ma disse que "o modelo de negócio da Alibaba é inédito nos Estados Unidos, de modo que os norte-americanos vão levar mais de um ou dois dias para entender nosso modelo de negócio".[14] Vamos combinar que a situação não é exatamente encorajadora.

Por fim, preocupações com a questão da privacidade dos dados poderão ser uma incômoda pedra no sapato da Alibaba quando a empresa se globalizar, restringindo sua capacidade de alavancar outro fator do Algoritmo T, a inteligência artificial.

Em resumo, a marca-mãe "China" gera um importuno efeito auréola do tipo "podemos não ser descolados... e ainda por cima somos corruptos". Na escola, nenhuma garota queria ficar com o rapaz cafajeste e nem o careta.

Tesla

A história está repleta de esqueletos de empreendedores que ousaram desafiar os gigantes da indústria automobilística (e que até ganharam filmes, como *Tucker: um homem e seu sonho*, de Francis Ford Coppola). Mas por enquanto tudo indica que um filme sobre Elon Musk envolveria um guarda-roupa elegante e Gwyneth Paltrow a seu lado.

A Tesla enfrenta suas dificuldades, mas conseguiu ir mais longe que qualquer outra startup da indústria automobilística nessa geração e parece bem posicionada para consolidar sua posição como a líder do mercado de carros elétricos. Embora permaneça em grande parte um produto de luxo mais popular entre o pessoal moderninho do Vale do Silício, sua combinação de design, inovação em controles digitais e um enorme investimento em infraestrutura (com destaque para a gigantesca fábrica de bateria na região de Reno, no estado de Nevada), sem mencionar seu líder visionário... tudo isso sugere que a Tesla tem o potencial de se libertar de seu nicho especializado e se transformar em um player importante no mercado de massa.

O primeiro carro produzido em grande escala pela Tesla, o Model S, ganhou todos os prêmios do setor, conquistando a primeira seleção unânime do carro do ano da *Motor Trend*, o carro com a melhor pontuação já testado pela *Consumer Reports*, eleito o "carro do século" pela *Car and Driver* e o "o carro mais importante de todos os tempos" pela *Top Gear*.[15] Em 2015, o Model S foi o carro elétrico plug-in mais vendido dos Estados Unidos, apesar de ser vendido pelo dobro do preço em relação aos concorrentes.[16]

O carro que tem o potencial de transformar a Tesla em uma potência automobilística é o próximo lançamento, o Model 3. Com preço a partir de US$ 35.000, a lista de espera já contava com 325.000 pessoas (com um depósito reembolsável de US$ 1.000) uma semana depois de ser anunciado.[17] Poucas empresas conseguem acesso a um capital de US$ 325 milhões por um ano com taxa de empréstimo zero. Trata-se de uma façanha do calibre dos cavaleiros centrada no storytelling.

Ainda assim, algumas variáveis precisam ser resolvidas antes de a Tesla se tornar o Quinto Cavaleiro. Na verdade, a empresa se vê diante de dificuldades maiores que aquelas enfrentadas pelas fabricantes tradicionais de automóveis, pois precisa montar vastas redes de postos de recarga, postos de assistência técnica (nas quais a demanda não atendida pode ser problema), montar uma rede de distribuição global, administrar uma série de subsídios do governo e expectativas em relação aos carros elétricos e lidar com legisladores acostumados a se regalar em jantares com os lobistas da indústria automobilística. Os obstáculos de hoje podem se transformar no fosso analógico de amanhã, usado para proteger um gigante. A Tesla tem um bom desempenho no que diz respeito ao Algoritmo T.

Compare a Tesla com os nossos critérios. Seu produto não tem similar tanto em termos de qualidade como de inovação técnica. A Tesla não é só um carro elétrico. É um carro melhor em várias dimensões, incluindo um enorme painel de controle equipado com uma tela sensível ao toque, software de atualização por wi-fi (big data/inteligência artificial), um modo de piloto automático líder do setor e detalhes de design (como maçanetas repensadas) que os clientes adoram.

A Tesla controla a experiência do cliente de um jeito que nenhum outro fabricante de automóveis jamais conseguirá sem fazer mudanças radicais e onerosas. As empresas automobilísticas não passam no teste vertical devido à sua estratégia que conta com pou-

CAPÍTULO NOVE

co capital e concessionárias franqueadas, as quais, pelo menos nos Estados Unidos, são verdadeiras máquinas do tempo (visitar uma concessionária dessas é como voltar a 1985). Essas redes de concessionárias terceirizadas entrincheiradas, a capacidade limitada de modificar ou melhorar o veículo depois que ele saiu da fábrica e o foco do setor em vender o máximo de unidades possível criaram um abismo entre as empresas de automóveis e os consumidores.

A maior revolução que a Tesla promoveu na indústria automobilística não foi seu motor elétrico (todo mundo está criando um), mas a proximidade com o cliente. Valendo-se de inovações como as mensagens de Musk transmitidas ao vivo para anunciar um novo produto, as concessionárias da empresa e atualizações periódicas de produtos por tecnologia wi-fi, a empresa sabe muito bem que uma aquisição de US$ 50.000 a US$ 100.000 marca o início de uma relação de vários anos com a Tesla e não com uma loja de carros multimarca qualquer. Se a Tesla conseguir manter a qualidade de seu atendimento ao cliente, mesmo apesar do rápido crescimento, as taxas superiores de clientes repetidos da empresa lhe possibilitarão acesso a capital barato, o que, por sua vez, dará à empresa os recursos necessários para melhorar a experiência do cliente, aumentando as compras repetidas e por aí vai, *ad infinitum*.

Hoje a Tesla é negociada a nove vezes a sua receita, em comparação com a Ford e a GM, com menos de 0,5 vez. Em abril de 2017, a Tesla superou a Ford em valor de mercado, mesmo tendo vendido apenas 80 mil carros em 2016, em comparação com os 6,7 milhões de veículos vendidos pela Ford. A Tesla tem voltado regularmente ao mercado financeiro para lançar ofertas públicas secundárias desde sua oferta inicial (IPO) em 2010, levantando recentemente US$ 1,5 bilhão para bancar a produção do Modelo 3 (apesar de a empresa nunca ter registrado um trimestre rentável).[18] Isso acontece porque os investidores gostam da visão de Musk e compram a história dele. Esse cara diz que vai lançar foguetes no espaço, revolucionar a indústria automobilística e reinventar o setor de armazenamento de energia. Ah, e ele também diz que vai construir trens hipersônicos em seu tempo livre. E se você pudesse voltar no tempo e investir nas ideias de Thomas Edison? Bem... aqui está sua chance.

Figura 9.2:
RAZÃO PREÇO/VENDAS
28 DE ABRIL DE 2017

0.29X   0.32X   6.5X

GM   Ford   TESLA

Fonte: *Yahoo! Finance.* <https://finance.yahoo.com/>.

    Os donos de automóveis da Tesla justificam sua decisão de compra em termos messiânicos e valorizam mais a "missão" da empresa do que os detalhes do produto.[19] Mas não estamos falando de uma marca ecológica do tipo natureba. A Tesla também é uma marca de luxo, o que constitui uma poderosa combinação. Enquanto todos os outros carros elétricos têm uma aparência meio desengonçada, os carros da Tesla lembram um Maserati. Nenhuma outra marca pode ao mesmo tempo dizer: "Você tem como bancar US$ 100.000 por um carro, tem um gosto impecável e se preocupa com o meio ambiente". E poucos carros têm o poder de transmitir esta mensagem sobre seus donos: "Eu sou espetacular e você definitivamente precisa ir para a cama comigo". Isso significa que, ainda mais que a Apple, a Tesla tem a capacidade de atingir o cliente (com delicadeza) bem entre as pernas.

    Não aposte que a Tesla vai se restringir a automóveis. A empresa já está desenvolvendo uma profunda expertise na coleta,

CAPÍTULO NOVE

armazenamento e transporte de eletricidade. Está colocando nas estradas a tecnologia de veículos autônomos aos milhares, enquanto o Google e a Apple ainda estão na fase de pesquisa. Essas tecnologias e competências vão além dos automóveis pessoais e a empresa tem o potencial de sair na frente e conquistar a liderança em outros mercados de transporte, na geração de energia alternativa e em utilizações alternativas da eletricidade na era digital.

Mesmo assim, a Tesla ainda vai enfrentar dois grandes obstáculos em sua corrida ao estábulo. Para começar, ela ainda não é uma empresa global, sendo que a maior parte de seus negócios se restringe aos Estados Unidos. Além disso, a Tesla não tem uma multidão de clientes, de modo que ainda não possui dados sobre o comportamento individual de seus clientes em grande escala. Por outro lado, seus carros são verdadeiras máquinas de coleta de dados, de modo que o desafio vai ser garantir a escala e a execução.

UBER

No momento que escrevo este livro, o Uber tem cerca de 2 milhões de motoristas (que a empresa chama de "motoristas parceiros"), o que equivale a mais que o número total de funcionários da Delta, United, FedEx e UPS[20] juntas. E cerca de 50 mil ou mais novos motoristas se cadastram no Uber por mês.[21] O serviço está disponível em mais de 81 países e 581 cidades[22] e a empresa está conseguindo se posicionar como a vencedora nesses mercados (ou pelo menos na maioria deles).

Em Los Angeles, apenas 30% das corridas foram feitas usando um táxi em 2016.[23] Em Nova York, quase o mesmo número de táxis e Ubers são usados diariamente (327 mil contra 249 mil).[24] Muitos moradores de centros urbanos ao redor do mundo adotaram o Uber como sua solução de transporte preferencial e o Uber é a marca dominante em um mercado que antes não passava de uma miscelânea de operadores locais, como empresas de táxi e locação de carros.

Hoje em dia, o Uber é sempre minha primeira e minha última despesa em todas as cidades para as quais viajo. Imagine pagar US$ 100 sempre que você entrar ou sair de uma cidade ou país. Essa é a relação que os viajantes a negócios do mundo todo, um segmento bastante atraente, tem com o Uber... ou o Uber tem conosco.

Eu desembarco do avião em Cannes, na França, onde vou dar uma palestra no Festival de Criatividade de Cannes ("O festival de qual anúncio é menos terrível"). Eu abro o aplicativo do Uber no meu celular. Vejo as opções UberX, UberBLACK e algo chamado UberCopter. Meu dedo é automaticamente atraído para o botão UberCopter (quem não ficaria curioso para saber do que se trata?). Recebo uma ligação 10 segundos depois dizendo: "Estou na área de retirada de bagagens".

O motorista me conduz a uma van de luxo e percorremos 500 metros de carro até um heliporto. Entro em um helicóptero pilotado por um rapaz que lembra meu entregador de jornal usando uma fantasia de piloto... e, por € 120 (apenas uns € 20 a mais que um táxi), sobrevoamos a Côte d'Azur e pousamos a uns 300 metros de meu hotel. Por um momento eu me transformo no James Bond... claro que sem a beleza, as habilidades, as parafernálias, o *sex appeal*, o Aston Martin e a licença para matar. Mesmo assim, chego perto...

Tudo isso não só é muito legal como é possível, porque o Uber tem acesso a "capital visionário" e aliou esse capital com a criatividade e o desrespeito pelas normas que costumam reger a experiência do cliente. A empresa pode fazer loucuras como essas, decidir levar todo mundo de helicóptero de um aeroporto a um hotel de luxo ou entregar gatinhos no Dia dos Namorados. Mas o elo mais fraco do Uber está na integração vertical, já que os donos dos carros são os motoristas, que muitas vezes também trabalham para os concorrentes. O fato de não ser a proprietária dos carros ajudou a empresa a ganhar escala com rapidez, mas a ausência de fossos analógicos a deixa vulnerável. Como você pode imaginar, o Uber também tem boas condições de alavancar o big data. A empresa sabe onde você está, para onde está indo, aonde provavelmente irá, sendo que todas essas informações são vinculadas à sua identidade. O aplicativo já preenche automaticamente o seu destino com base no seu histórico de corridas, amadurecendo em sentido inverso.

O Uber não é muito conhecido por ser um acelerador de carreiras, uma vez que poucas pessoas conhecem alguém que trabalha na sede da empresa. O Uber tem apenas alguns milhares de funcioná-

CAPÍTULO NOVE

rios, todos muito experientes com a tecnologia. A empresa deu um jeito de isolar os senhores feudais (8 mil funcionários) dos servos (2 milhões de motoristas), que ganham em média US$ 7,75 por hora, para que 4 mil de seus funcionários embolsem US$ 70 bilhões contra os US$ 2 milhões que os servos ganham trabalhando por hora.[25] É assim que o Uber diz à sua força de trabalho global, com a voz abafada, mas com clareza: "Obrigado e vão se ferrar".

Será que um serviço de transporte pessoal realmente tem como justificar o valor do Uber no mercado privado, de US$ 70 bilhões? Duvido muito. Mas o Uber é mais que um mero serviço de transporte pessoal. Se pararmos para pensar, os táxis são para o Uber o que os livros foram para a Amazon. É um negócio concreto, e um negócio que rende muito ao Uber, mas não passa da ponta do iceberg. Na verdade, o prêmio está na alavancagem da enorme rede de motoristas da empresa (e, em breve, sua enorme rede de automóveis autônomos). Na Califórnia, o Uber testou o UberFRESH, um serviço de entrega de comida. Em Manhattan, a empresa testou o UberRUSH, um serviço de entrega de pacotes. Em Washington, D.C., a empresa lançou o Uber Essentials, um serviço de compra on-line e entrega de mantimentos básicos.[26] A empresa parece estar construindo um sistema vascular (de "última milha") para empresas espalhadas pelo mundo (ou seja, levando o "sangue" do comércio aos "órgãos" das empresas, ao redor do mundo).

O transporte de átomos (coisas) continua sendo um grande problema tanto para pessoas jurídicas como físicas e o Uber pode ser o equivalente ao teletransporte da Jornada nas Estrelas, só que mais seguro e mais barato (apesar de ser um pouco mais lento). Podemos estar diante de uma batalha até a morte entre Uber e Amazon pelo controle da última milha. Enquanto isso, a FedEx, a UPS e a DHL estão prestes a aprender uma lição de desestabilização.

O Uber tem quase todos os fatores do Algoritmo T: produto diferenciado, "capital visionário", alcance global, habilidades com big data. Dito isso, além da execução (o que não é pouca coisa), o Uber tem somente um obstáculo (que é um grande obstáculo) no caminho para atingir o valor de mercado de um trilhão de dólares: o carisma. Nesse fator, o Uber tem dificuldades em duas frentes.

Para começar, seu CEO é um ogro, ou pelo menos é visto como um ogro. Muitos consumidores excluíram o aplicativo do Uber de seus smartphones em algumas ocasiões. É possível que com isso a empresa tenha perdido mais de US$ 10 bilhões em valor em 48 horas, não em razão do número de pessoas que deletaram o aplicativo, mas por essas pessoas terem encontrado substitutos na concorrência, já que o Uber não é vertical e a Lyft está conseguindo acessar grande parte dos mesmos motoristas. E não é só o CEO que está atirando no próprio pé. Em 2014, um vice-presidente sênior do Uber deu a entender (na presença de um jornalista) que o Uber contrata investigadores privados para descobrir informações negativas sobre jornalistas que escreveram artigos nada lisonjeiros sobre a empresa. De acordo com uma série de relatos, a administração do Uber usa a tecnologia para rastrear os motoristas em tempo real para se divertir ou por outras razões pessoais, inclusive o monitoramento de jornalistas.[27] Na França, o Uber lançou uma campanha publicitária (na melhor das hipóteses, machista) e muitos entenderam que a empresa estava sugerindo que o Uber era uma excelente maneira de contratar prostitutas.[28] Em 2016, o Uber pagou uma multa de US$ 20.000 como resultado de uma investigação do procurador-geral de Nova York para averiguar acusações de uso indevido de sua tecnologia de rastreamento.[29]

Pior ainda, o carisma do Uber ficou muito abalado com as acusações de discriminação sexual corporativa contra Susan Fowler em fevereiro de 2017.[30] Além disso, as ações dos gerentes de nível médio, da diretoria e da presidência variaram de insensíveis a repreensíveis em dezenas de casos. As startups iniciantes por vezes conseguem se safar desse tipo de coisa, mas esperamos que os gigantes do setor demonstrem mais maturidade. Cabeças deveriam ter rolado, e algumas rolaram, mas apenas meses depois. Em junho de 2017, apesar das recomendações de advogados externos que sugeriram realocar as responsabilidades do cofundador e CEO Travis Kalanick, o Conselho de Administração inicialmente não demitiu Kalanick, mas anunciou que ele estava de licença por tempo indefinido. A história da licença demonstrou a incapacidade do Conselho de Administração, que permitiu que a situação piorasse ainda mais. Pressionado pelos investidores, Kalanick

CAPÍTULO NOVE

renunciou ao cargo na semana seguinte. Ele claramente é um visionário talentoso e sua criação tem o poder de mudar o mundo. Mas, à medida que a empresa entra em uma nova etapa, ela precisa de um CEO com um novo foco e a capacidade de liderar mesmo em tempos de crise. Hoje o Uber vale mais que a Volkswagen, a Porsche e a Audi, e milhares de famílias e investidores contam com a empresa e sua liderança. A história não vai mais girar em torno de Kalanick e a empresa não precisa esperar para ver se ele vai conseguir se recuperar ou se vai ter uma recaída.

Será que essa controvérsia vai prejudicar o Uber? Sim, mas só desacelerando o avanço da empresa, e não do jeito que você está pensando. Os consumidores adoram falar de responsabilidade social e, no entanto, compram celulares e vestidinhos pretos feitos em fábricas onde as pessoas se matam e despejam mercúrio na água. O Uber tem um produto extraordinário e o crescimento da receita deve continuar acelerado. O problema são todas as distrações, que impedem a administração de atrair e reter os melhores talentos (o que tem o poder de separar os vitoriosos dos fracassados na era digital).

Além das crises de relações públicas e de gestão, não são somente os deslizes de comportamento da administração que põem em risco a credibilidade e o carisma do Uber. O Uber é, sem dúvida, um desestabilizador na melhor tradição dos desestabilizadores do Vale do Silício. Só que o Uber está desestabilizando um mercado extremamente regulamentado e a empresa se beneficia muito de não se sujeitar às mesmas regras que os táxis tradicionais. A empresa acredita, e o mercado tem recompensado essa crença, que pode contratar qualquer pessoa disposta a dirigir e que pode cobrar o que quiser. Enquanto isso, os táxis não usufruem dessa mesma liberdade na maioria dos mercados. Tampouco o Uber joga limpo com seus concorrentes de compartilhamento de corridas, como a Lyft. Foram revelados vários incidentes de funcionários do Uber trabalhando para sabotar a concorrência, pedindo e cancelando corridas repetidamente (algo como um ataque de negação de serviço no mundo real).[31]

Em um nível ainda mais amplo, o modelo de negócio do Uber tem sido criticado por debilitar as relações empregatícias e criar uma fonte de renda instável e de baixa remuneração que pode secar de uma hora para a outra. A empresa sustenta que não tem um serviço de transporte, que apenas fornece um aplicativo que permite que os motoristas compartilhem seus carros por uma taxa.[32] Isso levantou uma série de questões sobre seguro e benefícios para os motoristas, as obrigações da empresa para garantir a segurança de motoristas e passageiros, entre outros problemas.

E ainda, o movimento #DeleteUber surgiu em questão de minutos, em fevereiro de 2017, e levou cerca de 200 mil usuários do Uber a deletar o aplicativo diante da informação de que o Uber estava tentando furar uma manifestação no aeroporto JFK, de Nova York, para protestar contra o decreto-lei anti-imigração do presidente Trump. Os taxistas aderiram ao protesto, parando por uma hora e o Uber foi acusado de usar a greve para se promover aos clientes desesperados que não tinham como sair do aeroporto. Não faz muita diferença se a história é verdadeira ou não. O que importa é que o incidente mostrou que até os usuários fiéis se preocupam com os métodos do Uber.[33]

O mundo ainda está tentando descobrir se o Uber é bom para nós... ou não. Ele pode ser um prenúncio de nosso futuro em uma economia digital: aplicativos incríveis proporcionando uma experiência extraordinária ao consumidor subsidiada por investidores extasiados... e também milhões de empregos mal remunerados e um pequeno segmento da sociedade embolsando uma montanha de dinheiro. Milhares de senhores feudais governando milhões de servos.

Walmart

O Walmart pode até ter deixado a Amazon assumir a liderança na corrida para ser a varejista dominante da era digital, mas ainda não está fora da corrida. Com cerca de 12 mil lojas em 28 países, o Walmart gerou mais receita que qualquer outra empresa do mundo em 2015, como aconteceu todos os anos no presente século.[34]

Enquanto o mundo migrava para a internet, o Walmart começava a se parecer cada vez mais com um dinossauro. Mas hoje as empresas estão se dando conta de que o e-commerce só pode garantir um futuro próspero se tiver uma infraestrutura física que inclua lojas e, nesse sentido, o Walmart continua sendo uma potência.

CAPÍTULO NOVE

A empresa tem décadas de experiência administrando estoques e sistemas de entrega eficientes e suas 12 mil lojas também podem ser 12 mil armazéns, 12 mil centros de atendimento ao cliente e 12 mil showrooms. Acrescente a isso o fato de que alguns clientes até moram em trailers em estacionamentos do Walmart e dá para ver que a gigante tem uma vantagem bem interessante no mercado.[35]

No fim de 2016, o Walmart adquiriu a Jet.com por US$ 3 bilhões, ou US$ 6,5 milhões por funcionário. A Jet.com não tinha um modelo de negócio viável (precisando atingir a marca dos US$ 20 bilhões em receita apenas para não ficar no vermelho) e estava gastando US$ 5 milhões por semana em publicidade quando as empresas bateram o martelo para a aquisição. Mas a empresa tinha uma característica dos Cavaleiros: o storytelling. A estrutura dinâmica de preços, de acordo com o fundador de uma empresa adquirida pela Amazon, a Quidsi, fez de Marc Lore, presidente e CEO do Walmart, um potencial salvador. Do meu ponto de vista, eu diria que a Jet.com foi o equivalente a um implante capilar de US$ 3 bilhões comprado por um varejista em plena crise de meia-idade. Mas, justiça seja feita, a empresa de fato parece ter se recuperado na arena do comércio eletrônico. Lore está sendo pressionado para melhorar a eficiência operacional, reforçar a transparência dos preços e aumentar as economias oferecendo aos clientes a possibilidade de ir pegar nas lojas as compras feitas na internet.[36] Vamos ver no que essa história vai dar.

As aplicações de botox do Walmart são só o começo. A empresa tem acesso a um capital imenso, apesar de não ser um capital barato, considerando que as ações da empresa são negociadas a um múltiplo dos lucros, o que é normal para uma empresa de varejo. Quando o varejista de Arkansas anunciou que as receitas cairiam devido ao fato de terem decidido (e com razão) aumentar as despesas de capital para competir com a Amazon, no dia seguinte a empresa perdeu o equivalente ao valor da Macy's de sua capitalização de mercado.

Além disso, ninguém simpatiza muito com o Walmart, considerando que a empresa é, por um lado, o maior empregador do mundo com mais trabalhadores recebendo salário mínimo que qualquer outra empresa dos Estados Unidos e, enquanto Walton e sua família povoam a lista das pessoas mais ricas do mundo, concentrando mais do que 40% das famílias que compõem a base da pirâmide norte-americana. Por fim, se você já se perguntou quem são as pessoas e as famílias que não têm smartphone, nem banda larga em casa, saiba que essas pessoas são os clientes do Walmart. O termo "adotante tardio" é a melhor definição dos clientes do Walmart. Esse grupo não curte a inovação e olha o mundo digital com desconfiança.

Microsoft

A Microsoft não é mais a "besta de Redmond", a empresa que dominou completamente a era dos PCs. Mas o Windows é o sistema operacional de 90% dos desktops do mundo (embora a metade desses computadores ainda esteja rodando como pode com o obsoleto Windows 7).[37] O Office continua sendo o pacote de programas de produtividade mais popular do mundo e produtos profissionais, como o SQL Server e o Visual Studio, são praticamente onipresentes. Não fosse pelo fracasso colossal com o Windows Phone, a Microsoft provavelmente já seria o Quinto Cavaleiro e talvez ainda fosse a empresa mais poderosa da Terra. Se conseguir promover o crescimento do LinkedIn sem ser esmagada por seu peso, a Microsoft ainda pode ter uma chance.

Além disso, a empresa encontrou uma fonte de crescimento em sua plataforma de computação em nuvem, o Azure. Esse novo filão de ouro, aliado a um novo e jovem CEO, deu uma nova vida à história da Microsoft. A empresa não é mais o acelerador de carreiras que já foi um dia, mas seu foco nas pessoas jurídicas (e não nas pessoas físicas, como fazem os Quatro) proporciona um mercado que ainda não viu o mesmo nível de inovação ou concorrência que a indústria da tecnologia voltada ao consumidor.

E quanto à sua outra história (de crescimento)? Estou falando do LinkedIn.

O LinkedIn, a rede social profissional, tem algumas vantagens importantes e tangíveis em comparação com o Facebook. O grosso das receitas do Facebook provém de uma só fonte: a publicidade. Em comparação, o LinkedIn conta com três fontes distintas de receita: a empresa vende publicidade em seu site; cobra dos

CAPÍTULO NOVE

recrutadores pelo acesso atualizado aos candidatos; e vende assinaturas premium aos usuários oferecendo benefícios para encontrar empregos e desenvolver seus negócios. Isso que é equilíbrio. Essas fontes de receita por assinatura diferenciam o LinkedIn não somente do Facebook, mas de todos os outros principais players do setor de mídia social.

O LinkedIn também tem uma posição competitiva invejável, já que não enfrenta concorrentes de peso no mercado. Existem alguns sites de nicho especializados em profissões específicas e o próprio Facebook representa uma concorrência potencial, mas *ninguém* oferece qualquer coisa parecida com a ampla cobertura e o networking profissional do LinkedIn. Você pode até trocar o Facebook pelo Instagram, o Instagram pelo WeChat, o WeChat pelo Twitter e por aí vai. Mas, no mundo B2B, você posta seu cur-

Figura 9.3:
FONTES DE RECEITA DO LINKEDIN

- 17% SOLUÇÕES PREMIUM
- 18% SOLUÇÕES DE MARKÉTING
- 65% SOLUÇÕES DE TALENTOS

Fonte: LINKEDIN announces fourth quarter and full year 2015 results. *LinkedIn Corporate Communications Team*, 4 fev. 2016. <https://news.linkedin.com/2016/linkedin-announces-fourth-quarter-and-full-year-2015-results>.

O quinto cavaleiro

rículo em apenas uma plataforma: o LinkedIn. Se você se irritar com o LinkedIn ou ficar insatisfeito com suas funcionalidades, que outra opção você tem? Nenhuma. O LinkedIn está sozinho, sem qualquer concorrente claro despontando no horizonte.

O LinkedIn, pela natureza do seu negócio, também possui uma base de clientes invejável. Mais de 467 milhões de pessoas estão no LinkedIn e não são 400 milhões de pessoas quaisquer.[38] Os usuários das plataformas são pessoas com formação superior querendo exibir suas qualificações e líderes empresariais do mundo todo (de cada três pessoas, uma tem um perfil do LinkedIn).[39] A resposta para a pergunta "Quem está no LinkedIn?" é: "Todas as pessoas que interessam". Um pequeno grupo de CEOs da geração X prefere evitar o LinkedIn por se preocupar com a possibilidade de serem assediados por candidatos a emprego ou porque ainda estão tentando descobrir como usar seu celular Razr da Motorola. Tirando esse grupo, os usuários do LinkedIn são globais e abrangentes. (Por sinal, o mercado de publicidade no B2B é o dobro do tamanho do mercado B2C, de modo que o mercado potencial do LinkedIn supera em tamanho o de todas as plataformas sociais B2C).

Só que o foco sempre vem acompanhado de limitações. O LinkedIn tem sucesso porque se dedica a um mercado relativamente pequeno com um conjunto de serviços relativamente pequeno. Dá muito dinheiro ser a lista telefônica dos profissionais do mundo e isso pode ser apenas o começo para uma empresa que ambiciona obter o status de cavaleiro.

Agora cabe à Microsoft decidir como o LinkedIn vai usar essa plataforma para crescer. O potencial de integração com o Outlook e os outros aplicativos de produtividade da Microsoft é grande, sem mencionar a possibilidade de finalmente resolver as dificuldades que o Windows e a Microsoft têm enfrentado nos smartphones. Mas essas oportunidades também podem atrapalhar quaisquer ambições que o LinkedIn possa ter de ser uma força dominante por conta própria, já que seu destino passará a ser avaliado com base em sua capacidade de melhorar os resultados financeiros da Microsoft. E a Microsoft passou 20 anos mantendo a onipresença do Windows e do Office à custa de todo o resto.

CAPÍTULO NOVE

Assim, o maior obstáculo para o LinkedIn atingir o status de cavaleiro é que, apesar de a empresa preencher todos os requisitos do checklist do Algoritmo T, elas estão marcadas a lápis, e não a caneta. Seu produto é bom, mas não tão bom quanto o Facebook. O LinkedIn tem acesso a "capital visionário", mas não com os preços baixos que a Amazon consegue. E o LinkedIn foi adquirido por uma empresa que está surgindo das cinzas depois de mais de uma década de declínio. Em resumo, o LinkedIn é o Bruce Jenner de nossa análise: um atleta espetacular com muitas conquistas – ganhou uma medalha de ouro olímpica no decatlo e sua foto vinha estampada na caixa de cereais que eu comia no café da manhã quando eu era criança (mil desculpas, Caitlyn*, você sempre vai ser o Bruce para mim). Mas Jenner nunca ganhou um ouro em esportes individuais. Ele foi, para usar uma velha expressão, "Um pau (ou, no caso de Caitlyn, algum outro objeto) pra toda obra, mas sem dominar nada".

AIRBNB

Seria tentador dizer que a Airbnb é o Uber dos hotéis e simplesmente passar para o próximo candidato. Mas algumas diferenças importantes revelam a força competitiva da Airbnb em relação ao Uber e mostram como o Algoritmo T pode ser usado para orientar a estratégia e a alocação de capital da empresa.

Embora ambos sejam globais e desfrutem de acesso a capital barato, seus produtos são fundamentalmente diferentes. Sonia Marciano, professora de Administração da NYU e a pensadora de estratégia mais lúcida da atualidade, acredita que a chave para conquistar e manter uma vantagem é encontrar pontos de diferenciação em mercados de grande variância, real ou percebida. Se você for um atleta de decatlo, o ideal é encontrar o evento que apresenta a maior variância em termos de desempenho e trabalhar com ele. O Uber tem um produto espetacular,

---

* N.T. Bruce Jenner passou por uma mudança de sexo e hoje é Caitlyn Jenner, atriz e modelo.

mas eu desafio o leitor a identificar a diferença entre o Uber, a Lyft, a Curb e a Didi Chuxing.

A categoria representa uma enorme melhoria em relação aos táxis e ao transporte de luxo com motorista, mas os players do mercado de compartilhamento de corridas estão cada vez mais parecidos. Já foi o caso de ter alguma diferenciação, mas o comportamento imaturo do CEO do Uber levou as pessoas a descobrir por conta própria que a Lyft oferece a mesma coisa.

Já a plataforma da Airbnb se encarrega de um papel mais importante, atuando como uma espécie de curadora da confiança, e seus produtos variam muito mais, desde uma casa flutuante em Marin, na Espanha, a uma residência urbana no bairro de South Kensington, em Londres. Hoje em dia, a United Airlines oferece mais diferenciação que o Uber e eles até podem expulsar um passageiro de um avião (prejudicando sua imagem), mas, se você precisar ir de San Francisco a Denver (dois hubs dominados pela United), vai ter de perdoar a empresa, porque esse voo da United é altamente diferenciado (só existe ele).

Além disso, a Airbnb conta com a proteção de outro fosso no que diz respeito ao produto. Mais, especificamente, a liquidez de seus produtos. Ter liquidez equivale a ter fornecedores e clientes em quantidade suficiente para viabilizar o serviço. As duas empresas conseguiram realizar essa façanha. No entanto, a liquidez conquistada pela Airbnb é mais impressionante e mais difícil de replicar. O Uber precisa de motoristas e pessoas em busca de transporte para construir um negócio em uma cidade. O capital do Uber lhes dá a capacidade de entrar rapidamente em uma cidade e o mesmo se aplica a outras empresas de transporte pessoal com capital suficiente. No entanto, a Airbnb precisava atingir uma massa crítica de ofertas em cada localidade e uma grande demanda (conscientização) em muitas cidades (por exemplo, Amsterdã é visitada por pessoas do mundo inteiro). O Uber pode competir em todas as grandes cidades, já que a empresa precisa apenas estabelecer sua liquidez em um mercado. Já a Airbnb necessitava atingir escala (e foi o que fez) em nível continental e global.

As avaliações da Airbnb e do Uber (no momento da escrita destas linhas) são de US$ 25 bilhões e US$ 70 bilhões, respecti-

CAPÍTULO NOVE

vamente. No entanto, acredito que a Airbnb superará o valor do Uber até o fim de 2018, e o Uber será forçado a reduzir enormemente o valor contábil de seus ativos quando as pessoas começarem a perceber a falta de diferenciação de seus produtos e os concorrentes locais irão agravar ainda mais a situação diante da terrível demonstração dos resultados da empresa (perda de US$ 3 bilhões com receita de US$ 5 bilhões em 2016).

A Airbnb é o unicórnio do setor de "compartilhamento" que tem mais chances de se tornar o Quinto Cavaleiro. Seu ponto mais fraco é a falta de integração vertical (eles não são os proprietários dos quartos e apartamentos), o que significa que a Airbnb não tem o mesmo grau de controle sobre a experiência do cliente quanto os Quatro. Vale a pena, para a administração da Airbnb, analisar a possibilidade de alocar parte de seu capital barato para obter maior controle do canal, contratos de exclusividade de longo prazo com propriedades e amenidades como wi-fi, mesas de trabalho, um concierge em cada estação de metrô etc.

IBM

Era uma vez, antes do Google, antes da Microsoft e até antes do nascimento de alguns leitores deste livro, uma empresa que fez uma grande diferença no setor da tecnologia. A IBM foi um sinônimo de tecnologia, o padrão dos Estados Unidos corporativo, e, depois de unir forças com a Intel e a Microsoft, foi a empresa dominante dos primeiros 25 anos da história dos computadores pessoais.

Mas a IBM não está nesta lista somente por razões históricas e nostálgicas. Mesmo com as receitas mantendo uma longa e lenta trajetória de declínio de alturas majestosas (19 trimestres consecutivos de receitas em queda começando no primeiro trimestre de 2017), a empresa ainda registrou US$ 80 bilhões em receita em 2016 e, a cada ano que passa, seu mix de ofertas se distancia do hardware e se aproxima mais dos serviços de alta margem e dos relacionamentos recorrentes.[40] A aplaudida força de vendas da IBM ainda consegue cavar reuniões com os diretores de tecnologia de todas as empresas que estão na Fortune 500 e a empresa é um importante competidor na corrida para levar o mundo corporativo norte-americano à nuvem. Hoje, a IBM conta com um novo e atraente personagem principal em sua história: o Watson. A empresa é global e (muito possivelmente) vertical. No entanto, o avanço ascendente na cadeia alimentar, entrando no setor de serviços, coloca a empresa em um negócio que é ajustado a um múltiplo do Ebitda e não das receitas, restringindo seu acesso a capital barato. Assim, a empresa passa a ser vista como um lugar seguro para conseguir um emprego e não um lugar particularmente inspirador. Os jovens que trabalham na IBM são os que chegaram à segunda rodada de entrevistas no Google, mas não receberam uma oferta de emprego. A IBM deixou de ser vista como o acelerador de carreiras que já foi um dia.

Verizon/AT&T/Comcast/Time Warner

Este livro presume que a sua empresa tem alguma presença on-line. E, se você tiver operações nos Estados Unidos, quem você acha que é dona dos serviços de internet? Uma dessas quatro empresas. As instalações de cabo e de telecomunicações são um dos grandes monopólios legais do século 20 e as quatro grandes empresas surgidas de décadas de fusões são players essenciais na era digital.

No entanto, elas enfrentam grandes obstáculos para se beneficiar de sua posição. Mais especificamente, a maioria das pessoas as odeia e elas não têm um caminho claro para atingir status global, já que as companhias de telecomunicação são um símbolo de identidade nacional e os governos hesitam em deixar que outras nações tenham a possibilidade de interceptar ligações telefônicas e dados de seus cidadãos. Porém, todos também odiavam as companhias ferroviárias, as empresas de barcaças em canais e as empresas de carruagens. Como Ernestine, a telefonista interpretada por Lily Tomlin em um programa cômico na TV, costumava dizer: "A gente não se importa. A gente não precisa se importar. Nós somos a Companhia Telefônica".

Se a sua empresa for proprietária dos cabos pelos quais os dados do mundo vão de um lado ao outro do país ou do planeta, ela sempre será importante, altamente lucrativa e gigantesca. Isso não satisfaz muitos de nossos critérios para ela se tornar um Cavaleiro, mas pode ajudar a sua empresa a se aproximar dessa meta. Feito isso, bastaria para a sua empresa ser varrida por uma onda

CAPÍTULO NOVE

de administração esclarecida e ser vista como um acelerador de carreiras (algo improvável, mas mesmo assim possível).

••••

Será que alguma dessas empresas poderia se tornar o Quinto Cavaleiro? E será que os Quatro Cavaleiros deixariam isso acontecer? É bem verdade que a Amazon nunca vai deixar o Walmart recuperar o terreno perdido para ela. E o Google, a caminho de entrar no setor de veículos autônomos, com certeza está de olho no Uber e na Tesla.

Mas não é possível prever as reviravoltas da história. Em 1970, a IBM parecia imbatível. Em 1990, a Microsoft fez toda a indústria de eletroeletrônicos tremer de medo. As empresas envelhecem, o sucesso leva à complacência e a saída dos melhores talentos em busca de novos desafios e opções de participação pré-IPO é inevitável. E, naturalmente, não podemos descartar o curinga: neste exato momento, em algum laboratório ou dormitório estudantil, alguém está trabalhando em uma nova tecnologia que vai virar o mundo digital de cabeça para baixo (como a revolução do transistor em 1947 e do circuito integrado em 1958). Agora mesmo, ao redor de uma mesa na cozinha ou em um Starbucks, a equipe de alguma startup, liderada pelo próximo Steve Jobs, está planejando uma nova empresa que pode ultrapassar rapidamente os cavaleiros para se tornar a primeira empresa trilionária do planeta. Não é provável, mas nunca se sabe. É como as grandes enchentes que antes só aconteciam uma vez a cada século, mas que atualmente parecem estar acontecendo a cada década: parece impossível... até não ser.

CAPÍTULO DEZ

OS QUATRO E VOCÊ

Siga seu talento, não sua paixão

O domínio dos Quatro tem um efeito desproporcional no cenário competitivo e na vida dos consumidores. Mas como isso pode afetar sua carreira? Eu diria que hoje em dia nenhum jovem pode ignorar os Quatro e todos precisam saber como esses cavaleiros revolucionaram a economia. Eles dificultaram o caminho para o sucesso de muitas empresas e ficou mais difícil para qualquer startup de tecnologia voltada ao consumidor competir e sobreviver nesse cenário.

Considerando que a maioria da humanidade (as estatísticas são inegáveis) é mediana, o que podemos aprender para passar da condição razoável para a próspera, ou até mais? Eu gostaria de concluir este livro com algumas observações sobre uma possível estratégia para avançar profissionalmente nesse admirável mundo novo.

O sucesso na economia da insegurança

Nunca, em toda a história da humanidade, vivemos em uma época melhor para sermos excepcionais e em uma época pior para sermos medianos.

Esse é um dos principais efeitos do ambiente disruptivo criado pelo advento da "economia da loteria", na qual a tecnologia digital cria um mercado único que possibilita a um líder embolsar a maioria esmagadora dos ganhos. Uma série de lagoas, negócios e localizações geográficas distintas se colocam no meio do aguaceiro da globalização, formando um número menor de lagos enormes. A desvantagem é que o número de predadores é maior. A vantagem é que o peixe grande do lago grande vai ter uma vida irada. Os Quatro Cavaleiros demonstram essa nova realidade em uma megaescala.

O fenômeno é controlado por regras do mercado segundo as quais o valor dos produtos de primeira linha de uma categoria decola mesmo enquanto o valor dos produtos de enésima linha despenca. No caso dos livros raros, a Amazon proporcionou uma exposição global a edições outrora obscuras e dificílimas de encontrar. Como seria de se imaginar, o aumento resultante da demanda por uma oferta fixa elevou os preços das melhores obras. Entretanto, essa mesma oferta também revelou a abundância de livros comuns e deu aos compradores opções exponencialmente maiores para comprá-los. Isso, como também seria de se esperar, teve o efeito contrário, levando o valor desses livros a despencar em queda livre.

Os mercados de trabalho estão enfrentando a mesma situação. Graças ao LinkedIn, todo mundo está o tempo todo no mercado de trabalho global. Se você for excepcional, milhares de empresas o procurarão e o encontrarão. Se você for bom, está competindo com dezenas de milhões de outros "bons" candidatos ao redor do planeta – e seu salário pode estagnar ou cair.

Os doze melhores professores da Stern School of Business recebem ofertas do mundo inteiro e ganham US$ 50.000 ou mais para dar uma palestra em um almoço. Eu arriscaria dizer que a renda anual média desses professores deve ser de US$ 1 milhão a US$ 3 milhões. O restante (os "bons") agora está competindo com a Khan Academy e a University of Adelaide (as duas oferecem "bons" cursos, e a primeira o faz na internet). Esses "bons" professores ensinam executivos por uma modesta renda adicional ou reclamam do reitor em busca de relevância, enquanto ganham apenas uma fração que seus colegas (só um pouco) melhores ganham. A diferença entre o bom e o excelente pode ser de apenas 10% ou menos, mas o delta das recompensas se aproxima de dez vezes. A renda anual média de um "bom" professor é de US$ 120.000 a US$ 300.000, isso quando seu salário já está alto demais e eles poder ser facilmente substituídos. A universidade não

CAPÍTULO DEZ

tem como demiti-los, graças às proteções de estabilidade no emprego garantidas pelo status de professor titular, de modo que a instituição finge se preocupar com eles, porém (em grande parte) os ignora. Eles são promovidos a chefes de departamento, nomeados para atuar em comitês, e têm uma série de desculpas para justificar sua mediocridade.

Se você não nasceu excelente, quais comportamentos poderão ajudá-lo a atingir os 10% adicionais? Os princípios básicos não mudam. Excelência, determinação e empatia são atributos atemporais das pessoas de sucesso em todas as áreas. No entanto, à medida que o ritmo e a variabilidade do trabalho aumentam, o sucesso será encontrado nas margens, separando os bem-sucedidos do resto do rebanho.

Como contei no início deste livro, a L2 é minha sexta empresa. Nossa especialidade é o *business intelligence* (um termo sofisticado para se referir a "pesquisa") e chegamos a 140 funcionários em sete anos. Setenta por cento deles têm menos de 30 anos, e a idade média é de 28 anos. Os funcionários da L2 não raro nos são roubados por empresas cobiçadas. Eles são como crianças. São imaturos e tiveram pouco tempo para trabalhar em sua personalidade no trabalho. É interessante observar esses jovens na L2 e ver como a personalidade deles leva ao sucesso ou ao fracasso. E, com base nessas observações, cheguei a algumas conclusões sobre os fatores necessários para ter sucesso na nossa economia em constante evolução e dirigida pelos cavaleiros.

Fatores de sucesso pessoal

Em média, as pessoas inteligentes que trabalham muito e tratam os outros bem têm mais sucesso que as pessoas com um raciocínio confuso, preguiçosas ou que são desagradáveis com os colegas. Isso sempre foi e sempre será verdade, mesmo se um ou outro ogro conseguir ser uma exceção à regra. Mas o talento e o trabalho duro somente o levam a entrar no grupo do 1 bilhão dos melhores talentos do planeta. Outras centrífugas e separadores mais sutis criam os melhores da era digital.

Nada é mais importante que a *maturidade emocional*, especialmente para os jovens na faixa dos 20 anos, quando essa qualidade pode variar muito. São cada vez mais raros os campos de atuação nos quais uma pessoa responde a um único chefe e trabalha com um grupo específico de tarefas que não mudam muito, nem com frequência. Em comparação, o trabalhador da era digital vai ter de responder a vários stakeholders e desempenhar diferentes funções no decorrer de um único dia, em um ambiente que favorece a maturidade. E, à medida que os ciclos competitivos e do produto ficam cada vez mais curtos, nossa vida profissional verá rápidos altos e baixos entre o sucesso e o fracasso.

É importantíssimo saber administrar o próprio entusiasmo no decorrer desses ciclos. A maneira como as pessoas interagem entre si determina o sucesso ou o fracasso de seus projetos, quem vai topar trabalhar com elas e quem vai querer contratá-las. Os jovens que tiverem uma identidade desenvolvida, souberem manter o controle em condições de estresse e forem capazes de aprender e aplicar o que aprenderam terão mais sucesso que os colegas que perdem o controle com facilidade, prendem-se a detalhes e se deixam levar pelas emoções. Pessoas que não ligam de receber e dar ordens e que conhecem seu lugar no grupo têm mais sucesso quando as linhas de autoridade perdem a clareza e as estruturas organizacionais são fluidas.

Esse efeito já foi bem documentado na pedagogia. Uma ambiciosa meta-análise de 668 estudos conduzidos para avaliar programas escolares voltados a ensinar habilidades sociais e emocionais descobriu que 50% das crianças que participaram desses programas melhoraram o desempenho escolar e o comportamento. E o autor de best-sellers Daniel Goleman, que popularizou o termo "inteligência emocional", descobriu que empresas globais lideradas por pessoas que demonstram autoconsciência, autocontrole, motivação, empatia e habilidades sociais apresentaram resultados melhores.

Um resultado interessante da crescente importância da maturidade emocional é que, entre os jovens, as mulheres saem favorecidas. Não estou tentando ser politicamente correto aqui, mas é verdade que eu precisaria ter muita coragem para apontar esse fato se a conclusão fosse favorável aos homens. De qualquer maneira, em levantamentos, homens e mulheres concordam que as

CAPÍTULO DEZ

mulheres na faixa dos 20 anos tendem a "agir conforme a idade" mais que os homens. Há evidências neurológicas de que o cérebro das mulheres se desenvolve antes e com mais rapidez.

Não é raro eu participar de reuniões nas quais um jovem rapaz (ou vários) passa a maior parte do tempo expondo o próprio entusiasmo, tenta controlar o diálogo e faz de tudo para se pavonear diante do grupo, até que finalmente uma jovem (que estava em silêncio até então) apresenta tranquilamente fatos relevantes, resume os principais problemas e recomenda os próximos passos.

Os homens, até os mais jovens, nutrem certo preconceito em relação ao avanço profissional de suas colegas do sexo feminino, provavelmente porque os homens são vistos como mais motivados e resolutos. E os jovens que cultivam a maturidade emocional podem ser vítimas desse mesmo preconceito. Porém, eles são membros seletos de um grupo raro e valioso. Considerando que 70% dos oradores na formatura do ensino médio são mulheres, as empresas estão se dando conta de que o futuro pertence a elas.

Na era digital, a mudança é uma constante diária. Em quase todos os ambientes profissionais, espera-se que usemos e dominemos ferramentas que não existiam uma década atrás e que nem sobreviverão um ano. Para o bem ou para o mal (e, francamente, em geral é para o mal), as organizações têm acesso a um volume basicamente infinito de dados e ao que poderia ser uma variedade infinita de maneiras de organizar esses dados e tomar decisões com base neles. Ao mesmo tempo, as ideias podem ser concretizadas em uma velocidade sem precedentes. O que a Amazon, o Facebook e outras empresas em alta, como a Zara, têm em comum é sua "agilidade" (o termo da nova economia para se referir a "rapidez").

A *curiosidade* é fundamental para o sucesso. O que deu certo ontem está ultrapassado hoje e será esquecido amanhã, substituído por uma nova ferramenta ou técnica com a qual nem sonhamos. Pense que o telefone levou 75 anos para chegar a 50 milhões de usuários, a TV levou 13 anos para entrar em 50 milhões de domicílios, a internet levou 4 anos... e o Angry Birds levou 35 dias. Na era tecnológica, o ritmo não para de acelerar: o Microsoft Office levou 22 anos para atingir a marca de 1 bilhão de usuários, mas o Gmail levou apenas 12 e o Facebook, 9. Quem tentar resistir a essa maré de mudança vai morrer na praia. O sucesso na era digital será reservado às pessoas que irão ao trabalho todos os dias sem temer a próxima mudança e se perguntando: "E se a gente fizesse assim?". O respeito aos processos, ou a síndrome do "é assim que sempre foi feito", é o calcanhar de Aquiles das grandes empresas e a infecção generalizada das carreiras profissionais. Seja o sujeito que tem as ideias ao mesmo tempo práticas e malucas, que valem a pena discutir e tentar. Jogue na ofensiva: para cada quatro tarefas que lhe mandam fazer, apresente uma solução ou uma ideia sem ninguém precisar pedir.

Outra habilidade que vai ajudá-lo a se destacar na multidão é o *espírito de participação*. Seja mais obcecado com os detalhes que qualquer colega da equipe e pense no que precisa ser feito, quando e como (e *se* precisa ser feito). Considere que nada vai acontecer se você não ficar de olho em tudo e em todos... o que provavelmente é verdade. Participe ativamente de sua tarefa, projeto e empresa. Assuma a responsabilidade.

Figura 10.1:

A MARCHA PARA 1 BILHÃO DE USUÁRIOS

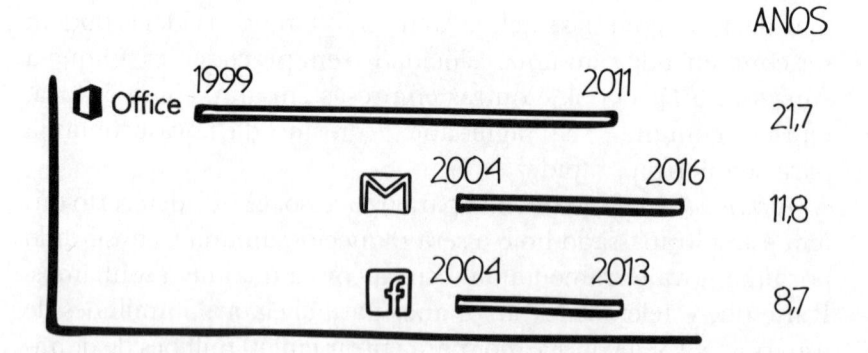

	ANOS
Office 1999 — 2011	21,7
✉ 2004 — 2016	11,8
f 2004 — 2013	8,7

Fonte: DESJARDINS, Jeff. Timeline: the march to a billion users [Chart]. *Visual Capitalist*, 26 fev. 2106. <http://www.visualcapitalist.com/timeline-the-march-to-a-billion-users/>.

CAPÍTULO DEZ

FAÇA FACULDADE

É, eu sei... Você já está careca de ouvir isso. Mas vale repetir mesmo assim. Se você quiser ser um sucesso na era digital, nada fala mais alto que um diploma de uma universidade de prestígio. E faz diferença você se formar com honras.

É bem verdade que Zuckerberg, Gates e Jobs largaram os estudos. Mas nem você, nem seu filho são o Mark Zuckerberg. E, embora nenhum deles tenha se formado, as experiências que eles tiveram na faculdade foram fundamentais para o sucesso. O Facebook se tornou um fenômeno viral entre os universitários por ter sido criado com base em uma demanda concreta no campus. Gates passou três anos estudando matemática e programação feito um maníaco na Harvard antes de abrir a Microsoft, e foi na faculdade que ele conheceu Steve Ballmer, o homem a quem ele entregou as rédeas da Microsoft um quarto de século depois. E Jobs pode ter passado pela Reed College em um deslumbramento adolescente, mas foi lá que se originou sua paixão pelo design. Todos os sermões, o custo e o estresse que os pais enfrentam para convencer os filhos a fazer uma faculdade decente continuam tendo um valor enorme. Uma pessoa com um diploma universitário pode ganhar dez vezes mais, ao longo da vida, do que pessoas que concluíram apenas o ensino médio.

São raros (e preciosos) os lugares no mundo e os momentos da nossa vida que nos vemos diante de mentes jovens, ávidas e brilhantes, pensadores geniais e com tempo para amadurecer e refletir sobre as oportunidades do universo.

Então, faça faculdade... você pode até aprender alguma coisa. Porém, mesmo se não aprender nada, o nome de uma faculdade gravado em sua testa será seu maior ativo até você desenvolver seus próprios ativos, e vai lhe abrir muitas portas. Departamentos de RH, comitês de admissão de programas de pós-graduação e até potenciais parceiros sexuais são pessoas ocupadas e com muitas opções. Todos nós precisamos de mecanismos de seleção e regras simples para fazer nossas escolhas e é muito fácil pensar "Yale = inteligente; Universidade do Lugar Nenhum = não tão inteligente". Na era digital, ser inteligente é sexy.

Ninguém gosta de admitir, mas os Estados Unidos têm um sistema de castas... são as faculdades. No auge da Grande Recessão, o desemprego entre as pessoas com curso superior era inferior a 5%, enquanto que, entre as pessoas que só tinham o ensino médio, a taxa ficava acima de 15%. E o seu nível de sucesso é estratificado com base na faculdade que você fez. Os jovens que estudam em uma das 20 melhores faculdades do país têm grandes chances de se dar bem. Eles vão ter condições de pagar sua dívida estudantil. Em contrapartida, todo o resto vai ter de pagar a mesma dívida estudantil, mas sem a mesma oportunidade de ganhar um ROI sobre essa dívida.

O custo da faculdade decolou, nos últimos anos, a uma taxa de 197% contra a taxa de inflação de 1,37%.[1,2] O setor da educação está pronto para uma revolução. Muita gente acredita na falácia de que as empresas de tecnologia, especificamente as empresas de tecnologia voltadas à educação, bancadas por venture capital vão revolucionar a educação. Isso não passa de uma grande balela. Na verdade, Harvard, Yale, MIT e Stanford são as instituições favoritas para desestabilizar a educação quando se virem cada vez mais pressionadas pelo governo devido ao acúmulo irracional e imoral das gigantescas doações que recebem. A Harvard declarou que poderia ter *dobrado* o tamanho de sua turma de calouros no ano passado sem qualquer sacrifício à qualidade do ensino. Que ótimo. Então por que não fez isso? Dar acesso a mais estudantes com bolsas integrais nas melhores faculdades é que vai desestabilizar o sistema, não os cursos on-line abertos e massivos (MOOCs, na sigla em inglês) de faculdades medíocres. (Veja o capítulo sobre a Apple; espero que eles façam o que considerei ali.)

Em uma universidade de ponta, a marca não vai ser a única coisa que você obterá além da educação. As amizades que você fizer no campus poderão ter um valor enorme. Alguns desses amigos vão desaparecer da sua vida, com certeza, mas outros vão desenvolver ativos, competências ou conexões que, acompanhados de um bom networking, poderão ser exatamente o que você precisa para ter sucesso em seus empreendimentos futuros. Alguns dos meus conselheiros e parceiros de negócios mais confiáveis são pessoas que conheci na University of California, em Los Angeles e, mais tarde, na Haas. Sei muito bem que eu jamais teria o sucesso que tive sem essas experiências e amizades.

CAPÍTULO DEZ

O problema desse conselho, e sou o primeiro a admitir, é que o sistema é injusto. O custo de um curso superior é absurdamente alto. Quatro anos de mensalidades, mais alojamento e refeições, até em uma faculdade de segunda categoria, podem chegar a um quarto de milhão de dólares. E, embora muitas das melhores faculdades possam oferecer generosos pacotes de ajuda financeira (as bolsas integrais das melhores universidades dos Estados Unidos, por exemplo, chegam a incluir não somente as mensalidades, como também os custos de alojamento e alimentação), muitas vezes, não são só os custos que impedem a entrada dos jovens destituídos e brilhantes nas melhores instituições de ensino superior. Para se beneficiar desses programas, esses jovens pobres e brilhantes precisam passar no processo seletivo, o que implica competir com jovens que estudaram em escolas particulares, tiveram tutores, aulas preparatórias e participaram de todos os cursos extracurriculares e excursões escolares imagináveis. Também é preciso competir com os jovens cujos pais se formaram naquela faculdade. E precisam competir com os jovens cujos pais passaram anos fazendo doações para a faculdade e que jogam golfe com o reitor.

O que você pode fazer se não conseguir entrar numa boa faculdade? Peça uma transferência no futuro. Na maioria dos casos, é muito mais fácil entrar numa boa faculdade no terceiro ano, quando alguns alunos largaram os estudos e deixaram vagas, que no primeiro ano, quando você estará concorrendo com todo mundo. Entre numa faculdade de segunda ou até terceira categoria, arregace as mangas e vá para a luta: tire notas excelentes, faça cursos avançados, ganhe prêmios, faça serviços voluntários etc. Esse é um caminho muito mais barato.

CERTIFICAÇÃO

Acho que não preciso dizer que nem todos devem necessariamente fazer faculdade, por uma ou outra razão. Se a faculdade não for uma opção, o que fazer? Busque alguma certificação. Certificação de analista financeiro, técnico contábil, piloto de avião, técnico de enfermagem, professor de ioga... até ter um smartphone e uma carteira de motorista já são credenciais que podem distingui-lo da multidão. A faculdade é a mais atlética e ágil das certificações. Se a faculdade não for a sua praia, você precisa encontrar outras credenciais para separá-lo dos outros 7 bilhões de pessoas do planeta que vão ganhar em média apenas US$ 1,30/hora.

O hábito de fazer acontecer

As pessoas que atingem metas em uma área conseguem atingir metas em todas as áreas. Seja chegar às finais do campeonato de hóquei da terceira divisão, vencer o concurso de soletração na escolinha ou ganhar uma medalha por distinção no Exército, fazer acontecer é um hábito que pode ser cultivado e repetido.

Os vencedores, antes de mais nada, precisam ser competidores. Você não tem como vencer o jogo sem entrar em campo e só vai conseguir um bom resultado se correr o risco (você pode sofrer uma contusão ou uma lesão) e se expor ao fracasso. Competir requer coragem e orientação para a ação. Steve Jobs causou muito descontentamento quando voltou à Apple na virada do século e anunciou que contrataria apenas pessoas classe A, porque, segundo ele, as pessoas classe A contratam pessoas classe A, enquanto as pessoas de classe B só contratam pessoas classe C. Mas ele tinha razão. Os vencedores reconhecem outros vencedores, ao passo que os não vencedores podem se sentir ameaçados pelos outros.

É preciso ser determinado para competir. As competições desportivas universitárias menos populares (remo, ginástica, polo aquático, corrida etc.) são um terreno fértil para desenvolver a determinação competitiva (um tema bastante popular em livros de negócios, a propósito). Se você consegue remar 2.000 metros depois de vomitar aos 800 metros e começar a perder a consciência aos 1.400 metros, você é capaz de lidar com um cliente difícil e conduzir uma situação, com determinação, do bom ao excelente.

Mude-se para um centro urbano

Passamos anos acreditando que a era digital nos possibilitaria "trabalhar em qualquer lugar", em uma utopia de pessoas morando em casas de campo bucólicas, avançando com seus laptops pela magia da superestrada da informação. Na verdade, o que aconteceu foi o contrário. A riqueza, a informação, o poder e as oportunidades se *concentraram*, já que a inovação é um exercício de

CAPÍTULO DEZ

ideias colidindo e se esbarrando umas com as outras. O progresso costuma ser obtido pessoalmente (não virtualmente). Além disso, somos caçadores-coletores e atingimos nossa maior felicidade e produtividade na companhia de outras pessoas e em movimento.[3]

Mais de 80% do PIB mundial é gerado em centros urbanos e 72% das cidades apresentam um crescimento superior que o próprio país. Todos os anos, uma parcela maior do PIB migra para os centros urbanos e essa tendência vai se manter. Trinta e seis das cem maiores economias do mundo são regiões metropolitanas dos Estados Unidos e, em 2012, 92% dos empregos criados e 89% do crescimento do PIB foram gerados nessas mesmas cidades. E nem todas as cidades são iguais. As capitais econômicas globais estão se transformando em supercidades. Nova York e Londres estão entre as cidades mais poderosas do mundo (se não forem as duas mais poderosas). As construtoras também têm mais interesse em investir em cidades mais ricas, onde elas têm mais chances de se expandir (pense em empresas de Manhattan que estão abrindo filiais no Brooklyn). Parece que a economia da loteria também se aplica ao setor imobiliário.

Uma boa representação do sucesso de um jovem na faixa dos 20 anos pode ser sua trajetória geográfica. Quanto tempo a pessoa levou para chegar à maior cidade do país e, em seguida, à maior cidade do continente? O melhor indicativo de sucesso provavelmente será a mudança para capitais econômicas globais, as supercidades, em oposição às que ficaram no interior ou em cidades menores.

SEJA O CAFETÃO DA SUA CARREIRA

Certo, então você já é emocionalmente maduro, curioso e determinado, mas não é o único. Como se distinguir de todos os outros jovens brilhantes? Para começar, você precisa sair da sua zona de conforto, alcovitando repetidamente os seus atributos. Primeira pergunta: qual é o seu meio de comunicação? Para a cerveja, é a TV; para as marcas de luxo, é a mídia impressa. Qual ambiente é o ideal para expressar quem você é? Algumas opções são o Instagram, o YouTube, o Twitter, o time da empresa, discursos, livros (veremos), reuniões de diretoria, álcool (pode ser um bom meio de comunicação, se você for bom nisso, divertido e charmoso) ou comida.

Você precisa de um meio de comunicação para divulgar o seu brilhantismo e evitar ganhar menos (em termos de salário e oportunidades) do que merece. Sim, não é bonito ficar se pavoneando, e a qualidade de seu trabalho e as suas realizações já deveriam bastar. Entretanto, não bastam. Dê um jeito de atingir as 10, 1.000, 10.000 pessoas que de outra forma não seriam expostas a seu trabalho e a seu brilhantismo. A vantagem é que foi exatamente para isso que as mídias sociais foram criadas. A desvantagem é que você estará entrando em um verdadeiro combate corpo a corpo. Tenho 58 mil seguidores no Twitter, o que é bom, mas não ótimo, e precisei de 15 minutos por dia durante seis anos para conquistá-los. Nossos vídeos semanais da série "Winners & Losers" [vencedores e perdedores] são visualizados 400 mil vezes por semana. Nosso primeiro vídeo, publicado há 138 semanas, teve 785 visualizações. A propósito, não pense que sou eu falando na cozinha e meu filho de 9 anos me filmando. Passamos os últimos dois anos e meio investindo em animadores, editores, pesquisadores, um estúdio e uma considerável publicidade (ou seja, nós compramos distribuição e visualizações) para podermos nos transformar nesse sucesso "instantâneo".

Algumas pessoas são melhores com palavras, outras, com imagens. Faça investimentos agressivos em seu(s) ponto(s) forte(s) e empenhe-se um pouco para levar seus pontos fracos pelo menos ao nível do mediano para o seu progresso não ser impedido por eles. Todo mundo (chefes, colegas e potenciais parceiros sexuais) estão de olho em você. Dê um jeito para que eles vejam o que você tem de melhor. Procure seu nome no Google e veja se os seus feeds não poderiam ser mais limpos, fortes e divertidos.

Cabelos grisalhos e pés de galinha

E se você não tiver mais 25 anos e não tiver estudado em uma das melhores faculdades do país? É melhor ligar o carro e fechar a porta da garagem? Não, ainda não. Tenho 52 anos e a idade média do pessoalzinho que trabalha na minha empresa é um quarto de século menor que a minha. A L2 tem alguns matusaléns. Mas todos nós temos

CAPÍTULO DEZ

uma coisa em comum. Aprendemos a gerenciar jovens funcionários (apresentar objetivos claros, métricas, investir neles, ter empatia) e sair da nossa zona de conforto para conhecer e alavancar o poder dos Quatro. O camarada de 55 anos que declara (com orgulho) que não usa as mídias sociais jogou a toalha ou está com medo.

Entre no jogo. Baixe os aplicativos e use-os. Use todas as plataformas de redes sociais (tudo bem, se você for muito velho, não precisa usar o Snapchat) e, ainda mais importante, tente saber como essas plataformas funcionam (suas melhores práticas, avaliações de usuários, como funciona o Instagram Stories e por aí vai). Compre algumas palavras-chave e poste um vídeo no Google e no YouTube. Nenhum gestor pode se dar ao luxo de afirmar: "Não gosto de empresas". Os Quatro são empresas. Se você não sacar os Quatro (cada vez mais), vai deixar de entender o mundo dos negócios de hoje.

Apesar do que pode parecer lendo a minha página da Wikipédia e a minha biografia da Stern School of Business, estou longe de dominar a tecnologia. Mas quero ser relevante e conquistar a segurança econômica para mim e para a minha família. É por isso que estou no Facebook e meio que entendo como a coisa funciona. Eu preferiria postar um banner na minha página inicial do Facebook (está certo usar esses termos?) com os dizeres: "Existe uma razão para não estarmos em contato". Em vez disso, tento entender o que é um "dark post" no Facebook, passo para o Instagram, clico nos anúncios e tento entender por que as marcas estão gastando menos em TV (o que eu até entendo) e mais na plataforma visual. Usar e entender os Quatro é o mínimo que você pode fazer. Entre no jogo.

PARTICIPAÇÃO ACIONÁRIA E PLANEJAMENTO

Tente negociar para que sua remuneração inclua uma participação acionária na empresa (se você acha que a participação acionária na empresa não vai ter algum valor, é melhor mudar de empresa) e aumente essa proporção (de preferência) para 10% e 20% a mais que a sua remuneração quando chegar aos 30 e aos 40 anos, respectivamente. Se não tiver oportunidades de receber uma participação acionária, você precisa criar as próprias oportunidades investindo para atingir a marca de 1 ou 3 ou 5 milhões de dólares de acordo com sua renda e seus gastos. O tempo tem uma característica estranha: ele é ao mesmo tempo rápido e devagar. Você pode acordar uma manhã e se dar conta de que está com 50 anos e que não tem qualquer segurança econômica. Presuma que você nunca vai ganhar uma fortuna ou comprar uma ação cujo preço vai disparar e, assim que possível, comece a poupar para garantir sua segurança.

Vendi várias empresas por milhões de dólares e mesmo assim consegui, por pura falta de planejamento, acordar numa manhã de setembro de 2008 com a conta do banco praticamente zerada. Foi mais ou menos na época que comecei a ter meus filhos e foi absolutamente assustador. Evite essa situação e não demore a traçar seu plano A e seu plano B. A única época da vida na qual você pode gastar mais do que ganha é na faculdade. As pessoas mais felizes que conheço ganham mais do que gastam e se livraram da ansiedade de não ter como pagar as contas no mês que vem. Observação: sei muito bem que isso pode não ser viável para muitas (ou a maioria das) famílias de classe média.

Ninguém fica podre de rico só com o salário. Você precisa garantir sua participação em ativos em crescimento para criar uma riqueza concreta. Basta comparar o patrimônio líquido dos CEOs com os fundadores das empresas onde esses CEOs trabalham. Um bom salário pode melhorar seu estilo de vida, mas não vai aumentar sua riqueza. E é muito difícil poupar. As pessoas de alta renda tendem a se unir em grupos e, como vimos, nós cobiçamos o que vemos. É surpreendentemente fácil se acostumar a viajar na classe executiva. Porém, você pode ser considerado rico quando sua renda passiva exceder suas despesas fixas. Meu pai, que ganha US$ 45.000 anuais de aposentadoria mais o rendimento de seus investimentos, pode ser considerado rico, pois gasta US$ 40.000 por ano. Tenho vários amigos que trabalham em finanças que ganham salários milionários, mas não são ricos, pois, assim que pararem de trabalhar, eles simplesmente não terão como pagar as contas. O caminho para a riqueza implica gastar menos do que ganha e investir em ativos geradores de renda. Ser rico é mais uma função de disciplina que de salários astronômicos.

CAPÍTULO DEZ

Os seres humanos, especialmente os norte-americanos, não são poupadores natos. Somos otimistas e, pior ainda, tendemos a achar que os tempos de vacas gordas são normais e presumir que as vacas vão continuar obesas para sempre. Não faltam exemplos de profissionais do setor de serviços, atletas e celebridades da TV que ganharam milhões de dólares em apenas alguns anos, mas que acabaram falidos por gastarem mais do que ganharam na ilusão de que o oba-oba duraria para sempre. De acordo com estimativas da *Sports Illustrated*, 78% de todos os jogadores da Liga Nacional de Futebol Americano (NFL) vivem sob constante estresse financeiro ou abrem falência dois anos depois do fim de sua carreira.

MONOGAMIA SERIAL

A familiaridade leva ao desprezo. Contratações externas ganham quase 20% mais que os veteranos da empresa que atuam no mesmo nível hierárquico, apesar de terem um desempenho pior e mais chances de sair. É claro que precisa haver equilíbrio. Se você passa o dia inteiro lapidando o seu perfil no LinkedIn e almoçando com headhunters, será visto como promíscuo e não será atraente para os empregadores.

A melhor estratégia é a monogamia serial. Encontre uma boa empresa na qual você vai poder desenvolver novas competências, conquistar alguns aliados de nível sênior (pessoas dispostas a lutar por você) e garantir participação acionária e dedique-se de corpo e alma a essa empresa por uns três a cinco anos. Não se preocupe com outras opções de emprego, a menos que sua situação na empresa seja insustentável. A propósito, converse com seus mentores de confiança na empresa para saber se concordam com sua definição de "insustentável", descrevendo para eles as "injustiças" que você é forçado a suportar. Nunca dê a impressão de que você está de olho em outras oportunidades, mas não deixe de se manter aberto ao diálogo.

No momento certo (por exemplo, não comece a procurar outro emprego se você acabou de ser promovido no trabalho), comece a retornar as ligações dos headhunters, vá a algumas entrevistas, acione o seu networking e veja se alguém sabe de alguma vaga para você. Considere se não seria interessante fazer algum curso ou treinamento.

Se uma conversa se transformar em uma boa oferta, seja transparente com seu chefe atual. Diga que você foi um funcionário fiel, que gosta da empresa e do trabalho, porém recebeu uma oferta melhor nas dimensões x, y e z. O feedback do mercado mostra que você não perdeu seu *sex appeal*. Não blefe. É sempre melhor dizer a verdade. Em geral, a oferta vai fazer com que você fique muito mais atraente para a empresa atual sem que você precise sair. Se a empresa não fizer uma contraproposta, é hora de sair. Se, por outro lado, essa incursão para outros territórios vingar, escolha a melhor opção, dedique-se pelos próximos três a cinco anos e repita o processo.

Seja leal às pessoas, não às empresas

Mitt Romney estava errado: empresas e pessoas são duas coisas diferentes. Como o lorde chanceler britânico Edward Thurow observou mais de dois séculos atrás, as empresas "não têm um corpo para ser punido, nem uma alma para ser condenada". Elas não merecem nossa afeição, nem nossa lealdade, e nem podem nos pagar na mesma moeda. Igrejas, países e até uma ou outra empresa privada passaram séculos declarando sua lealdade às pessoas, normalmente em um estratagema para convencer os jovens a fazer alguma idiotice, como ir à guerra para os mais velhos poderem manter suas terras e tesouros. Tudo isso não passa de uma grande balela. Os estudantes mais brilhantes do meu curso são os jovens homens e mulheres que serviram seu país. Nós nos beneficiamos (enormemente) de sua lealdade para com o país, mas não acredito que nós (os Estados Unidos) lhes pagamos à altura. Acho que eles saem perdendo no acordo.

Seja leal às pessoas. As pessoas transcendem as corporações e elas, ao contrário das corporações, valorizam a lealdade. Os bons líderes sabem que só podem ser tão bons quanto sua equipe e, uma vez forjado um vínculo de confiança com um membro de sua equipe, eles farão o que for preciso para manter essa pessoa satisfeita. Se seu chefe não lutar por você, das duas uma: ou você tem um chefe ruim ou você é um funcionário ruim.

CAPÍTULO DEZ

Administre sua carreira

Assuma a responsabilidade por sua carreira e administre-a ativamente. As pessoas vão lhe dizer para "seguir sua paixão". Também esse conselho não passa de uma grande balela. Eu bem que queria ter sido o *quarterback* do time profissional de futebol americano New York Jets. Sou alto, tenho um bom braço, sou um líder decente e ficaria feliz de ter uma concessionária de automóveis depois de me aposentar dos campos de futebol. Entretanto sou um atleta, na melhor das hipóteses, medíocre (não demorei a descobrir isso na University of California, em Los Angeles). As pessoas que aconselham a seguir a paixão já são ricas.

Não siga sua paixão, siga seu *talento*. Identifique (cedo) o que você faz bem e trabalhe para dominar essa habilidade. Você não precisa adorar a atividade, só não pode odiá-la. Se com a prática você transformar o bom em ótimo, o reconhecimento e a remuneração resultantes o levarão a adorar a atividade. Por fim, você poderá ir ajustando sua carreira e se especializando para se concentrar nos aspectos que mais lhe agradarem. Se isso não for possível, ganhe um bom dinheiro e somente então siga sua paixão. Ninguém sonha em ser um contador tributário na infância. Os melhores contadores tributários do planeta, no entanto, viajam de primeira classe e se casam com pessoas mais bonitas que eles (e aposto que eles adoram essas coisas).

Procure a justiça

Se você estiver em busca de justiça, saiba que não vai encontrá-la no mundo corporativo. Você será tratado injustamente e se verá em situações impossíveis sem ter culpa alguma. Você não pode controlar isso. Reconheça que talvez seja necessário aguentar o tranco ou partir para a próxima. Se você decidir sair da empresa, saiba que as pessoas costumam se lembrar mais da maneira como você decidiu sair do que tudo o que você fez até então. Não importa qual seja a situação, jamais perca a elegância.

A melhor vingança é viver melhor que a pessoa que transformou sua vida num inferno, ou pelo menos nunca mais precisar pensar nela. E dez anos depois essa mesma pessoa pode estar em posição de ajudá-lo ou simplesmente de não impedir o seu progresso. As pessoas que reclamam dos outros e se lamuriam de terem sido prejudicadas não passam de perdedores. Observação: se você acredita que alguém não foi ético com você (como no caso de um assédio moral), não tenha medo de procurar um advogado e conversar com seus mentores para saber o que fazer (cada caso é um caso).

Regressão à média

Nada é tão bom, nem tão ruim quanto parece. Tudo passa... todas as situações e todas as emoções. Quando você conquistar uma grande vitória, dê uma segurada em sua ambição e evite os riscos por um tempo. A regressão à média é uma força poderosa e é só uma questão de tempo para a maré virar e a sua sorte (e grande parte das suas vitórias serão uma questão de sorte) se transformar em azar. Muitos empresários que ganham fortunas em um empreendimento acabam perdendo grande parte do que ganharam por acreditar que a vitória foi uma consequência de seu brilhantismo e acham que a melhor opção é tentar aumentar a montanha de dinheiro. Ao mesmo tempo, quando cair de cara no chão, saiba que você não é tão idiota quanto parece que o mundo, naquele momento, acha que você é. Quando você cair, é melhor se levantar, sacudir a poeira e seguir em frente com ainda mais determinação. Caí de cara várias vezes e continuei me levantando. E também aconteceu de eu estar procurando um jatinho para comprar (aninhado no conforto de uma bolha econômica) e o universo fez questão de me lembrar que eu não era tudo aquilo que eu estava achando que era. Por outro lado, virei cliente VIP nos programas de fidelidade das companhias aéreas.

Vá aonde seus conhecimentos são valorizados

Descubra o que a empresa faz bem (suas funções essenciais) e, se quiser se destacar, desenvolva essas competências. O Google é formado basicamente por programadores e os vendedores não se dão tão bem (embora continue sendo um excelente lugar para se trabalhar). As empresas de bens de consumo embalados são boas em gestão de marca e os engenheiros raramente chegam à diretoria. Se você trabalhar na área que impulsiona a empresa, na qual

CAPÍTULO DEZ

a empresa se destaca, estará trabalhando com as melhores pessoas nos projetos mais interessantes e terá mais chances de ser notado pela alta administração. Isso não significa que você não obtenha sucesso em um centro de custo ou que precise necessariamente trabalhar diretamente naquilo que a empresa vende. Dê uma olhada no currículo dos executivos seniores. Se a maioria for da área de vendas, a empresa valoriza as vendas. Se são das operações, esse é o coração da empresa, não importa o que os anúncios dizem.

UM EMPREGO BADALADO *VERSUS* O ROI

É possível dizer que cada setor é uma classe de ativos. Os mais badalados atraem muito investimento e maior retorno sobre o capital humano (a compensação por trabalhar no setor). Se você quiser trabalhar na *Vogue*, produzir filmes ou abrir um restaurante, vai precisar ter uma enorme recompensa psicológica por seu trabalho, pois os retornos sobre seu empenho provavelmente serão uma droga. No mundo dos empregos mais bacanas, a concorrência será feroz e, mesmo se você conseguir entrar, será facilmente substituível, porque sempre haverá uma fila de candidatos mais jovens e mais brilhantes esperando para tomar seu lugar. Pouquíssimos recém-formados sonham em trabalhar na Exxon, mas uma grande empresa como ela atuando em um setor enorme pode lhe proporcionar uma trajetória profissional estável, com promoções regulares, o que um setor badalado não tem como oferecer. É importante poder contar com a estabilidade no emprego se você planeja ter filhos. Você não quer chegar aos 45 anos preocupado com as suas perspectivas profissionais. Toque numa banda nos fins de semana. Faça um curso de fotografia à noite. Trabalhe com sua paixão um pouquinho de cada vez até ter um pé-de-meia suficiente para se dedicar mais a ela. Quanto antes você começar a ganhar um bom dinheiro, menos vai precisar ganhar, graças à magia dos juros compostos. Ao optar por um setor da moda, você pode se desesperar todo mês sem saber se vai conseguir pagar o aluguel e não poderá contar com uma carreira, um futuro estável, nem o devido reconhecimento por seu talento.

Evito investir em bares conceituais, novas marcas de roupas ou gravadoras da indústria fonográfica. Meu maior sucesso foi uma

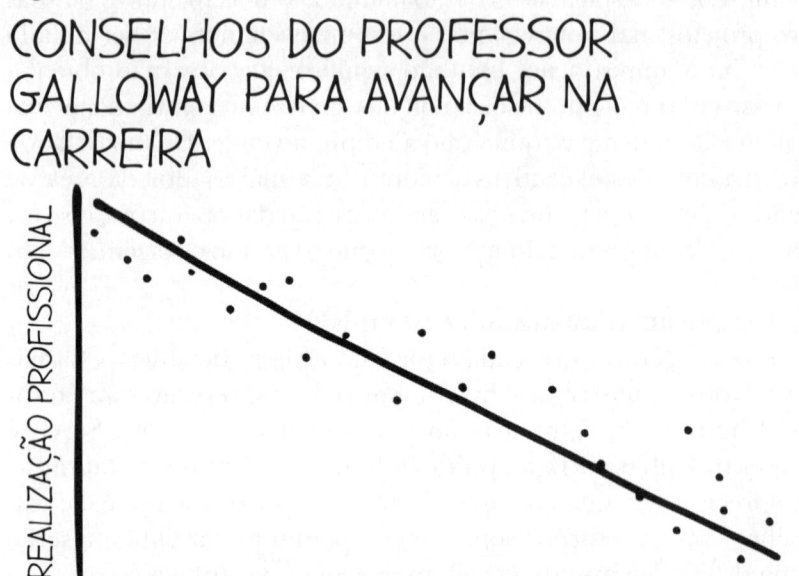

Figura 10.2:
CONSELHOS DO PROFESSOR GALLOWAY PARA AVANÇAR NA CARREIRA

[Gráfico com eixo Y "REALIZAÇÃO PROFISSIONAL" e eixo X "UM EMPREGO BADALADO", mostrando uma linha decrescente com pontos dispersos.]

Fonte: Elaborada pelo autor.

empresa de pesquisa. Quando alguma pessoa brilhante me procura empolgado para falar de uma plataforma de SaaS voltada a oferecer aos hospitais uma melhor solução de agendamento (um papo tão chato que me dá vontade de botar uma arma na boca), não posso evitar sentir o cheiro do dinheiro.

Força
Uma boa representação de seu sucesso será a razão entre quanto você vai suar e quanto você vai ver os outros suarem (como quem assiste a um jogo de futebol na TV). Não se trata de ser magro ou sarado, e sim de se comprometer em ser forte, tanto física como mentalmente. A característica mais comum dos CEOs é um regime de exercícios físicos regulares. Poder entrar em qualquer sala de reunião e saber que, se for necessário, você será capaz de

CAPÍTULO DEZ

matar e devorar os outros lhe dá uma grande vantagem e uma enorme confiança (não tente fazer isso em sua empresa).

Se você mantiver um bom condicionamento físico, estará menos propenso à depressão, vai pensar com mais clareza, dormir melhor e ampliar seu pool de potenciais parceiros sexuais. Sempre que puder, no trabalho, demonstre sua força física e mental (sua determinação). Trabalhe 80 horas em uma semana, mantenha a calma diante de uma situação estressante, enfrente um grande problema com força e energia. As pessoas vão notar. Na Morgan Stanley, os analistas passavam pelo menos uma noite em claro, por semana, trabalhando e ninguém morria por causa disso (pelo contrário, saíamos mais fortes). Porém, com o passar dos anos, trabalhar assim de fato pode matá-lo. Somente faça isso enquanto ainda for jovem.

PEÇA E OFEREÇA AJUDA

Tive o privilégio de contar com a ajuda de vários homens extremamente bem-sucedidos na casa dos 50 e 60 anos quando eu estava entrando no mercado de trabalho nos anos 1990 em São Francisco (Tully Friedman, Warren Hellman, Hamid Moghadan, Paul Stephens, Bob Swanson). Eles não me ajudaram por serem amigos dos meus pais ou por acharem que eu era um rapaz incrível, mas porque eu pedi. A maioria das pessoas de sucesso tem tempo para refletir sobre questões importantes, como "Por que estou neste mundo?" e "Qual diferença quero deixar neste planeta?". A resposta a essas perguntas normalmente envolve ajudar os outros. Você precisa saber pedir ajuda se quiser ter sucesso. E precisa criar o hábito de ajudar pessoas menos experientes que você. Ajudar pessoas mais experientes que você não é ajudar, é puxar o saco delas. Não espere qualquer retribuição de grande parte das pessoas que você ajudar e você não vai se decepcionar. Mas plante sementes suficientes ajudando os outros e poderá receber alguns generosos frutos quando menos esperar. E ajudar sempre faz bem à alma e ao coração.

QUAL É O MEU LUGAR NO ALFABETO?

Os diferentes estágios do ciclo de vida de uma empresa requerem tipos de liderança distintos. Os estágios de startup, crescimento, maturidade e declínio requerem (grosso modo) um empreendedor, um visionário, um operador e um pragmático, respectivamente. Você pode se surpreender, mas o tipo mais difícil de achar são os pragmáticos. O empreendedor é o contador de histórias/vendedor capaz de convencer as pessoas a participar da empreitada ou investir na empresa antes mesmo de ela existir. No começo, nenhuma empresa faz sentido (se fosse o caso, ela já existiria). O visionário faz a mesma coisa com os primeiros produtos ou serviços não testados da empresa, apesar de nada indicar que ela vai conseguir sobreviver por tempo suficiente para entregar ou dar suporte a esses produtos.

Eu mesmo abri várias empresas. Isso faria de mim, no jargão do Vale do Silício, um empreendedor serial. Os empreendedores seriais têm três qualidades em comum:

- maior tolerância ao risco;
- são bons vendedores;
- são burros demais para saber que não vão ter sucesso.

Repita o processo, outra vez e outra vez.

Pessoas racionais e inteligentes demais em geral não dão bons empreendedores, ainda mais empreendedores seriais, pois conseguem ver os riscos com clareza.

Quando a empresa atinge o *momentum* e obtém acesso a capital, o melhor tipo de líder é um visionário capaz de transformar esse ímpeto em um processo de certa forma simplificado, escalável e repetível, e ganhar acesso a um capital cada vez mais barato. Os empreendedores costumam ser apaixonados pela preciosidade de seu produto e normalmente resistem a qualquer tipo de escala.

Tal qual o empreendedor, o visionário precisa vender a história, mas a narrativa agora já tem alguns capítulos. Um visionário pode não ter a genialidade maluca do empreendedor, no entanto compensa com uma ideia concreta da organização e sabe o trabalho que vai dar para construir uma organização capaz de escalar a ideia. Sempre que chegamos a cem funcionários, faço questão de contratar uma pessoa "organizacional", já que sei que eu não tenho essa competência.

CAPÍTULO DEZ

O operador aposta na maturidade da empresa e deve ter uma integridade impecável. Esse líder deve ser extremamente competente em lidar com os funcionários, que cada vez mais escolhem a estabilidade no emprego ao risco, e preferem um salário fixo a ações da empresa. Esse é o CEO que passa 250 dias por ano visitando divisões distantes, sabe tranquilizar acionistas furiosos e está sempre de olho na próxima aquisição corporativa. As pessoas que invejam os CEOs corporativos altamente remunerados não sabem o que invejam (além das dezenas de milhões de dólares em remuneração). Afinal, estamos falando de um dos piores trabalhos do mundo corporativo e não é coincidência que o cargo atraia tantos sociopatas.

Se os funcionários e os acionistas de uma empresa em envelhecimento e declínio tiverem sorte, eles terão um pragmático no cargo de CEO. O CEO pragmático não tem ideias românticas sobre os dias de glória da empresa (especialmente porque ele não estava na empresa na época) e nunca se apaixona por ela. Pelo contrário, o CEO pragmático sabe que a empresa está em declínio e usa os fluxos de caixa, reduz os custos com mais rapidez do que a receita cai, vende os ativos que ainda têm algum valor a CEOs de empresas maduras (nunca a CEOs visionários, que fazem de tudo para evitar o cheiro da morte da sua empresa) e liquida o resto em um grande bazar.

Um exercício interessante para analisar sua carreira é perguntar: qual é o meu lugar no alfabeto? Pense que as empresas e os produtos têm um ciclo de vida, digamos, de A–Z. Você gosta mais de trabalhar em uma startup, onde se espera que você seja uma espécie de pau pra toda obra (A–D); fica mais à vontade com o estágio inicial/visionário (E–H); gosta de administrar, escalar e reinventar (I–P); ou é capaz de administrar empresa/produto em declínio e ainda lucrar com isso (Q–Z)? Poucas pessoas se destacam em muitos grupos de letras ao mesmo tempo. Esse exercício o ajudará a escolher as melhores empresas e projetos para trabalhar.

Poucos CEOs se destacam em mais que dois estágios. A maioria dos CEOs chegou ao cargo por ser um fundador, visionário ou operador, não um pragmático. São raríssimos os CEOs na história empresarial dos Estados Unidos que conseguiram liderar suas empresas (ou se dispuseram a isso) por todo o alfabeto. Afinal, quem gostaria de conduzir para a morte a magnífica empresa que eles fundaram décadas atrás?

As crianças nascidas hoje em países avançados devem viver em média 100 anos. Das empresas da Dow 100, apenas 11 têm mais de 100 anos de idade, uma taxa de mortalidade de 89%. Isso significa que nossos filhos vão viver mais que todas as empresas que conhecemos hoje. Dê uma olhada na lista das dez maiores empresas do Vale do Silício em cada década nos últimos 60 anos. É raro haver uma empresa que tenha conseguido entrar na lista duas vezes.

Um destino mais provável é o do Yahoo, uma celebridade de outrora vendida por apenas uma fração de seu valor uma década atrás. O Yahoo! (aquele ponto de exclamação hoje parece mais irônico que descritivo) está preso na era da publicidade gráfica (*display advertising*) e nada indica que será capaz de fazer qualquer outra coisa. Com um pragmático na liderança da empresa, o Yahoo poderia ter envelhecido com elegância, reduzindo o número de funcionários e se desfazendo de ativos não essenciais e, no processo, gerando um bom dinheiro para os investidores fiéis. Quando uma empresa rentável começa a reduzir as despesas em vez de reinvestir no crescimento, ela pode gerar uma boa soma de dinheiro.

Botox

As pessoas que receberam muita atenção por sua aparência na juventude têm mais chances de fazer procedimentos cosméticos quando envelhecem. O mesmo acontece no mundo dos negócios. Empresas que conquistaram a maior parte da confiança (valor de mercado) pelo fato de terem estado "em alta" no passado optam pelo equivalente a dispendiosas aplicações de botox e cirurgias plásticas na falsa esperança de reconquistar a juventude perdida. Entre os exemplos desse tipo de tentativa de voltar no tempo, estão a aquisição de startups duvidosas (como a aposta bilionária do Yahoo no Tumblr), estratégias iludidas para entrar na computação móvel e a contratação de talentos caros de empresas mais jovens que, como gigolôs, embolsam o dinheiro e partem para a próxima sem hesitar. O resultado é uma empresa on-line do tipo Frankenstein, toda remendada. As

CAPÍTULO DEZ

empresas de setores da velha economia ou de nicho parecem ter mais facilidade de encarar o envelhecimento e são menos suscetíveis às dispendiosas crises de meia-idade que geram tanta insatisfação nos stakeholders.

É difícil encontrar pragmáticos para administrar essas empresas no fim do alfabeto, mas eles existem. Eles podem ser acionistas ativistas ou *partners* de empresas de private equity que já testemunharam a morte de empresas e sabem que há coisas piores que a morte, como uma morte lenta, que leva os acionistas à falência tentando dar mais um dia de vida ao vovô. Os pragmáticos, livres de emoções, estão em posição de decidir tirar a vovó do hospital e levá-la para casa para passar os últimos dias com a família (ou seja, devolver um monte de dinheiro aos investidores).

David Carey, CEO da Hearst Magazines, é um dos poucos CEOs que fez a transição de visionário a operador e, depois, a pragmático. Ninguém se surpreende com a notícia de que as revistas estão em processo de declínio estrutural. David não perdeu as esperanças, lançando regularmente (com um sucesso surpreendente) novas revistas, chegando a desenvolver canais digitais rentáveis. Esse tipo de coisa, entretanto, não passa de uma tentativa de empurrar uma rocha morro acima... e ele sabe disso. Grande parte da inovação que David leva à Hearst está relacionada ao corte de custos para devolver caixa à nave-mãe (por exemplo, mantendo várias revistas sob o comado do mesmo editor, alavancando a escala da organização, reciclando conteúdos em diversos canais e revistas e mantendo o quadro de funcionários enxuto).

Dessa forma, as revistas da Hearst reconquistam a participação das mãos dos saqueadores digitais, e David e a *Cosmopolitan* (uma importante revista da Hearst) poderão ser felizes para sempre. Certo? Bem... não necessariamente. Daqui a dez anos, a Hearst Magazines provavelmente não será mais que uma mera sombra da sombra do que é hoje. Porém, a Hearst sobreviverá enquanto for capaz de encontrar e reter gestores capazes de entender o ciclo de vida das empresas. Eles sabem como colher para poder plantar árvores novas, cujos frutos serão apanhados muito antes de amadurecerem.

Em termos ajustados para o risco, é mais interessante levar uma mentalidade empreendedora a uma empresa que já sobreviveu às dores do nascimento (pense não em A–C, mas em D–F). Isso porque a mortalidade infantil de startups de tecnologia (basicamente, antes da rodada de investimento de Série A) é superior a 75%. É bem verdade que a sua impetuosa startup pode fazer parte dos 25% sobreviventes e ainda fazer de você um milionário, mas provavelmente não vai ser o caso. Esse tipo de negação da realidade é fundamental para a economia norte-americana, já que algumas dessas viradas malucas para sucessos estrondosos impulsiona alguns setores importantes do país.

Cauda longa ou curta

No setor da tecnologia, muitas caudas longas estão se atrofiando. Vejamos, por exemplo, a publicidade digital. O Facebook e o Google responderam por 90% do crescimento da receita da publicidade nos Estados Unidos em 2016. É muito mais vantagem escolher (se possível) um dos poucos vencedores (Google/FB/MSFT) ou as empresas que atuam no ecossistema desses gigantes. Os desestabilizadores que abrem novos mercados são raros (é como ganhar na loteria).

Em algumas indústrias tradicionais de bens de consumo, contudo, a cauda longa está crescendo. Vendo por esse ângulo, é melhor trabalhar no Google do que em uma empresa de busca de nicho; por outro lado, é melhor trabalhar em uma cervejaria artesanal do que na Miller. A concentração do espaço da tecnologia para formar plataformas dominantes de informação (avaliações dos usuários na Amazon, no Google ou no TripAdvisor, por exemplo) facilitou a identificação de novos produtos não tecnológicos de fabricantes desconhecidos e a "nichificação" de categorias tradicionais. Até os menores players têm como atingir um alcance global e conquistar credibilidade instantânea sem precisar investir fortunas em publicidade e redes de distribuição que seus concorrentes maiores usaram no passado para restringir o mercado. Os consumidores deram uma nova injeção de vida na cauda longa, já que a renda discricionária quer o especial, não o necessariamente grande.

CAPÍTULO DEZ

Figura 10.3
CRESCIMENTO DA PUBLICIDADE DIGITAL

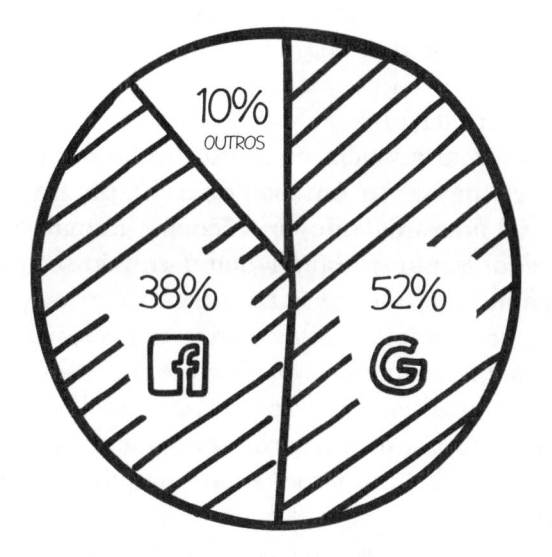

Gráfico de pizza: 10% OUTROS, 38% Facebook, 52% Google

Fonte: KINT, Jason. Google and Facebook devour the ad and data pie. Scraps for everyone else. *Digital Content Next*, 16 jun. 2016. <https://digitalcontentnext.org/blog/2016/06/16/google-and-facebook-devour-the-ad-and-data-pie-scraps-for-everyone-else/>.

    Vemos esse fenômeno se repetir em diferentes categorias. Nos cosméticos, por exemplo, marcas como a NYX e a Anastasia Beverly Hills estão ameaçando os gigantes tradicionais voltando-se diretamente aos formadores de opinião no Instagram e em outras plataformas sociais, e estão reagindo às tendências, encontradas pelo Google, com uma cadeia de fornecimento capaz de levar produtos ao mercado em uma fração do tempo geralmente necessário com a utilização dos players tradicionais. O resultado é que essas pequenas marcas têm obtido mais exposição que seus concorrentes tradicionais em investimentos muito menores em publicidade. Por exemplo, com menos de 1% das compras de palavras-chave no Google em comparação com a L'Oréal, a NYX conquistou cinco vezes mais visibilidade orgânica que a L'Oréal. No setor de produtos esportivos, players de nicho em categorias como esquis, mountain bikes e tênis de corrida têm abocanhado grandes fatias do mercado de entusiastas (um mercado de alta margem), influenciando jovens formadores de opinião, destacando-se na promoção on-line e lançando produtos na velocidade da luz.

O MITO DO EQUILÍBRIO

Algumas pessoas atingem o sucesso profissional e ao mesmo tempo conseguem manter um blog de culinária, trabalhar como voluntárias em uma ONG de proteção aos animais e dominar a dança de salão. Vamos presumir que você não seja uma dessas pessoas. Quando você está constituindo uma carreira, o equilíbrio não passa de um mito. A inclinação da sua trajetória profissional é determinada (injustamente) nos cinco primeiros anos depois da formatura. Se quiser uma trajetória íngreme, você vai precisar queimar muito combustível. Você não nasce com algum direito adquirido no mundo, mas pode tentar conquistar o seu reinado. Tente muito, faça tudo o que puder.

Hoje tenho uma vida bastante equilibrada. E somente porque levei uma vida muito desequilibrada na faixa dos 20 e 30 anos. Além da Faculdade de Administração, entre os 22 e 34 anos, eu só me lembro de ter trabalhado. O mundo não pertence aos grandes, e sim aos rápidos. A ideia é avançar mais em menos tempo que os colegas. Sim, você vai precisar de talento, e, sobretudo, vai precisar de resistência. Meu desequilíbrio no início da minha carreira me custou minha cabeleira, meu primeiro casamento e mais ou menos uma década da minha vida, entre os 20 e os 30 anos. E valeu muito a pena.

VOCÊ É UM EMPREENDEDOR?

Comecei este capítulo descrevendo algumas características que costumo ver nas pessoas de sucesso nesta era digital. No entanto, no decorrer da variada carreira característica da era digital, muitas pessoas, mais cedo ou mais tarde, cogitam entrar no mundo do empreendedorismo, seja abrindo o próprio negócio, indo trabalhar em uma startup já existente ou lançando um novo negócio em uma organização maior.

Isso é ótimo. Afinal, os novos empreendimentos são importantes para dar uma injeção de energia e de novas ideias na

CAPÍTULO DEZ

economia, e também uma fonte importante de criação de riqueza para as pessoas que têm a sorte e a inteligência de se envolver em uma empresa corajosa o suficiente para enfrentar as adversidades e conquistar o sucesso. Os fundadores bilionários, de Sam Walton a Mark Zuckerberg, são personagens conhecidos nos contos de fadas dos negócios e o sucesso tem o poder de criar tribos inteiras de ricaços da noite para o dia. O "milionário da Microsoft" é uma referência cultural na região de Seattle; um economista estimou que a empresa criou 10 mil milionários até o ano 2000.

Em termos culturais, alçamos os empreendedores ao status de ícones, ao lado de heróis dos esportes e celebridades do entretenimento. Trata-se de um mito fundamental dos Estados Unidos, desde a ainda influente personificação feita por Ayn Rand, da independência empresarial na figura de Hank Rearden até a onda de mitos criada com a morte de Steve Jobs. Os empreendedores são vistos como visionários que conquistaram fama e fortuna pelo próprio empenho. Eles são uma das expressões mais puras do herói americano. Chegam a ser super-heróis. O Superman é capaz de inverter a rotação da Terra, mas Tony Stark, o Homem de Ferro, seria mais convincente em uma conferência com os acionistas e é um super-herói bastante humano, como Elon Musk.

Como já vimos, empreender não é para qualquer um e as adversidades e os obstáculos parecem mais imponentes a cada ano que passa. Na verdade, poucas pessoas possuem as características, os traços de personalidade e as habilidades necessárias para ser um empreendedor de sucesso. E não se trata de ser "bom o suficiente" ou "esperto o suficiente". Na verdade, algumas características dos empreendedores podem destruir outros aspectos de sua vida.

Então, como saber se você é um empreendedor?

As características dos empreendedores de sucesso não mudaram muito na era digital: você vai precisar de mais "gente que faz" do que de pessoas voltadas à marca, e será vital ter um técnico na equipe de fundadores (ou trabalhando em estreita colaboração com ela). Você vai precisar responder afirmativamente às três perguntas a seguir:

1. Você encararia com tranquilidade um fracasso em público?
2. Você gosta de vender?
3. Você não tem as habilidades necessárias para trabalhar em uma grande empresa?

Conheço pessoas que têm todas as habilidades necessárias para criar grandes negócios. Mas elas nunca vão conseguir fazer isso, uma vez que jamais seriam capazes de trabalhar 80 horas por semana e ainda ter de transferir fundos para a conta da empresa para bancar o empreendimento.

A menos que tenha criado e vendido, com um bom lucro, outros empreendimentos ou tenha acesso a capital semente (a maioria das pessoas não tem e um novo empreendimento sempre sai caro), você vai precisar *pagar* pelo direito de trabalhar feito um condenado até conseguir levantar fundos. E a maioria das startups nunca consegue levantar o dinheiro necessário. A maioria das pessoas é incapaz de entender a ideia de trabalhar sem ganhar nada e mais de 99% jamais arriscaria o próprio dinheiro pelo prazer de ralar no trabalho.

Você encararia com tranquilidade um fracasso em público?

A maioria dos fracassos é privada: você decide que a Faculdade de Direito não é a sua praia (tirou uma nota patética no vestibular); decide passar mais tempo com os filhos (foi demitido); está trabalhando numa série de "projetos paralelos" (não consegue encontrar um emprego). Mas você não tem como esconder o fracasso da sua empreitada. Afinal, o negócio é seu e, se você for tão incrível assim, sua empreitada só vai poder ser um sucesso... certo? Errado e, quando seu novo negócio cai de cara no chão, parece que você está de volta à escolinha, onde o mercado é o coleguinha rindo da sua cara porque você fez xixi nas calças... multiplicado por cem.

Você gosta de vender?

"Empreendedor" é um sinônimo de "vendedor". Vender a sua ideia para convencer as pessoas a ir trabalhar na sua empresa, depois convencê-las a continuar trabalhando nela, atrair investidores e, é claro, atrair clientes. Não importa se você está abrindo um mercadinho de esquina ou fundando um negócio inovador como o Pinterest – se seu plano for empreender, é melhor você dominar a arte da venda. Vender é telefonar para pessoas que não querem ouvir falar de você, fingir gostar dessas pessoas, ser maltratado e destratado e voltar a ligar para elas. Eu provavelmente nunca mais vou abrir outro negócio, já que meu ego está ficando grande demais (e o meu estômago, fraco demais) para me permitir sair por aí vendendo.

Eu tendo a acreditar (e sei que estou errado) que nossa genialidade coletiva na L2 deve automaticamente levar a um produto que vai conseguir se vender sozinho (e às vezes até acontece). Deve existir um produto que você não precisa se submeter a maus-tratos e humilhação vez após vez para vender. Na verdade, não, não existe.

O Google tem um algoritmo capaz de responder a qualquer pergunta, identificar pessoas que declararam explicitamente ter interesse em comprar o seu produto e exibir anúncios de seu produto a essas pessoas no momento exato que elas manifestaram interesse. O Google, entretanto, ainda precisa contratar milhares de pessoas atraentes com um QI no mínimo mediano e uma inteligência emocional excepcional para vender... o Google. O empreendedorismo é um trabalho de vendas com comissões negativas nos primeiros três a cinco anos ou até você ser obrigado a fechar as portas, o que vier primeiro.

A vantagem é que, se você gosta de vender, for bom nisso e ralar bastante, sempre vai ganhar mais dinheiro que qualquer um de seus colegas e, pode apostar, eles vão odiá-lo por isso.

Você não tem as habilidades necessárias para trabalhar em uma grande empresa?

Não é fácil ter sucesso numa grande empresa... isso requer habilidades específicas. Você precisa evitar se indispor com as pessoas, manter a cabeça baixa mesmo quando injustiçado diariamente e saber manipular a politicagem corporativa (ser notado por quem importa e cair nas graças de algum executivo de alto escalão). Se você souber trabalhar numa grande empresa, pensando em termos de risco e custo-benefício, é melhor continuar fazendo exatamente isso do que encarar as adversidades e apostar em uma pequena empresa. As grandes empresas são excelentes plataformas para desenvolver suas habilidades e se beneficiar ao máximo delas.

Se, por outro lado, você não consegue engolir a politicagem, é incapaz de deixar seu destino nas mãos dos outros e está obcecado com a sua visão para um novo produto ou serviço, você pode ser um empreendedor. Sei como foi comigo: os empregadores potenciais me viam com tanto desprezo que fui obrigado a abrir meu próprio negócio. No meu caso, o empreendedorismo foi um mecanismo de sobrevivência, já que eu simplesmente não tinha as habilidades necessárias para ter sucesso nas maiores plataformas da história, as grandes corporações norte-americanas.

Nas pequenas empresas, os pontos altos são estratosféricos e os pontos baixos chegam abaixo do fundo do poço. Minha maior felicidade e meu maior orgulho na vida são meus filhos. Em segundo lugar estão as empresas que abri (até as que morreram na praia). Existe uma conexão genética instintiva com uma empresa que fundamos, como se ela fosse uma filha. Ela tem nossa cara, nosso cheiro, nosso jeito e a gente se derrete de alegria e orgulho quando ela dá o primeiro passo. E, quando nossa empresa é considerada uma das empresas de crescimento mais rápido da cidadezinha de Ronkonkoma, estado de Nova York, é como se nosso filho tivesse chegado da escola com o boletim cheio de notas altas.

E, talvez ainda mais importante, ao contrário de ter filhos, a maioria das pessoas no fundo sabe que jamais seriam capazes de fazer o que você faz. Os empreendedores costumam ser admirados por gerar empregos, pelo otimismo e pela disposição de correr riscos.

Dito isso, na nossa era digital, com as incontáveis e muito divulgadas histórias de jovens que largaram os estudos para abrir uma empresa e ganhar bilhões, nós idealizamos o empreendedorismo. Faça a si mesmo, e a algumas pessoas de confiança, as perguntas acima sobre sua personalidade e suas habilidades. Se sua resposta for "sim" para as duas primeiras perguntas e você não nasceu para trabalhar em uma grande empresa, feche os olhos e mergulhe.

CAPÍTULO ONZE

O MUNDO DEPOIS DOS CAVALEIROS

Aonde os Quatro estão nos levando?

Em uma sociedade democrática, a existência de grandes centros privados de poder representa um perigo para a vitalidade dos cidadãos.
— Louis Brandeis

Os Quatro são uma representação de deus, amor, sexo e consumo, e agregam valor à vida de bilhões de pessoas todos os dias. No entanto, essas empresas não estão preocupadas em salvar nossa alma, não vão cuidar de nós quando envelhecermos, nem vão ao menos pegar na nossa mão. São organizações que acumularam um enorme poder. O poder corrompe, especialmente em uma sociedade infectada com o que o Papa chama de "idolatria do dinheiro". Essas empresas evitam pagar impostos, invadem a privacidade das pessoas e destroem empregos para aumentar seus lucros – elas podem. A questão não é apenas o que elas estão fazendo, e sim que os Quatro estão dominando essa "arte".

O Facebook precisou de menos de uma década para chegar à marca do 1 bilhão de clientes. Hoje o Facebook é uma empresa de comunicações global a caminho de se tornar a maior empresa de publicidade do mundo. É uma empresa com 17 mil funcionários, avaliada em US$ 448 bilhões.[1,2] A riqueza flui para os poucos sortudos. A Disney, uma empresa de mídia de enorme sucesso medido por padrões tradicionais, tem menos da metade da capitalização de mercado (US$ 181 bilhões), mas emprega 185 mil pessoas.[3,4]

Essa enorme produtividade gera crescimento, porém não gera, necessariamente, prosperidade. Os gigantes da era industrial, incluindo a General Motors e a IBM, empregaram centenas de milhares de trabalhadores. Os despojos eram distribuídos com mais justiça do que são hoje. Investidores e executivos enriqueceram, apesar de não terem ficado bilionários, e os trabalhadores, muitos deles sindicalizados, podiam comprar casas e lanchas e mandar os filhos para a faculdade.

Essa é a América que milhões de eleitores furiosos querem de volta. Eles culpam o comércio global e os imigrantes, mas esquecem que uma grande culpada é a economia tecnológica e sua fetichização. O setor da tecnologia despejou uma enorme riqueza no colo de um grupo seleto de investidores e trabalhadores incrivelmente talentosos, deixando grande parte da força de trabalho para trás (talvez acreditando que o novo ópio das massas será o streaming de conteúdo de vídeo e um smartphone melhor).

Juntos, os cavaleiros empregam cerca de 418 mil pessoas (a população de Minneapolis).[5] Se somarmos as ações vendidas ao público dos Quatro Cavaleiros, seu valor chega a US$ 2,3 *trilhões*.[6] Isso significa que nossa versão 2.0 da cidade de Minneapolis, às margens do Mississippi, contém quase a mesma riqueza que o produto interno bruto da França, uma nação desenvolvida com 67 milhões de cidadãos.[7] Essa cidade abastada prosperará, enquanto o resto vai ter que se virar para conseguir investimentos, oportunidades e empregos.

Esse ajuste de contas já está acontecendo, neste exato momento. Essa distorção é criada pelo avanço constante da tecnologia digital, pelo domínio dos Quatro e pela crença de que os "inovadores" merecem uma vida exponencialmente melhor que os meros mortais.

Essa tendência constitui um perigo para a sociedade e não mostra sinais de desaceleração. A classe média acaba achatada, o que leva a cidades falidas, o ódio das pessoas que se sentem enganadas é alimentado e o terreno fértil fica fértil para surgirem demagogos. Estou longe de ser um especialista em política e prefi-

CAPÍTULO ONZE

ro não incluir neste livro recomendações que não sou qualificado a fazer. Mas as distorções são claras e preocupantes.

Propósito

Como estamos usando nosso cérebro e com qual propósito? Vamos voltar a meados do século 20. Em termos de poder de computação, a humanidade era pobre. Os computadores não passavam de grandes tabuladores primitivos, com válvulas eletrônicas sendo lentamente substituídas por transistores. A inteligência artificial não existia ainda e as pesquisas (buscas) eram feitas a passo de lesma, em bibliotecas, usando um sistema arcaico chamado "catálogo de cartões".

Apesar dessas desvantagens, a humanidade conseguiu realizar enormes feitos. Para começar, estávamos em uma corrida para salvar o mundo e dividir o átomo. Hitler já tinha saído na frente e, se os nazistas chegassem primeiro, seria o fim da brincadeira para o nosso planeta. Em 1939, o governo dos Estados Unidos lançou o Projeto Manhattan. Em seis anos, cerca de 130 mil pessoas foram mobilizadas. Isso equivale a mais ou menos um terço da força de trabalho da Amazon.

Em seis anos, os Estados Unidos tinham vencido a corrida para criar uma bomba atômica. Pode não parecer um objetivo digno. Entretanto, era prioridade estratégica vencer aquela corrida tecnológica e o país se mobilizou para conquistar essa vitória. E fez o mesmo para chegar à Lua, uma empreitada que, em seu auge, envolveu 400 mil trabalhadores dos Estados Unidos, Canadá e Grã-Bretanha.

Os cavaleiros deixam o Projeto Manhattan e o Projeto Apollo no chinelo em termos de volume de dados e capacidade tecnológica. O poder de computação dos Quatro é praticamente ilimitado e ridiculamente barato. Eles herdaram três gerações de pesquisas nos campos da análise estatística, otimização e inteligência artificial. Os Quatro Cavaleiros estão nadando em dados que lhes damos de graça, 24 horas por dia e sete dias por semana, e que são analisados por algumas das pessoas mais inteligentes, criativas e determinadas que já pisaram neste planeta.

Para onde a maior concentração de capital humano e financeiro da história da humanidade vai nos levar? Qual é a missão dos

Quatro? Encontrar a cura para o câncer? Eliminar a pobreza? Explorar o universo? Não, o objetivo deles é apenas nos vender outro carro, sabão em pó, celular, sapatos...

Os heróis e os inovadores de outrora geraram, e ainda geram, empregos para centenas de milhares de pessoas. A Unilever tem uma capitalização de mercado de US$ 156 bilhões, distribuída entre mais de 171 mil famílias de classe média.[8,9] A Intel tem uma capitalização de mercado de US$ 165 bilhões e emprega 107 mil pessoas.[10,11] Compare isso com o Facebook, que tem uma capitalização de mercado de US$ 448 bilhões e apenas 17 mil funcionários.[12,13]

Temos a noção equivocada de que essas grandes empresas devem estar criando muitos empregos, mas na verdade elas oferecem apenas um punhado de empregos bem remunerados e deixa todo o resto se acotovelando para tentar apanhar as migalhas. Os Estados Unidos estão a caminho de ser o lar de 3 milhões de senhores feudais e 350 milhões de servos. Como já vimos, nunca foi mais fácil ser bilionário, porém nunca foi mais difícil ser um milionário.

Pode ser fútil, ou simplesmente errado, lutar contra ou rotular essas incríveis empresas de "mal-intencionadas" ou "perversas". Não sei dizer. Mas estou certo de que entender o funcionamento dos Quatro nos dá uma ideia melhor da nossa era digital e ficamos mais capazes de garantir a segurança financeira para nós e para nossa família. Espero que este livro o ajude a fazer isso.

AGRADECIMENTOS

Estou muito feliz de ter concluído e publicado este livro e torço para que a equipe não se desfaça. Meu agente, Jim Levine, é espetacular no que faz (eu já sabia disso). E ele ainda se tornou um grande exemplo para mim, com um casamento de 50 anos, forte e estável. Este livro é tanto dele quanto meu. Minha editora, Niki Papadopoulos, manteve a obra nos trilhos e dentro do prazo.

Meus sócios da L2, Maureen Mullen e Katherine Dillon, foram uma constante fonte de inspiração e camaradagem. Espero que elas se orgulhem deste livro, já que foram elas que lhe deram forma. Tive o enorme privilégio de poder contar com todo o apoio e generosidade do CEO da L2, Ken Allard. Vários profissionais incríveis da L2 ajudaram a formar as bases para este livro: Danielle Bailey, Todd Benson (Conselho de Administração), Colin Gilbert, Claude de Jocas e Mabel McClean.

A equipe da L2 que trabalhou no livro, Elizabeth Elder, Ariel Meranus, Maria Petrova e Kyle Scallon, pegou o limão, fez uma limonada e, não satisfeita, pegou a limonada e a melhorou ainda mais (tipo... acrescentou vodca). Sou extremamente grato por todo o apoio e paciência que recebi dos meus colegas da NYU Stern, Adam Brandenburger, Anastasia Crosswhite, Vasant Dhar, Peter Henry, Elizabeth Morrison, Rika Nazem e Luke Williams.

Gostaria de agradecer também a meus pais pela coragem de imigrar aos Estados Unidos num navio a vapor, e aos contribuintes do estado da Califórnia e à California University por darem oportunidades notáveis a um rapaz comum.

Beata, muito obrigado e eu amo você.

NOTAS*

Capítulo 1: Os Quatro

1. ZAROBAN, Stefany. US e-commerce sales grow 15.6% in 2016. *Digital Commerce 360*, 17 fev. 2017. <https://www.digitalcommerce360.com/2017/02/17/us-e-commerce-sales-grow-156-2016/>.
2. 2017 top 250 global powers of retailing. *National Retail Federation*, 16 jan. 2017. <https://nrf.com/news/2017-top-250-global-powers-of-retailing>.
3. *YAHOO! Finance*. <https://finance.yahoo.com/>.
4. THE WORLD'S billionnaires. *Forbes*, 20 mar. 2017. <https://www.forbes.com/billionaires/list/>.
5. AMAZON.COM, INC. Quarto trimestre do ano fiscal de 2016 referente ao período encerrado em 31 de dezembro de 2016 (submetido em 2 de fevereiro de 2017), p. 13, publicado no site da Amazon.com, Inc. <http://phx.corporate-ir.net/phoenix.zhtml?c=97664&p=irol-reportsother>.
6. SHI, Audrey. Here are the 10 most profitable companies. *Fortune*, 8 jun. 2016. <http://fortune.com/2016/06/08/fortune-500-most-profitable-companies-2016/>.
7. MIGLANI, Jitender. Amazon vs. Walmart revenues and profits 1995-2014. *Revenues and Profits*, 25 jul. 2015. <https://revenuesandprofits.com/amazon-vs-walmart-revenues-and-profits-1995-2014/>.

---

* N.E.: Todos os sites indicados foram acessados em 6 nov. 2017.

8. Quarto trimestre do ano fiscal de 2016 referente ao período encerrado em 31 de dezembro de 2016.
9. APPLE reports fourth quarter results. *Apple Inc.*, 25 out. 2016. <http://www.apple.com/newsroom/2016/10/apple-reports-fourth-quarter-results.html>.
10. WANG, Christine. Apple's cash hoard swells to record $246.09 billion. *CNBC*, 31 jan. 2017. <http://www.cnbc.com/2017/01/31/apples-cash-hoard-swells-to-record-24609-billion.html>.
11. DENMARK GDP 1960-2017. *Trading Economics*, 2017. <http://www.tradingeconomics.com/denmark/gdp>.
12. CURRENT world population. *Worldometers*, 25 abr. 2017. <http://www.worldometers.info/world-population/>.
13. *FACEBOOK, INC.* <https://newsroom.fb.com/company-info/>.
14. NG, Alfred. Facebook, Google top out most popular apps in 2016. *CNET*, 28 dez. 2016. <https://www.cnet.com/news/facebook-google-top-out-uss-most-popular-apps-in-2016/>.
15. STEWART, James B. Facebook has 50 minutes of your time each day. It wants more. *New York Times*, 5 maio 2016. <https://www.nytimes.com/2016/05/06/business/facebook-bends-the-rules-of-audience-engagement-to-its-advantage.html?_r=0>.
16. LELLA, Adam; LIPSMAN, Andrew. 2016 U.S. cross-platform future in focus. *comScore*, 30 mar. 2016. <https://www.comscore.com/Insights/Presentations-and-Whitepapers/2016/2016-US-Cross-Platform-Future-in-Focus>.
17. GHOSHAL, Abhimanyu. How Google handles search queries it's never seen before. *The Next Web*, 26 out. 2015. <https://thenextweb.com/google/2015/10/26/how-google-handles-search-queries-its-never-seen-before/#.tnw_Ma3rOqjl>.
18. ALPHABET announces third quarter 2016 results. *Alphabet Inc.*, 27 out. 2016. <https://abc.xyz/investor/news/earnings/2016/Q3_alphabet_earnings/>.
19. LARDINOIS, Frederic. Google says there are now 2 billion active Chrome installs. *TechCrunch*, 10 nov. 2016. <https://techcrunch.com/2016/11/10/google-says-there-are-now-2-billion-active-chrome-installs/>.
20. GENERAL Motors. *Forbes*, maio 2016. <https://www.forbes.com/companies/general-motors/>.

21. *FACEBOOK, INC.* <https://newsroom.fb.com/company-info/>.
22. *YAHOO! Finance.* <https://finance.yahoo.com/>.
23. Ibid.
24. REPORT for selected countries and subjects. *International Monetary Fund*, out. 2016. <http://bit.ly/2eLOnMI>.
25. SOPER, Spencer. More than 50% of shoppers turn first to Amazon in product search. *Bloomberg*, 27 set. 2016. <https://www.bloomberg.com/news/articles/2016-09-27/more-than-50-of-shoppers-turn-first-to-amazon-in-product-search>.

Capítulo 2: Amazon

1. SIZEABLE gender differences in support of bans on assault weapons, large clips. *Pew Research Center*, 9–16 ago. 2016. <http://www.people-press.org/2016/08/26/opinions-on-gun-policy-and-the-2016-campaign/augustguns_6/>.
2. Ibid.
3. GAJANAN, Mahita. More than half of the internet's sales growth now comes from Amazon. *Fortune*, 1 fev. 2017. <http://fortune.com/2017/02/01/amazon-online-sales-growth-2016/>.
4. AMAZON. Relatório anual de 2016. 10 fev. 2017. <http://phx.corporate-ir.net/phoenix.zhtml?c=97664&p=irol-sec&control_selectgroup=Annual%20Filings#14806946>.
5. US retail sales, Q1 2016-Q4 2017 (trillions and percentage change vs. same quarter of prior year). *eMarketer*, fev. 2017. < https://www.emarketer.com/Chart/US-Retail-Sales-Q1-2016-Q4-2017-trillions-change-vs-same-quarter-of-prior-year/204545>.
6. WEISE, Elizabeth. That review you wrote on Amazon? Priceless. *USA Today*, 20 mar. 2017. <https://www.usatoday.com/story/tech/news/2017/03/20/re view-you-wrote-amazon-priceless/99332602/>.
7. KIM, Eugene. This chart shows how Amazon could become the first $1 trillion company. *Business Insider*, 7 dez. 2016. <http://www.businessinsider.com/how-amazon-could-become-the-first-1-trillion-business-2016-12>.
8. LEE, Richard B.; Daly, Richard. Introduction: Foreigners and others. In: *The Cambridge Encyclopedia of Hunters and Gatherers*. Cambridge University Press: 2004.

9. TAYLOR, Steve. Why men don't like shopping and (most) women do: The origins of our attitudes toward shopping. *Psychology Today*, 14 fev. 2014. <https://www.psychologytoday.com/blog/out-the-darkness/201402/why-men-dont-shopping-and-most-women-do>.

10. HUNTER gatherer brains make men and women see things differently. *The Telegraph*, 30 jul. 2009. <http://www.telegraph.co.uk/news/uknews/5934226/Hunter-gatherer-brains-make-men-and-women-see-things-differently.html>.

11. VAN ASWEGEN, Anneke. Women vs. men: Gender differences in purchase decision making. *Guided Selling*, 29 out. 2015. <http://www.guided-selling.org/women-vs-men-gender-differences-in-purchase-decision-making>.

12. DUENWALD, Mary. The psychology of... hoarding. *Discover*, 1 out. 2004. <http://discovermagazine.com/2004/oct/psychology-of-hoarding>.

13. NUMBER of Americans with diabetes projected to double or triple by 2050. *Centers for Disease Control and Prevention*, 22 out. 2010. <https://www.cdc.gov/media/pressrel/2010/r101022.html>.

14. PAUL Pressler discusses the impact of terrorist attacks on theme park industry. *CNN.com/Transcripts*, 6 out. 2001. <http://transcripts.cnn.com/TRANSCRIPTS/0110/06/smn.26.html>.

15. EURO rich list: The 48 richest people in Europe. *The New European*, 26 fev. 2017. <http://www.theneweuropean.co.uk/culture/euro-rich-list-the-48-richest-people-in-europe-1-4906517>.

16. LVMH: luxury's global talent academy. *The Business of Fashion*, 25 abr. 2017. <https://www.businessoffashion.com/community/companies/lvmh>.

17. FERNANDO, Jason. Home Depot vs. Lowes: The home improvement battle. *Investopedia*, 7 jul. 2015. <http://www.investopedia.com/articles/personal-finance/070715/home-depot-vs-lowes-home-improvement-battle.asp>.

18. BLEAKLY, Fred R. The 10 super stocks of 1982. *The New York Times*, 2 jan. 1983. <http://www.nytimes.com/1983/01/02/business/the-10-super-stocks-of-1982.html?pagewanted=all>.

19. FRIEDMAN, Josh. Decade's hottest stocks reflect hunger for anything tech. *Los Angeles Times*, 28 dez. 1999. <http://articles.latimes.com/1999/dec/28/business/fi-48388>.

20. RECHT, Milton. Changes in the top ten US Retailers from 1990 to 2012: Six of the top ten have been replaced. *Misunderstood Finance*, 21 out. 2013. <http://misunderstoodfinance.blogspot.com.co/2013/10/changes-in-top-ten-us-retailers-from.html>.
21. FARFAN, Barbara. The world's biggest retail chains. *The balance*, 7 jul. 2017. <https://www.thebalance.com/largest-us-retailers-4045123>.
22. KIM, Eugene. Amazon sinks on revenue miss. *Business Insider*, 2 fev. 2017. <http://www.businessinsider.com/amazon-earnings--q4-2016-2017-2>.
23. MIGLANI, Jitender. Amazon vs. Walmart revenues and profits 1995-2014. *Revenues and Profits*, 25 jul. 2015. <http://revenuesandprofits.com/amazon-vs-walmart-revenues-and-profits-1995-2014/>.
24. BAIRD, Nikki. Are retailers over-promoting for holiday 2016? *Forbes*, 16 dez. 2016. <https://www.forbes.com/sites/nikkibaird/2016/12/16/are-retailers-over-promoting-for-holiday--2016/#53bb6f bb3b8e>.
25. LEIBOWITZ, Josh. How did we get here? A short history of retail. *LinkedIn*, 7 jun. 2013. <https://www.linkedin.com/pulse/20130607115409-12921524-how-did-we-get-here-a-short-history--of-retail>.
26. SKORUPA, Joe. 10 oldest U.S. retailers. *RIS*, 30 ago. 2011. <https://risnews.com/10-oldest-us-retailers>.
27. FEINBERG, Richard A.; MEOLI, Jennifer. A brief history of the mall. *Advances in Consumer Research*, v. 18, p. 426-27, 1991. <http://www.acrwebsite.org/volumes/7196/volumes/v18/NA-18>.
28. HO, Ky Trang. How to profit from the death of malls in America. *Forbes*, 4 dez. 2016. <https://www.forbes.com/sites/trangho/2016/12/04/how-to-profit-from-the-death-of-malls-in-america/#7732f3cc61cf>.
29. A TIMELINE of the internet and e-retailing: milestones of influence and concurrent events. *Kelley School of Business*: Center for Education and Research in Retailing. <https://kelley.iu.edu/CERR/timeline/print/page14868.html>.
30. NAZARYAN, Alexander. How Jeff Bezos is hurtling toward world domination. *Newsweek*, 12 jul. 2016. <http://www.newsweek.com/2016/07/22/jeff-bezos-amazon-ceo-world-domination-479508.html>.

31. START selling online – fast. *Amazon.com. Inc.* <https://services.amazon.com/selling/benefits.htm>
32. US Retail Sales, Q1 2016-Q4 2017. *eMarketer*, jan. 2017. <http://totalaccess.emarketer.com/Chart.aspx?R=204545&dsNav=Ntk:basic%7cdepartment+of+commerce%7c1%7c,Ro:-1,N:1326,Nr:NOT(Type%3aComparative+Estimate)&kwredirect=n>.
33. DEL REY, Jason. Amazon has at least 66 million Prime members but subscriber growth may be slowing. *Recode*, 3 fev. 2017. <https://www.recode.net/2017/2/3/14496740/amazon-prime-membership-numbers-66-million-growth-slowing>.
34. GAJANAN, Mahita. More than half of the internet's sales growth now comes from Amazon. *Fortune*, 1 fev. 2017. <http://fortune.com/2017/02/01/amazon-online-sales-growth-2016/>.
35. CASSAR, Ken. Two extra shopping days make 2016 the biggest holiday yet. *Slice Intelligence*, 5 jan. 2017. <http://intelligence.slice.com/blog/2017/two-extra-shopping-days-make-2016-biggest-holiday-yet>.
36. CONE, Allen. Amazon ranked most reputable company in U.S. in Harris Poll. *UPI*, 20 fev. 2017. <http://www.upi.com/Top_News/US/2017/02/20/Amazon-ranked-most-reputable-company-in-US-in-Harris-Poll/6791487617347/>.
37. AMAZON'S robot workforce has increased by 50 percent. *CEB Inc.*, 29 dez. 2016. <https://www.cebglobal.com/talentdaily/amazons-robot-workforce-has-increased-by-50-percent/>.
38. TAKALA, Rudy. Top 2 U.S. jobs by number employed: salespersons and cashiers. *CNS News*, 25 mar. 2015. <http://www.cnsnews.com/news/article/rudy-takala/top-2-us-jobs-number-employed-salespersons-and-cashiers>.
39. TEACHER trends. *National Center for Education Statistics*. <https://nces.ed.gov/fastfacts/display.asp?id=28>.
40. FULL transcript: Internet archive founder Brewster Kahle on recode decode. *Recode*, 8 mar. 2017. <https://www.recode.net/2017/3/8/14843408/transcript-internet-archive-founder-brewster-kahle-wayback-machine-recode-decode>.
41. O Amazon Dash Button é um botão que pode ser colocado em qualquer lugar da casa e se conecta com o app da Amazon pelo wi-fi possibilitando comprar com um clique. <https://www.amazon.com/Dash-Buttons/b?ie=UTF8&node=10667898011>.

42. GREEN, Dennis. Amazon just solved the greatest uncertainty of buying clothes online. *Business Insider*, 20 jun. 2017. <http://www.businessinsider.com/amazon-prime-wardrobe-2017-6>.
43. DALY, Patricia A. Agricultural employment: Has the decline ended? *Bureau of Labor Statistics*, nov. 1981. <https://stats.bls.gov/opub/mlr/1981/11/art2full.pdf>.
44. HANSELL, Saul. Listen up! It's time for a profit; a front-row seat as Amazon gets serious. *The New York Times*, 20 maio 2001. <http://www.nytimes.com/2001/05/20/business/listen-up-it-s-time-for-a-­profit-a-front-row-seat-as-amazon-gets-serious.html>.
45. *YAHOO! Finance*. <https://finance.yahoo.com/>.
46. DAMODARAN, Aswath. Enterprise value multiples by sector (US). *NYU Stern*, jan. 2017. <http://pages.stern.nyu.edu/~adamodar/New_Home_Page/datafile/vebitda.html>.
47. NELSON, Brian. Amazon is simply an amazing company. *Seeking Alpha*, 6 dez. 2016. <https://seekingalpha.com/article/4028547-amazon-simply-amazing-company>.
48. Wal-Mart Stores' (WMT) CEO Doug McMillon on Q1 2016 results – earnings call transcript. *Seeking Alpha*, 19 maio 2015. <https://seekingalpha.com/article/3195726-wal-mart-stores-wmt-ceo-doug­-mcmillon-on-q1-2016-results-earnings-call-transcript?part=single>.
49. REGO, Matt. Why Walmart's stock price keeps falling (WMT). *Seeking Alpha*, 11 nov. 2015. <http://www.investopedia.com/articles/markets/111115/why-walmarts-stock-price-keeps-falling.asp>.
50. ROSOFF, Matt. Jeff Bezos: There are 2 types of decisions to make, and don't confuse them. *Business Insider*, 5 abr. 2016. <http://www.businessinsider.com/jeff-bezos-on-type-1-and­-type-2-decisions-2016-4>.
51. AMAZON.COM. 2016 Letter to shareholders. <http://phx.corporate-ir.net/phoenix.zhtml?c=97664&p=irol-reportsannual>.
52. BISHOP, Todd. The cost of convenience: Amazon's shipping losses top $7B for first time. *GeekWire*, 9 fev. 2017. <https://www.geekwire.com/2017/true-cost-convenience-amazons-annual-shipping-losses-top-7b-first-time/>.
53. Carta aos acionistas.

54. STANGER, Melissa; MARTIN, Emmie; LOUDENBACK, Tanza. The 50 richest people on earth. *Business Insider*, 26 jan. 2016. <http://www.businessinsider.com/50-richest-people-on-earth-2016-1>.
55. THE Global Unicorn Club. *CB Insights*. <https://www.cbinsights.com/research-unicorn-companies>.
56. AMAZON.COM. Quarto trimestre do ano fiscal de 2016 referente ao período encerrado em 31 de dezembro de 2016 (submetido em 2 fev. 2017), p. 13, publicado no site Amazon.com. <http://phx.corporate-ir.net/phoenix.zhtml?c=97664&p=irol-reportsother>.
57. GOODKIND, Nicole. Amazon beats Apple as most trusted company in U.S.: Harris Poll. *Yahoo! Finance*, 12 fev. 2013. <http://finance.yahoo.com/blogs/daily-ticker/amazon-beats-apple-most-trusted-company-u-harris-133107001.html>.
58. ADAMS, Susan. America's most reputable companies, 2015. *Forbes*, 13 maio 2015. <https://www.forbes.com/sites/susanadams/2015/05/13/americas-most-reputable-companies-2015/#64b6c06d1bb6>.
59. DIGNAN, Larry. Amazon posts its first net profit. *CNET*, 22 fev. 2002. <https://www.cnet.com/news/amazon-posts-its-first-net-profit/>.
60. AMAZON.COM. Relatórios trimestrais referentes ao primeiro, segundo e terceiro trimestres de 2015. <http://phx.corporate-ir.net/phoenix.zhtml?c=97664&p=irol-sec&control_selectgroup=Quarterly%20Filings#10368189>.
61. KING, Hope. Amazon's $160 billion business you've never heard of. *CNN Tech*, 4 nov. 2015. <http://money.cnn.com/2015/11/04/technology/amazon-aws-160-billion-dollars/>.
62. ANNUAL Financials for Twitter Inc. *MarketWatch*. <http://www.marketwatch.com/investing/stock/twtr/financials>.
63. SCOTT Galloway: This is the top of the market. *L2 Inc.*, 16 fev. 2017. <https://www.youtube.com/watch?v=uIXJNt-7aY4&t=1m8s>.
64. <https://www.nytimes.com/2017/06/16/business/dealbook/amazon-whole-foods.html?_r=0>.
65. RAO, Leena. Amazon Prime now has 80 million members. *Fortune*, 25 abr. 2017. <http://fortune.com/2017/04/25/amazon-prime-growing-fast/>.
66. GRIFFIN, Justine. Have a look inside the 1-million-square-foot Amazon fulfillment center in Ruskin. *Tampa Bay Times*, 30 mar. 2016. <http://www.tampabay.com/news/business/retail/have-a-look-inside-the-1-million-square-foot-amazon-fulfillment-center-in/2271254>.

67. TARANTOLA, Andrew. Amazon is getting into the oceanic freight shipping game. *Engadget*, 14 jan. 2016. <https://www.engadget.com/2016/01/14/amazon-is-getting-into-the-oceanic--freight-shipping-game/>.
68. Ibid.
69. *YAHOO! Finance*. <https://finance.yahoo.com/>.
70. KAPNER, Suzanne. Upscale shopping centers nudge out down--market malls. *The Wall Street Journal*, 20 abr. 2016. <https://www.wsj.com/articles/upscale-shopping-centers-nudge-out-down-market-malls-1461193411?ru=yahoo?mod=yahoo_itp>.
71. WINGFIELD, Nick; MERCED, Michael J. Amazon to buy Whole Foods for $13.4 billion. *The New York Times*, 16 jun. 2017. <https://www.nytimes.com/2017/06/16/business/dealbook/amazon-whole-foods.html?_r=0>.
72. Ibid.
73. DEL REY, Jason. Amazon just confirmed its 10th book store, signaling this is way more than an experiment. *Recode*, 8 mar. 2017. <https://www.recode.net/2017/3/8/14850324/amazon-books-store-bellevue-mall-expansion>.
74. ADDADY, Michal. Here's how many pop-up stores Amazon plans to open. *Fortune*, 9 set. 2016. <http://fortune.com/2016/09/09/amazon-pop-up-stores/>.
75. CARRIG, David. Sears, J.C. Penney, Kmart, Macy's: These retailers are closing stores in 2017. *USA Today*, 7 jul. 2017. <https://www.usatoday.com/story/money/2017/03/22/retailers-closing-stores-sears-kmart-jcpenney-macys-mcsports-gandermountian/99492180/>.
76. THIMOU, Theo. Confirmed: these J.C. Penney stores are closing. *Clark*, 17 mar. 2017. <http://clark.com/shopping-retail/confirmed-jcpenney-stores-closing/>.
77. BOM File Format. *WhatIs.com*. <http://whatis.techtarget.com/fileformat/BOM-Bill-of-materials-file>.
78. COSTER, Helen. Diapers.com rocks online retailing. *Forbes*, 8 abr. 2010. <https://www.forbes.com/forbes/2010/0426/entrepreneurs-baby-diapers-e-commerce-retail-mother-lode.html>.
79. WAUTERS, Robin. Confirmed: Amazon spends $545 million on Diapers.com Parent Quidsi. *TechCrunch*, 8 nov. 2010. <https://techcrunch.com/2010/11/08/confirmed-amazon-spends-545-million--on-diapers-com-parent-quidsi/>.

80. JET.com: The $3B Hair Plugs. *L2 Inc.*, 9 ago. 2016. <https://www.youtube.com/watch?v=6rPEhFTFE9c>.

81. JHONSA, Eric. Jeff Bezos' letter shines a light on how Amazon sees itself. *Seeking Alpha*, 6 abr. 2016. <https://seekingalpha.com/article/3963671-jeff-bezos-letter-shines-light-amazon-sees#alt2>.

82. BOUCHER, Sally. Survey of affluence and wealth. *WealthEngine*, 2 maio 2014. <https://www.wealthengine.com/resources/blogs/one-one-blog/survey-affluence-and-wealth>.

83. SHI, Audrey. Amazon Prime members now outnumber non-Prime customers. *Fortune*, 11 jul. 2016. <http://fortune.com/2016/07/11/amazon-prime-customers/>.

84. SCOTT Galloway: Innovation is a Snap. *L2 Inc.*, 13 out. 2016. <https://www.youtube.com/watch?v=PhB8n-ExMck>.

85. TUTTLE, Brad. Amazon has upper-income Americans wrapped around its finger. *Time*, 14 abr. 2016. <http://time.com/money/4294131/amazon-prime-rich-american-members/>.

86. HOIUM, Travis. Amazon's fulfillment costs are taking more of the pie. *The Motley Fool*, 22 dez. 2016. <https://www.fool.com/investing/2016/12/22/amazons-fulfillment-costs-are-taking-more-of-the-p.aspx>.

87. SCOTT Galloway: Amazon Flexes. *L2 Inc.*, 3 mar. 2016. <https://www.youtube.com/watch?v=Nm7gIEKYWnc>.

88. AMAZON IQ: Personal care. *L2 Inc.*, 9 fev. 2017. <https://www.l2inc.com/research/amazon-personal-care>.

89. KANTOR, Jodi; STREITFELD, David. Inside Amazon: Wrestling big ideas in a bruising workplace. *The New York Times*, 15 ago. 2015. <https://www.nytimes.com/2015/08/16/technology/inside-amazon-wrestling-big-ideas-in-a-bruising-workplace.html?_r=1>.

90. RAO, Leena. Amazon acquires robot-coordinated order fulfillment company Kiva Systems for $775 million in cash. *TechCrunch*, 19 mar. 2012. <https://techcrunch.com/2012/03/19/amazon-acquires-online-fulfillment-company-kiva-systems-for-775-million-in-cash/>.

91. KIM, Eugene. Amazon sinks on revenue miss. *Business Insider*, 2 fev. 2017. <http://www.businessinsider.com/amazon-earnings-q4-2016-2017-2>.

92. SCOTT Galloway: Amazon Flexes, op. cit.

93. *YAHOO!*, op. cit.

94. THE RETAIL Forecast for 2017-18. *Centre for Retail Research*, 24 jan. 2017. <http://www.retailresearch.org/retailforecast.php>.
95. 2016 Europe 500 Report. *Digital Commerce 360*. <https://www.digitalcommerce360.com/product/europe-500/#!/>.
96. ROSENFELD, Everett. Amazon planning second grocery store: report. *CNBC*, 17 maio 2016. <http://www.cnbc.com/2016/05/17/amazon-planning-second-grocery-store-report.html>.
97. AMAZON.COM INC. 2016 Letter to shareholders. <http://phx.corporate-ir.net/phoenix.zhtml?c=97664&p=irol-reportsannual>.
98. FARFAN, Barbara. 2016 US retail industry overview. *the balance*, 16 jul. 2017. <https://www.thebalance.com/us-retail-industry-overview-2892699>.
99. VALUE of the entertainment and media market in the United States from 2011 to 2020 (in billion U.S. dollars). *Statista*. <https://www.statista.com/statistics/237769/value-of-the-us-entertainment-and-media-market/>.
100. TELECOMMUNICATIONS business statistics analysis, business and industry statistics. *Plunkett Research*. <https://www.plunkettresearch.com/statistics/telecommunications-market-research/>.
101. WINGFIELD, Nick; MERCED, Michael J., op. cit.
102. SUPERMARKETS & grocery stores in the US: Market research report. *IBISWorld*, out. 2017. <https://www.ibisworld.com/industry-trends/market-research-reports/retail-trade/food-beverage-stores/supermarkets-grocery-stores.html>.
103. RAO, Leena. Amazon Go debuts as a new grocery store without checkout lines. *Fortune*, 5 dez. 2016. <http://fortune.com/2016/12/05/amazon-go-store/>.
104. WINGFIELD, Nick; MERCED, Michael J., op. cit.
105. CROOK, Jordan. In wake of Amazon/Whole Foods deal, Instacart has a challenging opportunity. *TechCrunch*, 17 jun. 2017. <https://techcrunch.com/2017/06/17/in-wake-of-amazonwhole-foods-deal-instacart-has-a-challenging-opportunity/>.
106. MERCED, Michael J. Walmart to buy Bonobos, men's wear company, for $310 million. *The New York Times*, 16 jun. 2017. <https://www.nytimes.com/2017/06/16/business/walmart-bonobos-merger.html?_r=0>.
107. WINGFIELD, Nick; MERCED, Michael J., op. cit.

108. SOPER, Spencer. More than 50% of shoppers turn first to Amazon in product search. *Bloomberg*, 27 set. 2016. <https://www.bloomberg.com/news/articles/2016-09-27/more-than-50-of-shoppers-turn-first-to-amazon-in-product-search>.

Capítulo 3: Apple

1. SCHMIDT, Michael S.; PÉREZ-PEÑA, Richard. F.B.I. treating San Bernardino attack as terrorism case. *The New York Times*, 4 dez. 2015. <https://www.nytimes.com/2015/12/05/us/tashfeen-malik-islamic-state.html>.
2. PEREZ, Evan; HUME, Tim. Apple opposes judge's order to hack San Bernardino shooter's iPhone. *CNN*, 18 fev. 2016. <http://www.cnn.com/2016/02/16/us/san-bernardino-shooter-phone-apple/>.
3. VIEWS of government's handling of terrorism fall to post-9/11 low. *Pew Research Center*, 15 dez. 2015. <http://www.people-press.org/2015/12/15/views-of-governments-handling-of-terrorism-fall-to-post-911-low/#views-of-how-the-government-is-handling-the-terrorist-threat>.
4. MILLENNIALS: A portrait of generation next. *Pew Research Center*, fev. 2010. <http://www.pewsocialtrends.org/files/2010/10/millennials-confident-connected-open-to-change.pdf>.
5. APPLE: FBI seeks "dangerous power" in fight over iPhone. *The Associated Press*, 26 fev. 2016. <http://www.cbsnews.com/news/apple-fbi-seeks-dangerous-power-in-fight-over-iphone/>.
6. COOK, Tim. A message to our customers. *Apple Inc.*, 16 fev. 2016. <https://www.apple.com/customer-letter/>.
7. Government's ex parte application for order compelling Apple, Inc. to assist agents in search; memorandum of points and authorities; declaration of Christopher Pluhar. *United States District Court for the Central District of California*, 16 fev. 2016. <https://www.wired.com/wp-content/uploads/2016/02/SB-shooter-MOTION-seeking-asst-iPhone1.pdf>.
8. TOBAK, Steve. How Jobs dodged the stock option backdating bullet. *CNET*, 23 ago. 2008. <https://www.cnet.com/news/how-jobs-dodged-the-stock-option-backdating-bullet/>.
9. APPLE INC. Formulário 10-K referente ao período fiscal encerrado em 26 de setembro de 2015 (submetido em 10 de novembro de 2015), p. 24, publicado no site da Apple, Inc. <http://investor.apple.com/financials.cfm>.

10. GARDNER, Matthew; MCINTYRE, Robert S.; PHILLIPS, Richard. The 35 percent corporate tax myth. *Institute on Taxation and Economic Policy*, 9 mar. 2017. <http://itep.org/itep_reports/2017/03/the-35-percent-corporate-tax-myth.php#.WP5ViVPyvVp>.
11. SUMRA, Husain. Apple captured 79% of global smartphone profits in 2016. *MacRumors*, 7 mar. 2017. <https://www.macrumors.com/2017/03/07/apple-global-smartphone-profit-2016-79/>.
12. THE WORLD'S Billionaires. *Forbes*, 20 mar. 2017. <https://www.forbes.com/billionaires/list/>.
13. YAROW, Jay. How Apple really lost its lead in the '80s. *Business Insider*, 9 dez. 2012. <http://www.businessinsider.com/how-apple-really-lost-its-lead-in-the-80s-2012-12>.
14. BUNNELL, David. The Macintosh speaks for itself (literally)... *Cult of Mac*, 1 maio 2010. <http://www.cultofmac.com/40440/the-macintosh-speaks-for-itself-literally/>.
15. HISTORY of desktop publishing and digital design. *Design Talkboard*. <http://www.designtalkboard.com/design-articles/desktoppublishing.php>.
16. BURNHAM, David. The computer, the consumer and privacy. *The New York Times*, 4 mar. 1984. <http://www.nytimes.com/1984/03/04/weekinreview/the-computer-the-consumer-and-privacy.html>.
17. RICKER, Thomas. Apple drops "Computer" from name. *Engadget*, 9 jan. 2007. <https://www.engadget.com/2007/01/09/apple-drops-computer-from-name/>.
18. EDWARDS, Jim. Apple's iPhone 6 Faces a big pricing problem around the world. *Business Insider*, 28 jul. 2014. <http://www.businessinsider.com/android-and-iphone-market-share-and-the-iphone-6-2014-7>.
19. PRICE, Rob. Apple is taking 92% of profits in the entire smartphone industry. *Business Insider*, 13 jul. 2015. <http://www.businessinsider.com/apple-92-percent-profits-entire-smartphone-industry-q1-samsung-2015-7>.
20. LOUIS Vuitton Biography. *Biography*. <http://www.biography.com/people/louis-vuitton-17112264>.
21. "DESIGNED by Apple in Calfornia" chronicles 20 years of Apple design. *Apple Newsroom*, 15 nov. 2016. <https://www.apple.com/newsroom/2016/11/designed-by-apple-in-california-chronicles-20-years-of-apple-design/>.
22. Ibid.

23. NORMAN, Donald A. *Emotional Design: Why We Love (or Hate) Everyday Things*. Nova York: Basic Books, 2005.
24. TURNER, Daniel. The secret of Apple design. *MIT Technology Review*, 1 maio 2007. <https://www.technologyreview.com/s/407782/the-­-secret-of-apple-design/>.
25. MUNK, Nina. Gap gets it: Mickey Drexler is turning his apparel chain into a global brand. He wants buying a Gap T-shirt to be like buying a quart of milk. But is this business a slave to fashion? *Fortune*, 3 ago. 1998. <http://archive.for tune.com/magazines/fortune/fortune_archive/1998/08/03/246286/index.htm>.
26. GAP INC. Formulário 10-K referente ao período fiscal encerrado em 31 de janeiro 1998 (submetido em 3 de março de 1998), publicado no site da Gap, Inc. <http://investors.gapinc.com/phoenix.zhtml?­c=111302&p=IROL-secToc&TOC=aHR0cDovL2FwaS50ZW5r­d2l6YXJkLmN vbS9vdXRsaW5lLnhtbD9yZXBvPXRlbmsma­XBhZ2U9Njk0NjY5JnN1YnN pZD01Nw%3d%3d&ListAll=1>.
27. GAP INC. Formulário 10-K referente ao período fiscal encerrado em 31 de janeiro 1998 (submetido em 28 de março de 2006), publicado no site da Gap, Inc. <http://investors.gapinc.com/phoenix.zhtml?­c=111302&p=IROL-secToc&TOC=aHR0cDovL2FwaS50ZW5r­d2l6YXJkLmNvbS9vdXRsaW5lLnhtbD9yZXBvPXRlbmsma­XBhZ2U9NDA1NjM2OSZzdWJzaWQ9NTc%3d&ListAll=1>.
28. LEVI Strauss & Company: Corporate profile and case material. *Clean Clothes Campaign*, 1 maio 1998. <https://archive.cleanclothes.org/news/4-companies/946-case-file-levi-strauss-a-co.html>.
29. LEVI Strauss & Co. Formulário 10-K referente ao período fiscal encerrado em 27 de novembro de 2005 (submetido em 14 de fevereiro de 2006), p. 26, publicado no site da Levi Strauss & Co. <http://levistrauss.com/investors/sec-filings/>.
30. WARKOV, Rita. Steve Jobs and Mickey Drexler: A tale of two retailers. *CNBC*, 22 maio 2012. <http://www.cnbc.com/id/47520270>.
31. EDWARDS, Cliff. Commentary: sorry, Steve: Here's why apple stores won't work. *Bloomberg*, 21 maio 2001. <https://www.bloomberg.com/news/articles/2001-05-20/commentary-sorry-steve-heres-­-why-apple-stores-wont-work>.
32. VALDEZ, Ed. Why (Small) size matters in retail: What big-box retailers can learn from small-box store leaders. *Seeking Alpha*, 11

abr. 2017. <https://seekingalpha.com/article/4061817-small-size--matters-retail>.
33. FARFAN, Barbara. Get the global locations of Apple Computer retail stores. *the balance*, 10 jul. 2017. <https://www.thebalance.com/apple-retail-stores-global-locations-2892925>.
34. NILES, Robert. Magic Kingdom tops 20 million in 2015 theme park attendance report. *Theme Park Insider*, 25 maio 2016. <http://www.themeparkinsider.com/flume/201605/5084>.
35. APPLE INC. <https://www.apple.com/shop/buy-iphone/iphone-7/4.7-inch-display-128gbgold?afid=p238|sHVGkp8Oedc_mtid_1870765e38482_pcrid_138112045124_&cid=aos-us-kwgo-pla--iphone—slid—product-MN8N2LL/A>.
36. SWIDER, Matt; FAULKNER, Cameron. Best cheap phones in the US for 2017. *Techradar*, 11 out. 2017. <http://www.techradar.com/news/phone-and-communications/mobile-phones/best-cheap-smartphones-payg-mobiles-compared-1314718>.
37. DOLCOURT, Jessica. BlackBerry KeyOne keyboard phone kicks off a new BlackBerry era (hands-on). *CNET*, 25 fev. 2017. <https://www.msn.com/en-in/money/gadgets/blackberry-keyone-keyboard-phone-kicks-off-a-new-blackberry-era-hands-on/ar-AantUtr>.
38. NIKE, INC. Formulário 10-K referente ao período fiscal encerrado em 31 de maio de 2016 (submetido em 21 de julho de 2016), p. 72, publicado no site da Nike, Inc. <http://s1.q4cdn.com/806093406/files/doc_financials/2016/ar/docs/nike-2016-form-10K.pdf>.
39. APPLE INC. Formulário 10-K referente ao período fiscal encerrado em 24 setembro 2016 (submetido em 26 de outubro 2016), p. 43, publicado no site da Apple, Inc. <http://files.shareholder.com/downloads/AAPL/4635343320x0x913905/663630597FB64710B4A-5-7ABFA14CF5E6/10-K_2016_9.24.2016_-_as_filed.pdf>.
40. DAMODARAN, Aswath. Aging in dog years? The short, glorious life of a successful tech company! *Musings on Markets*, 9 dez. 2015. <http://aswathdamodaran.blogspot.com/2015/12/aging-in-dog--years-short-glorious-life.html>.
41. SMUTS, G. L. *Lion*. Johannesburg: Macmillan South Africa, 1982, p. 231.
42. DUNN, Jeff. Here's how Apple's retail business spreads across the world. *Business Insider*, 7 fev. 2017. <http://www.businessinsider.com/apple-stores-how-many-around-world-chart-2017-2>.

43. KAPLAN, David. For retail, "bricks" still overwhelm "clicks" as more than 90 percent of sales happened in stores. *GeoMarketing*, 22 dez. 2015. <http://www.geomarketing.com/for-retail-bricks-still-overwhelm-clicks-as-more-than-90-percent-of-sales-happened-in-stores>.
44. FLEMING, Sam; DONNAN, Shawn. America's middle-class meltdown: Core shrinks to half of US homes. *Financial Times*, 9 dez. 2015. <https://www.ft.com/content/98ce14ee-99a6-11e5-95c7-d47aa298f769#axzz43kCxoYVk>.
45. GATES, Dominic; GONZÁLEZ, Ángel. Amazon lines up fleet of Boeing jets to build its own aircargo network. *Seattle Times*, 9 mar. 2016. <http://www.seattletimes.com/business/boeing-aerospace/amazon-to-lease-20-boeing-767s-for-its-own-air-cargo-network/>.
46. RAO, Leena. Amazon to roll out a fleet of branded trailer trucks. *Fortune*, 4 dez. 2015. <http://fortune.com/2015/12/04/amazon-trucks/>.
47. STIBBE, Matthew. Google's next cloud product: Google blimps to bring wireless internet to Africa. *Fortune*, 5 jun. 2013. <https://www.forbes.com/sites/matthewstibbe/2013/06/05/googles-next-cloud-product-google-blimps-to-bring-wireless-internet-to-africa/#4439e478449b>.
48. WEISE, Elizabeth. Microsoft, Facebook to lay massive undersea cable. *USA Today*, 26 maio 2016. <https://www.usatoday.com/story/experience/2016/05/26/microsoft-facebook-undersea-cable-google-marea-amazon/84984882/>.
49. THE Nokia effect. *The Economist*, 25 ago. 2012. <http://www.economist.com/node/21560867>.
50. DOWNIE, Ryan. Behind Nokia's 70% drop in 10 years (NOK). *Investopedia*, 8 set. 2016. <http://www.investopedia.com/articles/credit-loans-mortgages/090816/behind-nokias-70-drop-10-years-nok.asp>.

Capítulo 4: Facebook

1. POPULATION of China (2017). *Population of the World*. <http://www.livepopulation.com/country/china.html>.
2. WORLD'S catholic population grows to 1.3 billion. *Believers Portal*, 8 abr. 2017. <http://www.believersportal.com/worlds-catholic-population-grows-1-3-billion/>.
3. FRÍAS, Carlos. 40 fun facts for Disney World's 40th anniversary. *Statesman*, 17 dez. 2011. <http://www.statesman.com/travel/fun-facts-for-disney-world-40th-anniversary/7ckezhCnZnB6pyiT5olyEO/>.

4. *FACEBOOK, INC.* <https://newsroom.fb.com/company-info/>.
5. MCGOWAN, Tom. Google: Getting in the face of football's 3.5 billion fans. *CNN*, 27 fev. 2015. <http://edition.cnn.com/2015/02/27/football/roma-juventus-google-football/>.
6. HOW much time do we spend on social media? *Mediakix*, 15 dez. 2016. <http://mediakix.com/2016/12/how-much-time-is-spent-on-social-media-lifetime/#gs.GM2awic>.
7. STEWART, James B. Facebook has 50 minutes of your time each day. It wants more. *The New York Times*, 5 maio 2016. <https://www.nytimes.com/2016/05/06/business/facebook-bends-the-rules-of-audience-engagement-to-its-advantage.html>.
8. PALLOTTA, Frank. More than 111 million people watched Super Bowl LI. *CNN*, 7 fev. 2017. <http://money.cnn.com/2017/02/06/media/super-bowl-ratings-patriots-falcons/>.
9. *FACEBOOK, INC.* <https://newsroom.fb.com/company-info/>.
10. SHENK, Joshua Wolf. What makes us happy? *The Atlantic*, jun. 2009. <https://www.theatlantic.com/magazine/archive/2009/06/what-makes-us-happy/307439/>.
11. SWANSON, Ana. The science of cute: Why photos of baby animals make us happy. *Daily Herald*, 4 set. 2016. <http://www.dailyherald.com/article/20160904/entlife/160909974/>.
12. WORLD crime trends and emerging issues and responses in the field of crime prevention and social justice. *UN Economic and Social Council*, 12 fev. 2014. <https://www.unodc.org/documents/data-and-analysis/statistics/crime/ECN.1520145_EN.pdf>; *UNODC*. Global Study on Homicide 2013: trends, contexts, data. Viena: *UNODC*, 2013. <https://www.unodc.org/unodc/en/data-and-analysis/statistics/reports-on-world-crime-trends.html>.
13. MEYER, Robinson. When you fall in love, this is what Facebook sees. *The Atlantic*, 15 fev. 2014. <http://www.theatlantic.com/technology/archive/2014/02/when-you-fall-in-love-this-is-what-facebook-sees/283865/>.
14. NUMBER of daily active Facebook users worldwide as of 2nd quarter 2017 (in millions). *Statista*. <https://www.statista.com/statistics/346167/facebook-global-dau/>.
15. JONES, Brandon. What information does Facebook collect about its users? *PSafe Blog*, 29 nov. 2016. <http://www.psafe.com/en/blog/information-facebook-collect-users/>.

16. MURPHY, Mike. Here's how to stop Facebook from listening to you on your phone. *Quartz*, 2 jun. 2016. <https://qz.com/697923/heres-how-to-stop-facebook-from-listening-to-you-on-your-phone>.
17. KRANTZ, Matt. 13 big companies keep growing like crazy. *USA Today*, 10 mar. 2016. <https://www.usatoday.com/story/money/markets/2016/03/10/13-big-companies-keep-growing-like-crazy/81544188/>.
18. GRASSEGGER, Hannes; KROGERUS, Mikael. The data that turned the world upside down. *Motherboard*, 28 jan. 2017. <https://motherboard.vice.com/en_us/article/how-our-likes-helped-trump-win>.
19. CADWALLADR, Carole. Robert Mercer: The big data billionaire waging war on mainstream media. *The Guardian*, 26 fev. 2017. <https://www.theguardian.com/politics/2017/feb/26/robert-mercer-breitbart-war-on-media-steve-bannon-donald-trump-nigel-farage>.
20. AS MANY as 48 million Twitter accounts aren't people, says study. *CNBC*, 12 abr. 2017. <http://www.cnbcafrica.com/news/technology/2017/04/10/many-48-million-twitter-accounts-arent-people-says-study/>.
21. L2 Analysis of LinkedIn Data.
22. NOVET, Jordan. Snapchat by the numbers: 161 million daily users in Q4 2016, users visit 18 times a day. *VentureBeat*, 2 fev. 2017. <https://venturebeat.com/2017/02/02/snapchat-by-the-numbers-161-million-daily-users-in-q4-2016-users-visit-18-times-a-day/>.
23. BALAKRISHNAN, Anita. Snap closes up 44% after rollicking IPO. *CNBC*, 2 mar. 2017. <http://www.cnbc.com/2017/03/02/snapchat-snap-open-trading-price-stock-ipo-first-day.html>.
24. PANT, Ritu. Visual Marketing: A picture's worth 60,000 words. *Business 2 Community*, 16 jan. 2015. <http://www.business2community.com/digital-marketing/visual-marketing-pictures-worth-60000-words-01126256#uaLlH2bk76Uj1zYA.99>.
25. KHOMAMI, Nadia; LARTEY, Jamiles. United Airlines CEO calls dragged passenger "disruptive and belligerent". *The Guardian*, 11 abr. 2017. <https://www.theguardian.com/world/2017/apr/11/united-airlines-boss-oliver-munoz-says-passenger-belligerent>.
26. CASTILLO, Michelle. Netflix plans to spend $6 billion on new shows, blowing away all but one of its rivals. *CNBC*, 17 out. 2016. <http://www.cnbc.com/2016/10/17/netflixs-6-billion-content-budget-in-2017-makes-it-one-of-the-top-spenders.html>.

27. KAFKA, Peter. Google and Facebook are booming. Is the rest of the digital ad business sinking? *Recode*, 2 nov. 2016. <https://www.recode.net/2016/11/2/13497376/google-facebook-advertising--shrinking-iab-dcn>.
28. UNGERLEIDER, Neal. Facebook acquires Oculus VR for $2 billion. *Fast Company*, 25 mar. 2014. <https://www.fastcompany.com/3028244/tech-forecast/facebook-acquires-oculus-vr-for-2-billion>.
29. NEWS companies and Facebook: Friends with benefits? *The Economist*, 16 maio 2015. <http://www.economist.com/news/business/21651264-facebook-and-several-news-firms-have-entered-uneasy--partnership-friends-benefits>.
30. SMITH, Gerry. Facebook, Snapchat deals produce meager results for news outlets. *Bloomberg*, 24 jan. 2017. <https://www.bloomberg.com/news/articles/2017-01-24/facebook-snapchat-deals-produce-meager-results-for-news-outlets>.
31. CONSTINE, Josh. How Facebook news feed works. *TechCrunch*, 6 set. 2016. <https://techcrunch.com/2016/09/06/ultimate-guide--to-the-news-feed/>.
32. ALI, Tanveer. How every New York City neighborhood voted in the 2016 presidential election. *DNAinfo*, 9 nov. 2016. <https://www.dnainfo.com/new-york/numbers/clinton-trump-president-vice-president-every-neighborhood-map-election-results-voting-general-primary-nyc>.
33. GOTTFRIED, Jeffrey; SHEARER, Elisa. News use across social media platforms 2016. *Pew Research Center*, 26 maio 2016. <http://www.journalism.org/2016/05/26/news-use-across-social-media--platforms-2016/>.
34. BREINER, Andrew. Pizzagate, explained: Everything you want to know about the Comet Ping Pong pizzeria conspiracy theory but are too afraid to search for on Reddit. *Salon*, 10 dez. 2016. <http://www.salon.com/2016/12/10/pizzagate-explained-everything--you-want-to-know-about-the-comet-ping-pong-pizzeria-conspiracy-theory-but-are-too-afraid-to-search-for-on-reddit/>.
35. WILLIAMS, Rhiannon. Facebook: "We cannot become arbiters of truth – it's not our role". *iNews*, 6 abr. 2017. <https://inews.co.uk/essentials/news/technology/facebook-looks-choke-fake-news-cutting-off-financial-lifeline/>.
36. GOTTFRIED, Jeffrey; SHEARER, Elisa, op. cit.

37. POGUE, David. What Facebook is doing to combat fake news. *Scientific American*, 1 fev. 2017. <https://www.scientificamerican.com/article/pogue-what-facebook-is-doing-to-combat-fake-news/>.
38. HARRIS, Sam. *Free Will*. Nova York: Free Press, 2012, v. 8.
39. BOSKER, Bianca. The Binge Breaker. *The Atlantic*, nov. 2016. <https://www.theatlantic.com/magazine/archive/2016/11/the-binge-breaker/501122/>.

Capítulo 5: Google

1. DORFMAN, Jeffrey. Religion is good for all of us, even those who don't follow one. *Forbes*, 22 dez. 2013. <https://www.forbes.com/sites/jeffreydorfman/2013/12/22/religion-is-good-for-all-of-us-even-those-who-dont-follow-one/#304193c364d7>.
2. BARBER, Nigel. Do religious people really live longer? *Psychology Today*, 27 fev. 2013. <https://www.psychologytoday.com/blog/the-human-beast/201302/do-religious-people-really-live-longer>.
3. DOWNEY, Allen B. Religious affiliation, education, and Internet use. *arXiv*, 21 mar. 2014. <https://arxiv.org/pdf/1403.5534v1.pdf>.
4. ALLEYNE, Richard. Humans "evolved" to believe in God. *The Telegraph*, 7 set. 2009. <http://www.telegraph.co.uk/journalists/richard-alleyne/6146411/Humans-evolved-to-believe-in-God.html>.
5. WINSEMAN, Albert L. Does more educated really = less religious? *Gallup*, 4 fev. 2003. <http://www.gallup.com/poll/7729/does-more-educated-really-less-religious.aspx>.
6. RATHI, Akshat. New meta-analysis checks the correlation between intelligence and faith. *Ars Technica*, 11 ago. 2013. <https://arstechnica.com/science/2013/08/new-meta-analysis-checks-the-correlation-between-intelligence-and-faith/>.
7. CAREY, Benedict. Can prayers heal? Critics say studies go past science's reach. *The New York Times*, 10 out. 2004. <http://www.nytimes.com/2004/10/10/health/can-prayers-heal-critics-say-studies-go-past-sciences-reach.html>.
8. POUSHTER, Jacob. 2. Smartphone ownership rates skyrocket in many emerging economies, but digital divide remains. *Pew Research Center*, 22 fev. 2016. <http://www.pewglobal.org/2016/02/22/smartphone-ownership-rates-skyrocket-in-many-emerging-economies-but-digital-divide-remains/>.

9. INTERNET users. *internet live stats*. <http://www.internetlivestats.com/internet-users/>.
10. SHARMA, Rakesh. Apple is most innovative company: PricewaterhouseCooper (AAPL). *Investopedia*, 14 nov. 2016. <http://www.investopedia.com/news/apple-most-innovative-company-pricewaterhousecooper-aapl/>.
11. STRAUSS, Karsten. America's most reputable companies, 2016: Amazon tops the list. *Forbes*, 29 mar. 2016. <https://www.forbes.com/sites/karstenstrauss/2016/03/29/americas-most-reputable-companies-2016-amazon-tops-the-list/#7967310a3712>.
12. ELKINS, Kathleen. Why Facebook is the best company to work for in America. *Business Insider*, 27 abr. 2015. <http://www.businessinsider.com/facebook-is-the-best-company-to-work-for-2015-4>.
13. CLARK, Jack. Google turning its lucrative web search over to AI machines. *Bloomberg*, 26 out. 2015. <https://www.bloomberg.com/news/articles/2015-10-26/google-turning-its-lucrative-web-search-over-to-ai-machines>.
14. SCHUSTER, Dana. Marissa Mayer spends money like Marie Antoinette. *New York Post*, 2 jan. 2016. <http://nypost.com/2016/01/02/marissa-mayer-is-throwing-around-money-like-marie-antoinette/>.
15. ALPHABET announces third quarter 2016 results. *Alphabet Inc.*, 27 out. 2016. <https://abc.xyz/investor/news/earnings/2016/Q3_alphabet_earnings/>.
16. ALPHABET INC. Formulário 10-K referente ao período fiscal encerrado em 31 de dezembro 2016 (submetido em 27 de janeiro de 2017), p. 23, publicado no site da Alphabet Inc. <https://abc.xyz/investor/pdf/20161231_alphabet_10K.pdf>.
17. *YAHOO! Finance*. <https://finance.yahoo.com/>.
18. GOLDMAN, David. What is Alphabet... in 2 minutes. *CNN Money*, 11 ago. 2015. <http://money.cnn.com/2015/08/11/technology/alphabet-in-two-minutes/>.
19. BASU, Tanya. New Google parent company drops "don't be evil" motto. *Time*, 4 out. 2015. <http://time.com/4060575/alphabet-google-dont-be-evil/>.
20. GOOGLE search statistics. *Internet Live Stats*. <http://www.internetlivestats.com/google-search-statistics/>.

21. SULLIVAN, Danny. Google now handles at least 2 trillion searches per year. *Search Engine Land*, 24 maio 2016. <http://searchengineland.com/google-now-handles-2-999-trillion-searches-per-year-250247>.
22. SEGAL, David. The dirty little secrets of search. *The New York Times*, 12 fev. 2011. <http://www.nytimes.com/2011/02/13/business/13search.html>.
23. *YAHOO!*, op. cit.
24. POPE, Kyle. Revolution at *The Washington Post*. *Columbia Journalism Review*, outono-inverno 2016. <http://www.cjr.org/q_and_a/washington_post_bezos_amazon_revolution.php>.
25. SEEYLE, Katharine Q. The Times Company acquires About.com for $410 million. *New York Times*, 18 fev. 2005. <http://www.nytimes.com/2005/02/18/business/media/the-times-company-acquires-aboutcom-for-410-million.html>.
26. IYER, Bala; RANGAN, U. Srinivasa. Google vs. the EU explains the digital economy. *Harvard Business Review*, 12 dez. 2016. <https://hbr.org/2016/12/google-vs-the-eu-explains-the-digital-economy>.
27. DROZDIAK, Natalia; SCHECHNER, Sam. EU files additional formal charges against Google. *The Wall Street Journal*, 14 jul. 2016. <https://www.wsj.com/articles/google-set-to-face-more-eu-antitrust-charges-1468479516>.

Capítulo 6: Me engana que eu gosto

1. HAMILTON, Alexander. *The Papers of Alexander Hamilton*, v. X, *December 1791–January 1792*. Harold C. Syrett e Jacob E. Cooke (Ed.). Nova York: Columbia University Press, 1966, p. 272.
2. MORRIS, Charles R. We were pirates, too. *Foreign Policy*, 6 dez. 2012. <http://foreignpolicy.com/2012/12/06/we-were-pirates-too>.
3. GLADWELL, Malcolm. Creation myth. *The New Yorker*, 16 maio 2011. <http://www.newyorker.com/magazine/2011/05/16/creation-myth>.
4. MACINTOSH Commercial – The computer for the rest of us. *VectronicsAppleWorld*, 2007. <https://www.youtube.com/watch?v=C8jSzLAJn6k>.
5. TESTIMONY of Marissa Mayer. Senate Committee on Commerce, Science, and Transportation. Subcommittee on Communications, Technology, and the Internet Hearing on "The Future of Journalism". *The Future of Journalism*, 6 maio 2009. <https://www.gpo.gov/fdsys/pkg/CHRG-111shrg52162/pdf/CHRG-111shrg52162.pdf>.

6. Ibid.
7. Ibid.
8. Ibid.
9. Ibid.
10. WARNER, Charles. Information wants to be free. *Huffington Post*, 20 fev. 2008. <http://www.huffingtonpost.com/charles-warner/information-wants-to-be-f_b_87649.html>.
11. MANSON, Marshall. Facebook zero: Considering life after the demise of organic reach. *Social@Ogilvy*, EAME, 6 mar. 2014. <https://social.ogilvy.com/facebook-zero-considering-life-after-the-demise-of-organic-reach>.
12. GLADWELL, Malcolm, op. cit.
13. ALDERMAN, Liz. Uber's French resistance. *The New York Times*, 3 jun. 2015. <https://www.nytimes.com/2015/06/07/magazine/ubers-french-resistance.html?_r=0>.
14. DIAMANDIS, Peter. Uber vs. the law (my money's on Uber). *Forbes*, 8 set. 2014. <http://www.forbes.com/sites/peterdiamandis/2014/09/08/uber-vs-the-law-my-moneys-on-uber/#50a69d201fd8>.

Capítulo 7: A metáfora do corpo humano nos negócios

1. SATELL, Greg. Peter Thiel's 4 rules for creating a great business. *Forbes*, 3 out. 2014. <https://www.forbes.com/sites/gregsatell/2014/10/03/peter-thiels-4-rules-for-creating-a-great-business/#52f096f754df>.
2. WOHL, Jessica. Walmart U.S. sales start to perk up, as do shares. *Reuters*, 16 ago. 2011. <http://www.reuters.com/article/us-walmart--idUSTRE77F0KT20110816>.
3. WILSON, Emily. Want to live to be 100? *The Guardian*, 7 jun. 2001. <https://www.theguardian.com/education/2001/jun/07/medicalscience.healthandwellbeing>.
4. Ibid.
5. Ibid.
6. HUGGINS, C. E. Family caregivers live longer than their peers. *Reuters*, 18 out. 2013. <http://www.reuters.com/article/us-family-caregivers-idUSBRE99H12I20131018>.
7. FISHER, Maryanne L.; WORTH, Kerry; GARCIA, Justin R.; MEREDITH, Tami. (2012). Feelings of regret following uncommitted

sexual encounters in Canadian university students. *Culture, Health & Sexuality*, v. 14, p. 45-57. <doi: 10.1080/13691058.2011.619579>.
8. "GIRLS & sex" and the importance of talking to young women about pleasure. *NPR*, 29 mar. 2016. <http://www.npr.org/sections/health-shots/2016/03/29/472211301/girls-sex-and-the-importance-of-talking-to-young-women-about-pleasure>.
9. THE WORLD'S Biggest Public Companies: 2016 Ranking. *Forbes*. <https://www.forbes.com/companies/estee-lauder>.
10. THE WORLD'S Biggest Public Companies: 2016 Ranking. *Forbes*. <https://www.forbes.com/companies/richemont>.
11. LVMH: 2016 record results. *Nasdaq*, 26 jan. 2017. <https://globenewswire.com/news-release/2017/01/26/911296/0/en/LVMH-2016-record-results.html>.
12. <https://www.sec.gov/Archives/edgar/data/1018724/000119312517120198/d373368dex991.htm>.

Capítulo 8: O Algoritmo T

1. *YAHOO! Finance*. <https://finance.yahoo.com>.
2. L2 Insight Report: Big Box Black Friday 2016. *L2 Inc.*, 2 dez. 2016. <https://www.l2inc.com/research/big-box-black-friday-2016>.
3. STERLING, Greg. Survey: Amazon beats Google as starting point for product search. *Search Engine Land*, 28 jun. 2016. <http://searchengineland.com/survey-amazon-beats-google-starting-point-product-search-252980>.
4. FACEBOOK users in the world. *Internet World Stats*, 30 jun. 2017. <http://www.internetworldstats.com/facebook.htm>.
5. FACEBOOK'S average revenue per user as of 4th quarter 2016, by region (in U.S. dollars). *Statista*. <https://www.statista.com/statistics/251328/facebooks-average-revenue-per-user-by-region>.
6. MILLWARD, Steven. Asia is now Facebook's biggest region. *Tech in Asia*, 2 fev. 2017. <https://www.techinasia.com/facebook-asia-biggest-region-daily-active-users>.
7. THOMAS, Daniel. Amazon steps up European expansion plans. *Financial Times*, 21 jan. 2016. <https://www.ft.com/content/97acb886-c039-11e5-846f-79b0e3d20eaf>.
8. FUTURE of Journalism and Newspapers. *C-SPAN*, 6 maio 2009. 1 vídeo (5:38:37). <https://www.c-span.org/video/?285745-1/future-journalism-newspapers&start=4290>.

9. WIBLIN, Robert. What are your chances of getting elected to Congress, if you try? *80,000 Hours*, 2 jul. 2015. <https://80000hours.org/2015/07/what-are-your-odds-of-getting-into-congress-if-you-try>.
10. DENNIN, James. Apple, Google, Microsoft, Cisco, IBM and other big tech companies top list of tax-avoiders. *Mic*, 4 out. 2016. <https://mic.com/articles/155791/apple-google-microsoftcisco-ibm-andother-big-techcompanies-top-list-of-tax-avoiders#.Hx5lomyBl>.
11. BOLOGNA, Michael J. Amazon close to breaking Wal-Mart record for subsidies. *Bloomberg BNA*, 20 mar. 2017. <https://www.bna.com/amazon-close-breaking-n57982085432>.
12. BEST Engineering Schools. *U.S. News & World Report*, 2017. <https://www.usnews.com/best-graduate-schools/top-engineering-schools/eng-rankings/page+2>.

Capítulo 9: Quem será o Quinto Cavaleiro?

1. ALIBABA passes Walmart as world's largest retailer. *RT*, 6 abr. 2016. <https://www.rt.com/business/338621-alibaba-overtakes-walmart-volume/>.
2. LIM, Jason. Alibaba Group FY2016 revenue jumps 33%, EBITDA up 28%. *Forbes*, 5 maio 2016. <https://www.forbes.com/sites/jlim/2016/05/05/alibaba-fy2016-revenue-jumps-33-ebitda-up-28/#2b6a6d2d53b2>.
3. PICKER, Leslie; CHEN, Lulu Y. Alibaba's banks boost IPO size to record of $25 billion. *Bloomberg*, 22 set. 2014. <https://www.bloomberg.com/news/articles/2014-09-22/alibaba-s-banks-said-to-increase-ipo-size-to-record-25-billion>.
4. *ALIBABA GROUP.* Terceiro trimestre do ano fiscal de 2016, referente ao período encerrado em 31 de dezembro de 2016 (submetido em 24 de janeiro de 2017), p. 10, publicado no site do Alibaba Group. <http://www.alibabagroup.com/en/ir/presentations/presentation170124.pdf>.
5. *ALIBABA GROUP.* Terceiro trimestre do ano fiscal de 2016 referente ao período encerrado em 31 de dezembro de 2016 (submetido em 24 de janeiro de 2017), p. 2, publicado no site do Alibaba Group. <http://www.alibabagroup.com/en/news/press_pdf/p170124.pdf>.
6. PICKER, Leslie; CHEN, Lulu Y., op. cit.
7. ALIBABA Group Holding Ltd (NYSE:BABA). *Google Finance*. <https://www.google.com/finance?chdnp=1&chdd=1&chds=1&chdv=1&-

chvs=Logarithmic&chdeh=0&chfdeh=0&chdet=1467748800000&chddm=177905&chls=IntervalBasedLine&cmpto=INDEXSP%3A.INX%3BNASDAQ%3AAMZN&cmptdms=0%3B0&q=NYSE%3ABABA&ntsp=0&fct=big&ei=7vl7V7G5O4iPjAL-pKiYDA>.

8. WELLS, Nick. A tale of two companies: Matching up Alibaba vs. Amazon. *CNBC*, 5 maio 2016. <http://www.cnbc.com/2016/05/05/a-tale-of-two-companies-matching-up-alibaba-vs-amazon.html>.

9. THE WORLD'S most valuable brands. *Forbes*, 11 maio 2016. <https://www.forbes.com/powerful-brands/list/#tab:rank>.

10. EINHORN, Bruce. How China's government set up Alibaba's success. *Bloomberg*, 7 maio 2014. <https://www.bloomberg.com/news/articles/2014-05-07/how-chinas-government-set-up-alibabas-success>.

11. ALIBABA'S political risk. *The Wall Street Journal*, 19 set. 2014. <https://www.wsj.com/articles/alibabas-political-risk-1411059836>.

12. CENDROWSKI, Scott. Investors shrug as China's state press slams Alibaba for fraud. *Fortune*, 17 mar. 2016. <http://fortune.com/2016/03/17/investors-shrug-as-chinas-state-press-slams-alibaba-for-fraud/>.

13. GOUGH, Neil; MOZUR, Paul. Chinese government takes aim at e-commerce giant Alibaba over fake goods. *The New York Times*, 28 jan. 2015. <https://bits.blogs.nytimes.com/2015/01/28/chinese-government-takes-aim-at-e-commerce-giant-alibaba/>.

14. JACK MA: It's hard for the US to understand Alibaba. *Reuters*, 3 jun. 2016. <http://www.businessinsider.com/r-amid-sec-probe-jack-ma-says-hard-for-us-to-understand-alibaba-media-2016-6>.

15. DEMORRO, Christopher. How many awards has Tesla won? This infographic tells us. *Clean Technica*, 18 fev. 2015. <https://cleantechnica.com/2015/02/18/many-awards-tesla-won-infographic-tells-us/>.

16. COBB, Jeff. Tesla model S is world's best-selling plug-in car for second year in a row. *GM-Volt*, 27 jan. 2017. <http://gm-volt.com/2017/01/27/tesla-model-s-is-worlds-best-selling-plug-in-car-for-second-year-in-a-row/>.

17. HULL, Dana. Tesla says it received more than 325,000 model 3 reservations. *Bloomberg*, 7 abr. 2016. <https://www.bloomberg.com/news/articles/2016-04-07/tesla-says-model-3-pre-orders-surge-to-325-000-in-first-week>.

18. TESLA raises $1.46B in stock sale, at a lower price than its August 2015 sale: IFR. *Reuters*, 20 maio 2016. <http://www.cnbc.com/2016/05/20/tesla-raises-146b-in-stock-sale-at-a-lower-price-than-its-august-2015-sale-ifr.html>.
19. TESLA isn't just a car, or brand. It's actually the ultimate mission – the mother of all missions… *Tesla*, 9 dez. 2013. <https://forums.tesla.com/de_AT/forum/forums/tesla-isnt-just-car-or-brand-its-actually-ultimate-mission-mother-all-missions>.
20. Scott Galloway: Switch to Nintendo. *L2 Inc.*, 30 mar. 2017. <https://www.youtube.com/watch?v=UwMhGsKeYo4&t=3s>.
21. SHONTELL, Alyson. Uber is the world's largest job creator, adding about 50,000 drivers per month, says board member. *Business Insider*, 15 mar. 2015. <http://www.businessinsider.com/uber-offering-50000-jobs-per-month-to-drivers-2015-3>.
22. UBER cities. *Uber Estimate*. <http://uberestimator.com/cities>.
23. NELSON, Laura J. Uber and Lyft have devastated L.A.'s taxi industry, city records show. *Los Angeles Times*, 14 abr. 2016. <http://www.latimes.com/local/lanow/la-me-ln-uber-lyft-taxis-la-20160413-story.html>.
24. SCHNEIDER, Todd W. Taxi, Uber, and Lyft Usage in New York City. *Todd W. Schneider*, fev. 2017. <http://toddwschneider.com/posts/taxi-uber-lyft-usage-new-york-city/>.
25. Scott Galloway: Switch to Nintendo, op. cit.
26. DEAMICIS, Carmel. Uber expands its same-day delivery service: "it's no longer an experiment". *Recode*, 14 out. 2015. <https://www.recode.net/2015/10/14/11619548/uber-gets-serious-about-delivery-its-no-longer-an-experiment>.
27. SMITH, Ben. Uber executive suggests digging up dirt on journalists. *BuzzFeed*, 17 nov. 2014. <https://www.buzzfeed.com/bensmith/uber-executive-suggests-digging-up-dirt-on-journalists?utm_term=.rcBNNLypG#.bhlEE Wy0N>.
28. WARZEL, Charlie. Sexist French Uber promotion pairs riders with "hot chick" drivers. *BuzzFeed*, 21 out. 2014. <https://www.buzzfeed.com/charliewarzel/french-uber-bird-hunting-promotion-pairs-lyon-riders-with-a?utm_term=.oeNgLXer7#.boMKaOG9q>.
29. WELCH, Chris. Uber will pay $20,000 fine in settlement over "God View" tracking. *The Verge*, 6 jan. 2016. <https://www.theverge.com/2016/1/6/10726004/uber-god-mode-settlement-fine>.

30. FOWLER, Susan J. Reflecting on one very, very strange year at Uber. *Susan J. Fowler*, 19 fev. 2017. <https://www.susanjfowler.com/blog/2017/2/19/reflecting-on-one-very-strange-year-at-uber>.
31. EMPSON, Rip. Black car competitor accuses Uber of DDoS-style attack; Uber admits tactics are "too aggressive". *TechCrunch*, 24 jan. 2014. <https://techcrunch.com/2014/01/24/black-car-competitor-accuses-uber-of-shady-conduct-ddos-style-attack-uber-expresses-regret/>.
32. DRIVE with Uber. *Uber*. <https://www.uber.com/a/drive-pp/?exp=nyc>.
33. ISAAC, Mike. What you need to know about #DeleteUber. *The New York Times*, 31 jan. 2017. <https://www.nytimes.com/2017/01/31/business/delete-uber.html?_r=0>.
34. OUR locations. *Walmart*. <http://corporate.walmart.com/our-story/our-locations>.
35. PETERS, Adele. The hidden ecosystem of the Walmart parking lot. *Fast Company*, 3 jan. 2014. <https://www.fastcompany.com/3021967/the-hidden-ecosystem-of-the-walmart-parking-lot>.
36. DONNEL, Jessica. Walmart's strategy under Marc Lore unfolding; prices and costs cut, online services expanded. *AndNowUKnow*, 12 abr. 2017. <http://www.andnowuknow.com/buyside-news/walmarts-strategy-under-marc-lore-unfolding-prices-and-costs-cut-online/jessica-donnel/53272#.WUdVw4nyvMU>.
37. DESKTOP operating system marketshare. *Net Marketshare*. <https://www.netmarketshare.com/operating-system-market-share.aspx?qprid=10&qp customd=0>.
38. ABOUT us. *LinkedIn*. <https://press.linkedin.com/about-linkedin>.
39. BOSE, Apurva. Numbers don't lie: Impressive statistics and figures of LinkedIn. *BeBusinessed.com*, 26 fev. 2017. <http://bebusinessed.com/linkedin/linkedin-statistics-figures/>.
40. INTERNATIONAL Business Machines Corporation. Relatório anual referente ao período encerrado em 31 de dezembro de 2016 (submetido em 28 de fevereiro de 2017), p. 42, publicado no site da International Business Machines Corporation. <https://www.ibm.com/investor/financials/financial-reporting.html>.

Capítulo 10: Os Quatro e você

1. PERRY, Mark J. Do you hear that? It might be the growing sounds of pocketbooks snapping shut and the chickens coming home… *AEIdeas*, 13 ago. 2016. <https://www.aei.org/publication/do-you-hear-that-it-might-be-the-growing-sounds-of-pocketbooks-snapping-shut-and-the-chickens-coming-home/>.
2. SHILLER, Robert. *Irrational Exuberance*. <http://amzn.to/2o98DZE>.
3. GRIMES, William. Henry S. Lodge, author of "Younger Next Year" books, dies at 58. *The New York Times*, 14 mar. 2017. <https://www.nytimes.com/2017/03/14/books/henry-lodge-dead-co-author-younger-next-year.html?_r=1>.

Capítulo 11: O mundo depois dos Cavaleiros

1. *YAHOO! Finance*. <https://finance.yahoo.com/>.
2. *FACEBOOK, INC.* <https://newsroom.fb.com/company-info/>.
3. *YAHOO!*, op. cit.
4. THE WORLD'S Biggest Public Companies. *Forbes*, 2017. <https://www.forbes.com/global2000/list/>.
5. Ibid.
6. *YAHOO!*, op. cit.
7. FRANCE GDP. *Trading Economics*, 2017. <http://www.tradingeconomics.com/france/gdp>.
8. *YAHOO!*, op. cit.
9. THE WORLD'S Biggest Public Companies, op. cit.
10. *YAHOO!*, op. cit.
11. THE WORLD'S Biggest Public Companies, op. cit.
12. *FACEBOOK, INC.*, op. cit.
13. THE WORLD'S Biggest Public Companies, op. cit.

ÍNDICE REMISSIVO

About.com, 144, 147
Airbnb, 219-21
ajuda, aceitar/oferecer, 245
alcance global das empresas, 185-6
Algoritmo T, 179-98; acelerador de carreiras, 195-6; alcance global, 185-6; "capital visionário" e, 183, 185; carisma, 186-9; diferenciação do produto, 179-83; integração vertical e, 189-90; inteligência artificial e, 190-5; localização geográfica, 196, 198
Alibaba, 201-5, *201*
Amazon, 15-63; adesão de vendedores, 161; agilidade, 229; alcance global, 186; Alexa/Echo e, 11, 33, 46, 51-3, 57; algoritmo, *104*, 105; aliança dos consumidores com a, 162-3; Amazon Marketplace, 28, 42; Amazon Prime, 15, *16*, 39, 44, *50*; Amazon Web Services, 39, 43; apelo voltado ao cérebro, 172; aquisição da Whole Foods, 46, 55-7, 60; armazéns automatizados, 29, 32, 44, 53-5, 91; buscas de produtos e, *10*, 184; capitalização, 5, 35-8, 40, 55, 57, 183-4; carisma, 188; coleta de dados, 34, 195; compras de zero clique, 34, 57; compras sem atrito, 34, 182; concorrência e, 10, 27, 57, 177; confiança dos consumidores na, 33-4, 43, 57; crescimento, 29-30, 36, 43, 54; diferenciação de produtos, 181-2; efeito sobre o setor de varejo, 27, 30-1, 58-60; era das marcas e, 51-3, 169; escalabilidade, 27; estratégias de caçadores-coletores e, 17-8, 27, 29, 46, 172; fossos analógicos, 91; fracasso e, 41-2; futuro da, 161, 177; Google e, 60, 184; impostos e, 36, 188; infraestrutura de entrega, 5, 44, 50, 55-7, 91,

161, 177, 181; integração vertical, 190; lojas e, 32-3, 38, 45-7, 56-7; lucros/receita, 20, 36-7; Procter & Gamble (P&G) e, 189; propensão ao risco, 37-41, 42; Quidsi e, 47; sede da, 197; situação atual, 5-6; tomada de decisão racional e, 166; valorização das ações, 30; varejo multicanal, 46-50; vendas de livros, 27-8, 46; Walmart e, 223; *veja também* Bezos, Jeff
amor, 167, 172
Android, 151, 174
Apple, 65-94; alcance global, 186; algoritmos, *104*; apelo voltado ao órgãos sexuais, 173-4; carisma, 188; computadores, 71, 74-5, 130, 156, 175; concorrência e, 10, 69, 90-2, 175-6; contra o FBI, 65-7; culto secular à, 68-9; dados comportamentais, 195; diferenciação de produtos, 182; estratégia de sucesso, 58; fossos analógicos, 91-2; fracasso e, 41; impostos e, 84, 188, 192; integração vertical, 190; interface gráfica (GUI) da Xerox e, 156, 161; iPod, 69, 75, 79; liderança de Cook, 70, 87; lojas, 81-3, 89-90, 190; lucros/receita, 6, 71, *72*; 86; mercado da educação e, 92, 94; pirataria e, 69; problema da privacidade, 65-6, 134; produção de baixo custo, 88; propensão ao risco, 70; roubo de propriedade intelectual, 157, 161; sede da, 197; situação atual, 6; status de empresa de luxo, 70-9, 81-8, 92; status de inovadora, 66, 69-70, 157; Wozniak e, 71, 88, 176; *veja também* iPhone; Jobs, Steve
arte, artesãos e artesanato, 77-9
AT&T, 222-3
atrito, remoção do, 58, 181-3
avaliação de trilhões de dólares *veja* Algoritmo T

bens de consumo embalados, 51, 169
Bezos, Jeff: Alexa e, 58; concorrência e, 177; contador de histórias, 56; elaboração do plano de negócios, 15; fortuna, 5; Lore e, 47; propensão ao risco de, 37-9; robótica e, 32, 54-5; sobre a adesão aos processos, 111; sobre o futuro da Amazon, 177; visão, 25, 27; *Washington Post e*, 143
Bloomberg, Michael, 139, 159
Brand, Stewart, 159
buscas de produtos, *10*, 184

Cambridge Analytica, 105
capitalização e Algoritmo T, 183-4
Carey, David, 249
carisma das empresas, 186-9
caudas longas/curtas, 250-2
CEOs, 40, 247
China, 156, 166, 185, 201-5
classe média, 45, 55, 90, 258
Comcast, 222-3
comércio eletrônico *veja* e-commerce
concorrência, 9, 175-7, 184
Congresso dos Estados Unidos, 151, 157-8, 188

Cook, Tim, 70, 87
criação de empregos, 258, 260
crimes de ódio, 120
curiosidade, 229

dados: Algoritmo T e, 190; compartilhamento entre silos, 158, 163; dados comportamentais, 191-5; inteligência artificial e, 193-4; polarização política e, 158; Quinto Cavaleiro e, 193; tensão do baixo custo/alto valor dos, 160; tomar de empréstimo/revender, 157-8
decisões baseadas na emoção, 167
decisões racionais, 165-6, 171-2
Departamento de Justiça dos Estados Unidos, 56, 151, 154
design, 79-80
despreocupação compulsória, 169
diferenciação, 179-83, 220
dissimulação, 154
Drexler, Mickey, 80-1, 184

e-commerce, 20, 25-6, 42, 47-9
educação, 13-4, 92-4, *93*
efeito do tiro pela culatra, 121
eleição presidencial (2016), 105, 158
empreendedores, 245-50, 252-6
empregados: Algoritmo T e, 195-6; automação e, 53-5; dos Quatro Cavaleiros, 258; excepcionais *versus* bons, 226; monogamia serial dos, 239-40; retorno sobre o capital humano, 8; valor dos, nas lojas, 63
empregos glamorosos *versus* ROI, 243-4

empresas de mídia e editores: ameaças à civilização e, 123; confiança na mídia, 131; crescimento da publicidade e, *112*; declínio e morte de, 158, 249; Facebook e, 114, 118-23; gastos com anúncios em mídias móveis e, 112; notícias falsas e, 119-21, 123, 189; perda de base de publicidade, 158; utilização do conteúdo pelo Google e, 136-43, 145-50, 157, 158, 161, 188
espírito de participação, 230
Estados Unidos, 155-6, 259
estratégias de caçadores-coletores, 17-8, 27-8, 46, 172
estratégias para avançar na carreira, 225-54; aceitar e oferecer ajuda, 245; autopromoção, 235-6; caudas longas/curtas e, 250, 252; criação de riqueza, 237-8; demonstrar força física e mental, 244-5; diferentes tipos de liderança no ciclo de vida das empresas e, 245-50; empreendedorismo, 252-6; empregos glamorosos *versus* ROI e, 243-4; fatores de sucesso pessoal e, 227-30; funcionários excepcionais *versus* bons e, 225-7; funções essenciais das empresas e, 242-3; gestão ativa da carreira, 241; lealdade às pessoas, 240; lidar com injustiças, 241-2; maturidade emocional e, 227-9; mito do equilíbrio e, 252; monogamia serial, 239-40; para pessoas da geração X, 236-7; regressão à média e, 242

Índice remissivo

295

Facebook, 95-123; agilidade, 229; ajustes ao mercado, 110; alcance global, 186; algoritmo, 103-7, *104*, 115, 117; apelo baseado no coração, 172; capitalização, 114, 183; carisma, 188-9; cenário da mídia e, 114-5, 118-20; coleta de dados, 98-9, 158, 194; como uma empresa de mídia, 118-23; compartilhamento de dados entre silos e, 158; concorrência e, 11, 176; conexões/relacionamentos no, 99-100, *101*, 172; conteúdo do *New York Times* e, 136; conteúdo gerado no, 111, 160; crimes de ódio e, 120; dados de baixo custo/alto valor e, 160; diferenciação de produtos, 183; escutando furtivamente os usuários, 102; fossos analógicos, 91; fracasso e, 41; funcionários, 260; funil de marketing e, 96; Google e, 98; imagens no, 108-9; incursão na realidade virtual, 113-4; influência, 96-7; integração vertical, 190; investimentos das marcas no, 160-1; legisladores da União Europeia e, 163; níveis de engajamento no, *110*; notícias falsas e, 119-23, 189; polarização política e, 117-8, 121; problemas de privacidade e, 102, 163; publicidade e, 98, 106, *107*, 112, *251*; retorno sobre o capital humano, 8; sede do, 197; segmentação, 98-9, 105, 191; situação atual, 6; Snapchat e, 108-9; sucesso, 6, 257; tempo gasto no, 95, *96*; tomando de empréstimo/revendendo dados dos usuários, 160; vulnerabilidades psicológicas e, 122; WhatsApp e, 95, *96*, 106, 109, 163; Zuckerberg e, 108-9, 113, 188

Falcone, Phil, 137, 140, 142, 148

finanças pessoais, 238

Firebrand Partners, 140

força física e mental, 244-5

formação em administração, 13-4

fossos analógicos, 11, 91-2

fracasso, 41-2, 254

fraudes no campo da tecnologia, 153-63

fundadores, icônicos, 77-9

funil de marketing, *97*

Gap, The, 25, 80, 82

Gates, Bill, 5, 149, 152, 187

Gateway, 13, 173

General Motors, 7, *8*, 258

Google, 125-52; About.com e, 147; algoritmo de busca, *104*, 105, 128, 134-5, 144, 147, 158, 171; Alphabet e, 132; Amazon e, 60, 184; ambições, 150; apelo voltado ao cérebro, 171-2; audiências do Congresso, 157-8, 188; buscas de produtos e, *10*, 184; buscas suspeitas no, 133-4, 193; capitalização, 132, *133*, 183; características, 150; carisma, 188; coleta de dados, 193-4; como uma empresa de mídia, 118, 123; como uma religião moderna, 125-6; compartilhamento de

Os quatro

dados entre silos e, 158; concorrência e, 10-1, 92, 130, 148, 150, 176; confiança dos consumidores no, 129-32, 171; consumidores em busca de conhecimento e, 126-8, 171; conteúdo do *New York Times* e, 106, 114, 136-43, 145-7; diferenciação de produtos, 183; empresas de mídia/editores e, 157, 188; Facebook e, 98; fatores determinantes, 131; fazendas de servidores, 91; fim da era das marcas e, 168-9; fluxo de caixa, 132; fossos analógicos, 91; fracasso e, 41; funcionários, 152, 196; Google Glass, 92, 113, *186*; implicações para a privacidade e, 134; impostos e, 132; influência, 130; integração vertical, 189; lucros/receita, 7, 131, 158; Microsoft e, 151; origens, 149; página inicial do, 130-1; pessoas de vendas, 255; poder preditivo, 133-4; publicidade e, 107, 112, 135, 158-9, 250-1; redução de custos em publicidade, 131; sede do, 197; situação atual, 7; status de utilidade pública, 148, 151; tomando de empréstimo/revendendo dados dos usuários, 157-8; veículos autônomos e, 41, 151, 183, 223; vulnerabilidade, 149

Graziano, Joseph, 81

Grove, Andrew, 187

Hamilton, Alexander, 155-6

Harbinger Capital Partners, 137, 140; *veja também* Falcone, Phil

Harris, Tristan, 122

Harvard University, 94, 232

Hearst Magazines, 249

Hewlett-Packard, 9, 84, 175, 200

IBM: Apple e, 175-6; ciclos de sucesso, 200, 223; funcionários, 258; os Quatro e, 9; potencial para ser o Quinto Cavaleiro, 221-3

Iluminismo, 126

indústria da busca, 138, 168, 176

"informação quer ser livre, A", credo, 159

Instagram, *96*, 97, 102, 109, *110*, 251

instinto de acumulação, 18, 172

integração vertical, 189-90

Intel Corp., 187, 260

inteligência artificial (IA), 190-5

iPhone: como uma marca de luxo, 76-7, 85; concorrência e, 90; desestabilização econômica gerada pelo, 91; diferenciação do produto, 183; participação de mercado, *72*, 81; preço premium, 84; reação ao, 68-70; tomada de decisão irracional e, 174

Ive, Jony, 87

JCPenney, 134-5

Jet.com, 47-8, 215

Jobs, Steve: Apple II e, 71, 130, 175; culto secular a, 68, 78; decisões de compra dos consumidores e, 174; falecimento, 69, 78; HP e, 84; indústria de luxo

Índice remissivo

e, 71, 74, 88-9; personalidade, 66, 70, 78; propensão ao risco, 70; roubo de propriedade intelectual, 156, 162; status de fundador icônico, 78-9, 253; status de inovador, 68, 88
jornais, 105, 157, 161, 188; *veja também* mídia e editores; *New York Times*

Kalanick, Travis, 212, 220

lealdade às pessoas, 240
Levi Strauss & Co., 81, *82*, 189
Libet, experimentos de, 121
liderança no ciclo de vida das empresas, diferentes tipos de, 245-50
LinkedIn, 216-9, 226
livre arbítrio, 121
Lore, Marc, 47-8, 215

Ma, Jack, 201, 205
marcas: Amazon e, 169; decisões baseadas no coração e, 167; efeito do Google sobre, 7, 10, 169; era das, 51-3, 169, 180; investimentos no Facebook, 160-1; *veja também* marcas de luxo
marcas de luxo: arte e, 79; fundadores e, 77-9; integração vertical e, 80; preço premium e, 84-6; *sex appeal*, 173-4; status global e, 83; Tesla, 208; tomada de decisão irracional e, 170-4; *veja também* Apple
maturidade emocional, 227, 229
Mayer, Marissa, 157-8, 188
metáfora do corpo humano nos negócios, 165-77; e a Amazon, 172; e a Apple, 173-4; e a concorrência, 175-7; e as escolhas racionais do cérebro, 165-6, 171-2; e decisões baseadas no coração, 167-9, *168*, 172; e decisões baseadas nos órgãos sexuais, 169-74; e o Facebook, 172; e o Google, 171
Microsoft, 149, 151, 187, 200, 216-9, 223, 253
mídias sociais, 235, 237, 251; *veja também* Facebook
mulheres no mundo dos negócios, 228-9
Musk, Elon, 205, 207, 253

New York Times: About.com e, 144, 147; coleta de dados, 105-6; ética jornalística do, 118; JCPenney e, 134-5; tráfego no Facebook e, 114-5; utilização do conteúdo pelo Google e, 136-43, 144-7, 150, 158; valor do, 136
New York University, 13, 14, 93-4
Nike, 85, 160, 190, 198
Nokia, 91, 196
notícias falsas, 119-23, 189

Okinawa, Estudo Centenário de, 167
orações, experimentos com, 127-8
órgão sexuais e tomada de decisão, 169-71

paixão, seguindo a sua, 241
perfeição, busca pela, 71, 73, 174
Piano, Renzo, 140

players de nicho, 250, 252
polarização política, 117-8, 121, 158
Prime ao Quadrado, 34
privacidade, problemas de, 65-6, 102-3, 134, 163
Procter & Gamble (P&G), 189
Projeto Apollo, 259
Projeto Manhattan, 259
propensão ao risco, 37-42, 70

Quatro Cavaleiros: aquisições, 9; avaliação de trilhões de dólares *veja* Algoritmo T; concorrência e, 9, 11, 92, 200; estratégias competitivas (*veja também* metáfora do corpo humano nos negócios), 175-7; expectativa de vida, 177; fracasso e, 41-2; funcionários, 258; poder, 257; situação atual, 5-7; sucessores (*veja também* Quinto Cavaleiro), 179; valor dos, 8-*9*; *veja também* Amazon; Apple; Facebook; Google
Quinto Cavaleiro, 199-223; Airbnb, 219-21; Alibaba, 201-5, *201*; IBM, 221-2; Microsoft/LinkedIn, 216-9; Tesla, 205-7, *208*; Uber, 209-14; Verizon/AT&T/Comcast/Time Warner, 222-3; Walmart, 214-6

realidade virtual, 113-4
regressão à média, 242
remoção do atrito, 58, 181-3
riqueza, 73-7, 238
Robinson, Janet, 141-7
robótica, 32, 54-5, 62, 89

roubo de propriedade intelectual, 153-7, 162

Sagan, Carl, 125, 127
Sandberg, Sheryl, 189
Schmidt, Eric, 92, 137, 143, 149, 151
segmentação comportamental, 105, 191-4
segmentação dos consumidores, 97, 99, 105, 191-4
serviços na nuvem, 11, 42-3
sexo e seleção natural, 72, 85, 169, 171, 174, 208
smartphones, 71, *72*, 76-7, 128, 134, 151; *veja também* iPhone
Snapchat, 108-9
Sulzberger, Arthur, 139-45
supermercadistas, 58, 60, 62

talentos, busca por, 241
Targ, Elisabeth, 127
Tesla, 155, 205-7, *208*, 223
Time Warner, 222-3
tomada de decisão: emocional, 167, 169, 172; racional, 165-6, 171-2; sexual, 169-74
transportadoras de cargas, 51, 55, 161, 177, 211
transporte marítimo, 44-5
Twitter, 106, *110*, 176

Uber: Airbnb comparado com, 219-20; alcance global, 185; CEO do, 212, 220; coleta de dados, 104; consequências sociais negativas e, 192; potencial para ser o Quinto Cavaleiro, 209-14, 223; redução

Índice remissivo

do atrito, 58, 182; violação de leis, 162
União Europeia, 149, 163
Unilever, 260
United Airlines, 111, 220

valor, 157, 181
varejo: ambiente dinâmico do, 19-20; efeito da Amazon sobre o, 26-7, 30-1, 58-60; estratégias inovadoras, 63; na Europa, 56; perda de empregos no, 53-5, 62; seis estágios da evolução no, 20-7; valorização das ações do, 30-1; vendas digitais, 90
varejo multicanal, 46-50
vendas e empreendedorismo, 254
Verizon, 222-3

Walmart: Alibaba e, 201-2; Amazon e, 60; e-commerce e, 47-8; infraestrutura de entrega, 51, 60; investidores e, 37; Jet.com e, 47-8, 215; potencial para ser o Quinto Cavaleiro, 214, 216, 223; proposição de valor, 24, 26; tomada de decisão racional e, 166
Washington Post, 120, 143
WhatsApp, 95, *96*, 106, 109, 163
Whole Foods, 46, 55-7, 60
Wozniak, Steve, 71, 88, 176
WPP, 106-7, *107*

Xerox, interface gráfica (GUI) da, 156, 161
Yahoo!, 103, 131, 176, 189, 248

Zuckerberg, Mark, 108-9, 113, 188

CRÉDITOS DAS ILUSTRAÇÕES

Capitalização de mercado em 25 de abril de 2017
Yahoo! Finance. https://finance.yahoo.com/

Retorno sobre o capital humano, 2016
Forbes, maio 2016. https://www.forbes.com/companies/general-motors/Facebook, Inc. https://newsroom.fb.com/company-info/
Yahoo! Finance. https://finance.yahoo.com/

As cinco maiores empresas em 2006
Taplin, Jonathan. "Is It Time to Break Up Google?", *The New York Times*.

Por onde as pessoas começam a procurar um produto, 2016
Soper, Spencer. "More Than 50% of Shoppers Turn First to Amazon in Product Search." *Bloomberg.*

Porcentagem de famílias norte-americanas que têm a Amazon Prime, 2016
"Sizeable Gender Differences in Support of Bans on Assault Weapons, Large Clips." Pew Research Center.
ACTA, "The Vote Is In—78% of U.S. Households Will Display Christmas Trees This Season: No Recount Necessary Says American Christmas Tree Association." ACTA.

"2016 November General Election Turnout Rates." United States Elections Project.

Stoffel, Brian. "The Average American Household's Income: Where Do You Stand?", *The Motley Fool*.

Green, Emma. "It's Hard to Go to Church." *The Atlantic*.

"Twenty percent of U.S. Households View Landline Telephones as an Important Communication Choice." The Rand Corporation.

Tuttle, Brad. "Amazon Has Upper-Income Americans Wrapped Around Its Finger." *Time*.

Receita do setor de sites de promoções flash
Lindsey, Kelsey. "Why the Flash Sale Boom May Be Over—And What's Next." RetailDIVE.

Crescimento dos preços das ações do varejo de 2006 a 2016
Choudhury, Mawdud. "Brick & Mortar U.S. Retailer Market Value—2006 Vs Present Day." ExecTech.

Variação do preço das ações em 5 de janeiro de 2017
Yahoo! Finance. https://finance.yahoo.com/

Participação de mercado nos Estados Unidos, vestuário e acessórios
Peterson, Hayley. "Amazon Is About to Become the Biggest Clothing Retailer in the US." *Business Insider*.

Gasto médio mensal na Amazon, média nos Estados Unidos em 2016
Shi, Audrey. "Amazon Prime Members Now Outnumber Non-Prime Customers." *Fortune*.

Porcentagem de ricos capazes de identificar uma "marca preferida"
Conclusões do 10º Levantamento Anual de Afluência e Riqueza da Time Inc./YouGov, abril de 2015.

Valor do setor nos Estados Unidos
Farfan, Barbara. "2016 US Retail Industry Overview." The Balance.
"Value of the Entertainment and Media Market in the United States from 2011 to 2020 (in Billion U.S. Dollars)." Statista.
"Telecommunications Business Statistics Analysis, Business and Industry Statistics." Plunkett Research.

Empregos no varejo nos Estados Unidos
"Retail Trade." DATAUSA.

Participação do mercado global de smartphones *versus* lucros
Sumra, Husain. "Apple Captured 79% of Global Smartphone Profits in 2016." MacRumors.

Gap *versus* Levi's: receita em bilhões
Gap Inc., Formulário 10-K referente ao período fiscal encerrado em 31 de janeiro de 1998 (submetido em 13 de março de 1998), publicado no site da Gap, Inc.
Gap Inc., Formulário 10-K referente ao período fiscal encerrado em 31 de janeiro de 1998 (submetido em 28 de março de 2006), publicado no site da Gap, Inc.
"Levi Strauss & Company Corporate Profile and Case Material." Clean Clothes Campaign.
Levi Strauss & Co., Formulário 10-K referente ao período fiscal encerrado em 27 de novembro de 2005 (submetido em 14 de fevereiro de 2006), p. 26, publicado no site da Levi Strauss & Co.

Custo do ensino superior
"Do you hear that? It might be the growing sounds of pocketbooks snapping shut and the chickens coming home…" AEIdeas, ago. 2016. http://bit.ly/2nHvdfir.

Exuberância irracional
Robert Shiller. http://amzn.to/2o98DZE.

Créditos das ilustrações

Tempo passado no Facebook, Instagram e Whatsapp por dia, dezembro de 2016
"How Much Time Do People Spend on Social Media?", MediaKik.

Número de posts na linha do tempo por dia: solteiro *versus* em um relacionamento
Meyer, Robinson. "When You Fall in Love This Is What Facebook Sees." *The Atlantic*.

Migração de funcionários entre o WPP, o Facebook e o Google
Análise conduzida pela L2 com base em dados do LinkedIn.

Alcance global *versus* engagamento por plataforma
Análise realizada pela L2 com base em dados não-métricos.
L2 Intelligence Report: Social Platforms 2017. L2, Inc.

Crescimento da publicidade digital nos Estados Unidos, 2016 ano a ano
Kafka, Peter. "Google and Facebook are booming. Is the rest of the digital ad business sinking?", *Recode*.

Capitalização de mercado, fevereiro de 2016
Yahoo! Finance. fev. 2016. https://finance.yahoo.com/

Desempenho ano a ano das principais marcas de bens de consumo embalados, 2014 a 2015
"A Tough Road to Growth: The 2015 Mid-Year Review: How the Top 100 CPG Brands Performed." Catalina Marketing.

Porcentagem de receita global fora dos Estados Unidos, 2016
"Facebook Users in the World." Internet World Stats.
"Facebook's Average Revenue Per User as of 4th Quarter 2016, by Region (in U.S. Dollars)." Statista.
Millward, Steven. "Asia Is Now Facebook's Biggest Region." Tech in Asia.
Thomas, Daniel. "Amazon Steps Up European Expansion Plans." *The Financial Times*.

Crescimento ano a ano do Alibaba.com, de 2014 a 2016
Alibaba Group, Terceiro trimestre do ano fiscal de 2016 referente ao período encerrado em 31 de dezembro de 2016 (submetido em 24 de janeiro de 2017), p. 2, publicado no site do Alibaba Group.

Razão preço/vendas, 28 de abril de 2017
Yahoo! Finance. https://finance.yahoo.com/.

Fontes de receita do LinkedIn, 2015
Equipe de Comunicações Corporativas do LinkedIn. "LinkedIn Announces Fourth Quarter and Full Year 2015 Results." LinkedIn.

A marcha para 1 bilhão de usuários
Desjardins, Jeff. "Timeline: The March to a Billion Users [Chart]." Visual Capitalist.

Geração de 90% do crescimento da publicidade digital, 2016
Kint, Jason. "Google and Facebook Devour the Ad and Data Pie. Scraps for Everyone Else." Digital Content Next.

Créditos das ilustrações

Este livro foi impresso nas oficinas gráficas da Editora Vozes Ltda.,
Rua Frei Luís, 100 – Petrópolis, RJ.